Ludwig XIV., König von Frankreich, trat 1643 im Alter von vier Jahren die Nachfolge seines Vaters an und regierte 72 Jahre bis zu seinem Tode 1715. In dieser Zeit wurde unter Aufbietung aller damals verfügbaren Medien ein umfassendes Herrscherbild des »Sonnenkönigs« hergestellt.

Diese Inszenierung des königlichen Spektakels fand statt in ausgefeilten Porträts, Gemälden, Münzen, Standbildern, Triumphbögen, Opern und Gedichten. Peter Burke, einer der interessantesten Kulturhistoriker unserer Zeit, rekonstruiert – chronologisch vorgehend – die allmählichen Entwicklungen sowie Wendepunkte der Geschichte und spannt den Bogen vom »Sonnenaufgang« bis zum »Sonnenuntergang«. Es entsteht ein plastisches Bild davon, wie schon zu Lebzeiten des »Sonnenkönigs« sein Mythos geschaffen wurde.

Peter Burke, geboren 1937, ist Professor für Kulturgeschichte an der Universität Cambridge (GB). In deutscher Sprache erschienen u. a.: »Vico. Philosoph, Historiker, Denker einer neuen Wissenschaft« (FTV Bd. 10284), »Die Renaissance in Italien«, »Venedig und Amsterdam im 17. Jahrhundert«.

PETER BURKE

Ludwig XIV.
Die Inszenierung des Sonnenkönigs

*Aus dem Englischen von
Matthias Fienbork*

Fischer Taschenbuch Verlag

Ungekürzte Ausgabe
Veröffentlicht im Fischer Taschenbuch Verlag GmbH,
Frankfurt am Main, März 1995

Die Originalausgabe erschien unter dem Titel
»The Fabrication of Louis XIV«
bei Yale University Press, New Haven & London
© 1992 Yale University Press, New Haven & London
Lizenzausgabe mit freundlicher Genehmigung des
Verlages Klaus Wagenbach, Berlin
für die deutsche Ausgabe
© 1993 Verlag Klaus Wagenbach, Ahornstraße 4, 10787 Berlin
Gesamtherstellung: Clausen & Bosse, Leck
Printed in Germany
ISBN 3-596-12337-2

Gedruckt auf chlor- und säurefreiem Papier

Para Maria Lúcia

»Man sieht sofort, daß die Majestät aus der Perücke gemacht ist,
den hochhackigen Schuhen und dem Mantel . . .
So stellen Barbiere und Flickschuster die Götter her, die wir anbeten.«
William Thackeray

Inhalt

I. KAPITEL
Vorstellung Ludwigs XIV. – 9

II. KAPITEL
Überredung – 29
Medien – 31, Genres – 35, Stilrichtungen – 42,
Allegorie – 44, Das Porträt des Königs – 47

III. KAPITEL
Sonnenaufgang – 59
Die Krönung – 63, Die feierliche Entrée – 66

IV. KAPITEL
Das System wird aufgebaut – 73

V. KAPITEL
Selbstbehauptung – 89
Der Mythos der Alleinregierung – 91,
Rivalitäten – 94, Pracht – 97

VI. KAPITEL
Die Jahre des Triumphes – 103
Der Devolutionskrieg – 105, Der Holländische Krieg – 110

VII. KAPITEL
Das System wird umgebaut – 121
Das Schloß – 124, Der Hof – 125, Der Organisator – 130,
Die Ereignisse – 137,
Die Aufhebung des Edikts von Nantes – 143

VIII. KAPITEL
Sonnenuntergang – 147
Militärische Aktionen – 152, Innenpolitik – 156,
Die Schlußszenen – 164

IX. KAPITEL
Die Krise der Repräsentationen – 169

X. KAPITEL
Die Kehrseite der Medaille – 181

XI. KAPITEL
Die Rezeption Ludwigs XIV. – 201
Das einheimische Publikum – 203,
Ausländische Adressaten – 211, Reaktionen – 217

XII. KAPITEL
Ludwig in der Perspektive – 233
Ludwig in seiner Zeit – 235, Vorgänger – 244,
Das zwanzigste Jahrhundert – 258

ANHANG
Glossar – 266
Die Medaillen Ludwigs XIV. – 268
Die Ikonographie Ludwigs XIV. – 271
Chronologie der gegen Ludwig XIV. gerichteten Flugschriften – 272
Anmerkungen – 274
Verzeichnis der Abbildungen – 292
Bibliographie – 297
Danksagung – 314

I. KAPITEL
Vorstellung Ludwigs XIV.

*»Ces cordes qui attachent le respect
à tel ou tel en particulier,
sont des cordes de l'imagination.«*

*[Jene Bande, die Achtung und Respekt
mit diesem oder jenem insbesondere verknüpfen,
existieren nur in der Einbildung.]*

PASCAL, *Pensées*

VORSTELLUNG LUDWIGS XIV.

1. »Ludwigs berühmtestes Bild«
Porträt Ludwigs XIV. von Hyacinthe Rigaud
Öl auf Leinwand, um 1700. Louvre, Paris

VORSTELLUNG LUDWIGS XIV.

Ludwig XIV., König von Frankreich, trat 1643 im Alter von vier Jahren die Nachfolge seines Vaters an und regierte zweiundsiebzig Jahre lang, bis zu seinem Tod im Jahre 1715. Er ist die Hauptperson des vorliegenden Buches, das aber keine Biographie des Sonnenkönigs sein will. Zu diesem Thema gibt es bereits viele, zum Teil hervorragende Werke.[1] Dieses Buch beschäftigt sich weniger mit dem Menschen oder dem König als mit seinem Bild. Nicht mit seinem Selbstverständnis, auch wenn dieses rekonstruiert worden ist.[2] Nicht mit seinem Bild in den Augen der Nachwelt, das Thema anderer Untersuchungen ist.[3] Die vorliegende Studie konzentriert sich vielmehr auf das Image des Königs, auf die Frage nach dem Platz Ludwigs XIV. in der Welt der kollektiven Vorstellungen.

Wie andere Studien des Verfassers versteht sich auch diese als Beitrag zur Geschichte der Kommunikation, der Produktion, Zirkulation und Rezeption von symbolischen Formen.[4] Sie befaßt sich mit zeitgenössischen Darstellungen Ludwigs XIV., mit seinem Bild, wie es in Stein, Bronze, Öl, ja sogar in Wachs porträtiert wurde. Sie beschäftigt sich auch mit seinem »Image«, d. h. mit dem Bild des Königs, wie es in schriftlicher Form – Gedichten, Theaterstücken, Geschichtsbüchern – und in anderen Medien projiziert wurde, also etwa Balletten, Opern, höfischem Zeremoniell und anderen Formen inszenierten Schauspiels.

Das Bild Ludwigs in der Öffentlichkeit ist Thema einer Fülle von Untersuchungen auf dem Gebiet der Kunstgeschichte, Literatur, Numismatik usw., die in Frankreich, aber auch in den Vereinigten Staaten, Deutschland und andernorts veröffentlicht worden sind. Es liegen Monographien zur Ikonographie seiner Bildnisse vor, über seine Reiterstatuen und über die Medaillen, die zu den wichtigsten Ereignissen seiner Regierungszeit angefertigt wurden.[5] Die theaterartige Dekoration von Versailles, die als »Kulisse« und »Botschaft« zugleich gesehen werden muß, ist immer wieder beschrieben und gedeutet worden.[6] Es gibt sowohl eine allgemeine Übersicht der Darstellungen Ludwigs XIV. in der zeitgenössischen französischen Literatur als auch eine detaillierte Analyse bestimmter literarischer Porträts und der Strategien der Autoren.[7] Es gibt Monographien über die offiziellen Historiker der Regierungszeit und die Regierungspropaganda während des Spanischen Erbfolgekriegs.[8] Ballette, Opern und Schauspiele sind das Thema zahlreicher Studien.[9] Auch die Vorstellung von einem Sonnenkönig ist bis in die Antike zurückverfolgt worden.[10] Das Verhältnis zwischen Kunst und Politik in dieser Epoche, von Voltaire in seinem berühmten *Siècle de Louis XIV* (1751) so gut wie ignoriert, ist in den letzten hundert Jahren aufmerksam untersucht worden, namentlich von Augusta Dilke – die einigen Grund hatte, sich als Vorlage für George Eliots Dorothea zu betrachten – und von Ernest Lavisse, der aufgrund seiner Stellung in der Geisteswelt seiner Zeit einen Blick für die Situation dreihundert Jahre zuvor gehabt haben dürfte.[11]

Trotzdem gibt es meines Wissens keine allgemeine Untersuchung der zeitgenössischen Darstellungen Ludwigs XIV. Wie ein Historiker, der sich mit höfischem Zeremoniell beschäftigt, vor einigen Jahren bemerkte, ist über den »Kult des Sonnenkönigs noch nicht die umfassende Studie vorgelegt worden, die er verdient«.[12] Selbst die Ansichten seiner Kritiker, innerhalb und außerhalb von Frankreich, sind nur bruchstückhaft untersucht worden.[13]

Mein Ziel dagegen ist es, das königliche Bild als Ganzes zu betrachten. Da die Aufmerksamkeit Ludwigs und seiner Minister dem gesamten Kommunikationssystem galt, sollten wir ihrem Beispiel folgen und zusammenfügen, was von verschiedenen akademischen Disziplinen getrennt wurde.[14] Ich habe vor, die einzelnen Bilder von Ludwig XIV. zu analysieren, um herauszufinden, welches Image er zu seiner Zeit hatte. Diese Analyse soll aber nicht um ihrer selbst willen geführt werden. Mein Buch versteht sich als Fallstudie zum Verhältnis zwischen Kunst und Macht und speziell zum Thema der »Produktion großer Männer«.[15] Insofern sind die im zwölften Kapitel gezogenen Vergleiche ein wesentlicher Bestandteil der Untersuchung.

Ludwig ist aus mehreren Gründen ein gutes Beispiel für eine solche Fallstudie. Der König und seine Ratgeber beschäftigten sich intensiv mit dem königlichen Bild. Abgesehen von der Zeit, die für unterschiedliche Rituale erforderlich war, muß der König viele Stunden für diverse Porträts Modell gesessen haben. Wie genau diese Bildnisse geprüft wurden, belegt ein Kommentar zu einer Zeichnung des Königs während des Flandern-Feldzugs: »Es ist notwendig, den König mit erhobenem Stock darzustellen, und nicht, wie er sich darauf stützt« *[il faut que le Roi ait la canne haute, au lieu de s'appuyer dessus]*.[16] Ludwig hatte außerdem sehr viel Glück mit der Qualität der Künstler, Dichter und Komponisten, die in seinem Dienst standen. Seine Präsentation diente anderen Monarchen als Vorbild (s. u., S. 223 ff.). Sie ist außerordentlich gut dokumentiert. Hunderte von Gemälden, Medaillen und Stichen mit Darstellungen des Königs sind erhalten. Noch immer existiert Versailles in einer Form, die es einem ermöglicht, sich eine Vorstellung von seinem Erscheinungsbild zur Zeit des Königs zu machen. Es sind aber auch einige bemerkenswerte vertrauliche Dokumente erhalten, von privaten Briefen bis hin zu Kommissionsprotokollen, die uns einen Einblick in die Ziele und Methoden der Imageproduzenten in den unterschiedlichen Medien vermitteln.[17]

Der große Vorteil der Vorgehensweise, die Medien als Ganzes zu betrachten, liegt darin, daß sich von diesem Standpunkt aus die Veränderungen sehr viel deutlicher erkennen lassen. Es wäre in der Tat sehr merkwürdig gewesen, wenn sich die Darstellungen Ludwigs im Laufe seiner zweiundsiebzigjährigen Regierungszeit – davon vierundfünfzig der sogenannten Alleinregierung – nicht verändert hätten. Die frühesten Porträts zeigen ihn als Baby in Windeln, das letzte als alten Mann im Rollstuhl. Zwischen diesen beiden Daten verändert sich sein Profil auf Medaillen und Münzen mehrmals. Mit den Jahren wurden neue Institutionen zu Ehren des Königs gegründet, Künstler und Minister kamen und gingen, auf Siege folgten Niederlagen.

Einer der Vorteile eines streng chronologischen Vorgehens liegt darin, daß man zeigen kann, ob Veränderungen in verschiedenen Medien zur gleichen Zeit stattfinden – was ein hohes Maß an zentralistischer Kontrolle vermuten läßt – oder ob sie ihrem eigenen Rhythmus folgen, was darauf hindeutet, daß die Künste relativ autonom waren. Allerdings ist eine streng chronologische Vorgehensweise nicht ganz einfach. Das Bild des Königs wurde ständig revidiert. Neue Medaillen wurden beispielsweise geprägt, um Ereignisse zu feiern oder umzuinterpretieren, die schon früher stattgefunden hatten. Wir müssen also auf zwei Zeitskalen achten, nicht nur auf die der Ereignisse, sondern auch auf das, was man als »Medaillenzeit« bezeichnen könnte.[18] Die Grande Galerie in Versailles ist nicht nur eine Darstellung früherer

Ereignisse (etwa von 1661 oder von 1672), sondern selbst ein kulturelles Ereignis der achtziger Jahre.

Von daher überrascht es kaum, daß Historiker in der Geschichte des königlichen Bildes zwar einige Wendepunkte festgestellt haben, bezüglich deren Datierung aber verschiedener Meinung sind. Für manche ist es das Jahr 1670, als der König aufhörte, bei Hofballetten zu tanzen, und die Vergleiche mit Alexander dem Großen seltener wurden.[19] Für andere ist es 1674, eine Zeit, in der sich die Sprache der Festlichkeiten zu verändern begann, oder das Jahr 1677, der Höhepunkt des Königskults.[20] Auf die Bedeutung des Jahres 1679, als das mythologische Programm der Grande Galerie durch ein historisches ersetzt wurde, ist oft hingewiesen worden.[21] Andere Forscher sprechen lieber von 1682/83, als die *grandes fêtes* seltener wurden und der Hof nach Versailles umzog, oder von 1685/86, als überall im Land Denkmäler für Ludwig errichtet wurden.[22] Ich hoffe, auf den folgenden Seiten genügend Material zusammengetragen zu haben, daß sich die Leser selbst eine Meinung bilden können.

Eine Untersuchung wie die vorliegende ist natürlich ein Kind ihrer Zeit. Bereits 1912 wies ein französischer Gelehrter auf Ähnlichkeiten zwischen der organisierten Verherrlichung Ludwigs XIV. und der modernen Werbung hin.[23] Noch augenfälliger ist die Parallele im ausgehenden zwanzigsten Jahrhundert, da Staatschefs, von Richard Nixon bis hin zu Margaret Thatcher, dazu übergehen, sich ihr Image von Werbeagenturen entwickeln zu lassen.[24] Meine Studie beschäftigt sich, modern formuliert, mit dem Verkauf Ludwigs XIV., mit der Verpackung des Monarchen, mit Ideologie, Propaganda und der Manipulation der öffentlichen Meinung.

Die Gefahr, dabei einem Anachronismus zu erliegen, ist nicht zu übersehen. Ich habe nicht vor, die Panegyriker Ludwigs XIV. als exakte Entsprechungen von Saatchi & Saatchi zu präsentieren. Tatsächlich ist der Hinweis auf Verkaufsstrategien aber nicht so anachronistisch, wie es scheint, denn der Herzog von Saint-Simon, der den König persönlich kannte, meinte, daß niemand besser als Ludwig wußte, »wie seine Worte, sein Lächeln, ja sogar seine Blicke zu verkaufen waren«. Gleichwohl unterschied sich die Kultur des siebzehnten Jahrhunderts erheblich von der unsrigen, und diese Unterschiede spiegeln sich selbstverständlich im Bild von Herrschern (s. u., S. 258).

Modern formuliert, könnte man dieses Buch aber auch als eine Untersuchung der »Propaganda« für Ludwig XIV. bezeichnen, der Bemühungen, die »öffentliche Meinung« zu formen oder zu manipulieren, oder als eine Untersuchung über »Ideologie«, im Sinne »der Methode, mit Hilfe von Sprache Herrschaftsverhältnisse aufrechtzuerhalten«.[25] Alle drei Begriffe – Propaganda, öffentliche Meinung und Ideologie – gab es im siebzehnten Jahrhundert noch nicht. Die römische *Congregatio de propaganda fidei* war eine Institution zur »Propagierung des Glaubens«, nicht für »Propaganda« im politischen Sinne. Der moderne Begriff Propaganda geht frühestens auf das ausgehende achtzehnte Jahrhundert zurück, als die von Anhängern der Französischen Revolution verwendeten Überredungsmethoden mit christlichen Bekehrungsmethoden verglichen wurden.[26] Historiker tun gut daran zu untersuchen, was an einem bestimmten Ort und zu einer bestimmten Zeit nicht vorhanden ist, da dies meist sehr aufschlußreich ist.

Das bedeutet freilich nicht, daß im siebzehnten Jahrhundert nicht versucht wurde, Zuschauer und Zuhörer zu überreden oder gar zu manipulieren. Wenn wir bedenken, welch bedeutende Rolle die Rhetorik bei der Ausbildung der damaligen Elite spielte, so war man sich der Überredungstechniken vermutlich sehr viel stärker bewußt, als die meisten von uns es heutzutage sind.[27] Wird der Begriff der Propaganda breit genug definiert, beispielsweise als »Versuch, gesellschaftliche und politische Wertvorstellungen zu vermitteln«, dann dürfte kaum etwas dagegen einzuwenden sein, diesen Begriff auf das siebzehnte Jahrhundert anzuwenden.[28] Trotzdem liegt eine gewisse Gefahr darin, eine Studie wie die vorliegende als Analyse der Propaganda für Ludwig XIV. zu bezeichnen. Das Gefährliche daran ist, daß Autor und Leser gleichermaßen ermuntert werden, die Gedichte, Gemälde und Statuen, die den König darstellen, so zu interpretieren, als seien sie bloß Überredungsversuche und beispielsweise nicht auch Ausdruck königlicher Macht und der Ergebenheit zumindest eines Teils seiner Untertanen gewesen. Wie der Altertumsforscher Paul

Veyne geschrieben hat, werden manche Kunstwerke geschaffen, um zu existieren, und nicht unbedingt, um betrachtet zu werden. Die Reliefs an der Trajansäule sind vom Erdboden aus nicht zu sehen.[29]

Es dürfte eher so gewesen sein, daß die Darstellungen von Ludwig zur Vermehrung seines Ruhms in Auftrag gegeben wurden. Die zeitgenössischen Quellen lassen keinen Zweifel daran, wie wichtig Ansehen oder Ruhm für Herrscher und Adlige war. Ein zeitgenössisches Wörterbuch unterschied zwischen Ruhm und Verherrlichung, da »Verherrlichung von Einzelpersonen kommt, der Ruhm aber von der ganzen Welt« *[la louange se donne par les particuliers, et la gloire par le général du monde]*.[30] *Gloire*, das war ein Schlüsselbegriff der Zeit,[31] dessen Bedeutung in Ludwigs Memoiren immer wieder betont wurde.[32] Mademoiselle de Scudéry wurde für ihren Essay zu diesem Thema von der Académie Française mit einer Medaille ausgezeichnet.[33] Personifikationen des Ruhms erschienen in Theater- und Ballettstücken und auf öffentlichen Denkmälern. Im Park von Versailles gab es sogar einen Ruhmesbrunnen.

Und selbstverständlich wurde im siebzehnten Jahrhundert immer wieder festgestellt, daß Pracht eine politische Funktion hatte. Sie verlieh dem König *éclat*. *Éclat* war ein weiteres Schlüsselwort der damaligen Zeit, dessen Bedeutung von »Blitz« bis zu »Donnerschlag« reichte, aber immer handelte es sich um etwas Unerwartetes und Beeindruckendes. Pracht galt als beeindruckend, buchstäblich prägte sie sich dem Publikum ein wie ein Siegel dem Wachs.

So schrieb Colbert, daß der Louvre den Menschen Respekt einpräge *[toute la structure imprime le respect dans l'esprit des peuples]*.[34] Damit ist wohl Europa gemeint und nicht nur Frankreich. Und Ludwig seinerseits (oder genauer gesagt, einer seiner Sekretäre) erklärte dem Dauphin, daß Feste den eigenen Untertanen Freude bereiten und dem Ausland einen äußerst vorteilhaften Eindruck von Herrlichkeit, Macht, Reichtum und Erhabenheit geben *[une impression très avantageuse de magnificence, de puissance, de richesse et de grandeur]*.[35] Bossuet bediente sich einer ähnlichen Sprache, wenn er in seiner Abhandlung über Politik bemerkte, daß der Hof eines Königs »blendend und prächtig« ist *[éclatante et magnifique]*, um den Menschen einen gewissen Respekt einzuflößen *[pour imprimer aux peuples un certain respect]*.[36]

Der Sozialtheoretiker Montesquieu, der während der Regierungszeit Ludwigs XIV. heranwuchs, äußerte sich ähnlich: »Der Prunk und der Glanz, der Könige umgibt, ist Teil ihrer Macht« *[le faste et la splendeur, qui environnent les rois, font une partie de leur puissance]*.[37]

Was die im siebzehnten Jahrhundert formulierten Ansichten zum Verhältnis von Kunst und Macht betrifft, so standen auf der einen Seite des Spektrums die Schriftsteller, die das Bild des Königs anscheinend für bare Münze nahmen, ob es sich nun um Dichter handelte, die Oden auf den König schrieben, um Historiker, die von seinen Siegen erzählten, oder um Gelehrte, die die Ausstattung von Versailles beschrieben. Für sie waren Statuen und andere Monumente Mittel zur Unterweisung des Volkes, die es dazu anhalten, seinen Fürsten zu lieben und ihm zu gehorchen.[38]

Andererseits gab es die Beobachter, Moralisten und Satiriker, die in den Verherrlichungen des Königs im Grunde einen Scherz sahen, den sich zynische und opportunistische Schmeichler mit der Öffentlichkeit erlaubten. Eine Generation zuvor hatte ein Schriftsteller im Dienste des Kardinals Richelieu geschrieben, daß ein Fürst »mit schönen Worten das Volk verführen, es mit Äußerlichkeiten täuschen und an der Nase herumführen« könne.[39] In ähnlicher Weise verwendeten Kritiker von Ludwig XIV. ein weiteres Schlüsselwort, nämlich *divertissement*, im Sinne von Unterhaltung und Ablenkung. Sie erklärten, daß Festlichkeiten und Theateraufführungen – wie die Spiele im antiken Rom – veranstaltet würden, um die Menschen von der Politik abzulenken oder, wie La Bruyère es so plastisch ausdrückte, das Volk einzuschläfern *[laisser le peuple s'endormir dans les fêtes, dans les spectacles]*.[40]

Diese Vorstellungen des siebzehnten Jahrhunderts werfen natürlich ein Licht auf den Hof Ludwigs XIV. Wir können uns nicht erlauben, sie zu ignorieren. Andererseits kann ein Historiker des zwanzigsten Jahrhunderts auch nicht auf moderne Begriffe verzichten, ob sie nun aus der Politologie, Sozialanthropologie oder Sozialpsychologie kommen. Faszinierend an der Geschichtsschreibung ist vor allem die Aufgabe, zwischen zwei Kulturen, zwischen der Vergangenheit und der Gegenwart zu vermitteln, einen Dialog zwischen beiden Begriffssystemen herzustellen, von der einen in die andere Sprache zu übersetzen. »Propaganda« ist so ein nützlicher moderner Begriff, doch es gibt auch noch andere.

Man könnte das vorliegende Buch auch als Untersuchung über den Mythos Ludwigs XIV. bezeichnen.[41] Und zwar deswegen, weil Ludwig ständig mit Göttern und Helden der klassischen Mythologie wie etwa Apoll und Herkules gleichgesetzt wurde. Der Begriff »Mythos« ließe sich aber auch in einer ambitionierteren und zugleich kontroverseren Art verwenden. Wir könnten Mythos definieren als eine Geschichte mit symbolischer Bedeutung – z. B. der Sieg des Guten über das Böse –, deren Figuren, ob Helden oder Schurken, überlebensgroß vorgeführt werden. Eine besondere Geschichte steht an der Kreuzung zwischen ererbten Bildern und ganz bestimmten Personen und Ereignissen.[42]

Ein Mythos von Ludwig XIV. existierte in dem Sinne, daß der König als allwissend *[informé de tout]*, unbesiegbar, gottesgleich usw. präsentiert wurde. Er war der vollkommene Fürst, der mit der Wiederkehr des Goldenen Zeitalters assoziiert wurde. Man beschrieb ihn als »Helden« und seine Herrschaft, in den Worten Racines, als »eine ununterbrochene Folge von Wundern«.[43] Sein Bild in der Öffentlichkeit war nicht einfach positiv, sondern hatte geradezu sakrale Eigenschaften.

Berufshistoriker verwenden den Begriff »Mythos« oft für »eine unwahre Geschichte« – im Gegensatz zu ihren eigenen Geschichten, wie sie sie sehen. Mir geht es hier aber nicht um den »wahren« Ludwig im Gegensatz zur Mythosfigur. Mich beschäftigt vielmehr genau die Realität dieses Mythos, die Frage, welchen Einfluß er auf die Welt jenseits der Medien hatte – auf Ausländer, auf die Untertanen Ludwigs und nicht zuletzt auf den König selbst. Der Begriff »Mythos« erinnert auch daran, daß Künstler und Dichter sich nicht auf statische Bilder des Königs beschränkten, sondern auf ihren Gemälden, Gobelins, Medaillen und Stichen sowie in offiziellen Geschichtswerken eine Erzählung präsentieren wollten – *l'histoire du roi*, wie sie es nannten. Um dieses dynamische Element mit dem des Bühnenhaften zu verbinden, könnte man vom »Theater« Ludwigs XIV. sprechen.

Wir könnten noch einen Schritt weiter gehen und vom »Theater-Staat« des Sonnenkönigs sprechen. Den Begriff »Theater-Staat« hat der amerikanische Ethnologe Clifford Geertz in seiner vielbeachteten Untersuchung über Bali im neunzehnten Jahrhundert verwendet[44], und er hätte den Zeitgenossen Ludwigs XIV., die es gewohnt waren, die Welt als Bühne zu sehen, sicherlich gefallen. Ludwig verwendete das Bild gelegentlich selbst (s. u., S. 20, 68). Der Herzog von Saint-Simon verwendete in seinen Beschreibungen des höfischen Lebens immer wieder Begriffe wie *comédie* und *scène*.[45] Mehr als eine der Predigten zum Tode Ludwigs beschrieb sein Leben als ein großes »Schauspiel«.[46]

Besonders das Zeremoniell wurde als eine Art Theaterstück betrachtet, das zur Förderung des Gehorsams inszeniert werden mußte. Der deutsche Gelehrte J. C. Lünig schrieb in seinem 1719–20 erschienenen Handbuch der Zeremonialwissenschaft *(Theatrum Ceremoniale)* von der Notwendigkeit eines derartigen Theaters, »denn die meisten Menschen, vornehmlich aber der Pöbel, sind von solcher Beschaffenheit, daß bei ihnen die sinnliche Empfindung und Einbildung mehr als Witz und Verstand vermögen«. In Ludwigs Memoiren finden sich ähnliche Gedanken,[47] und moderne Untersuchungen über die Bedeutung von Ritualen in der Politik gehen von vergleichbaren Annahmen aus.[48]

Auch ich werde mich im folgenden einer weitgehend dramaturgischen Perspektive bedienen, in Anlehnung an den amerikanischen Sozialanthropologen Erving Goffman, der auf die Bedeutung der »Selbstdarstellung im Alltag« hingewiesen hat, auf die »Technik der Eindrucksmanipulation«, auf den Unterschied zwischen »Vorderbühne« und »Hinterbühne«, auf die Funktion von Bühnenbild einschließlich »Requisiten« und dergleichen mehr.[49]

Alle diese modernen Begriffe können bei einer Untersuchung Ludwigs XIV. verwendet werden. Versailles beispielsweise war die Bühne, auf der der König seine Macht vorführte. Der Zugang zum Monarchen war streng reglementiert und erfolgte stufenweise, über einzelne Teilbühnen. Besucher gelangten von Vorhöfen in Innenhöfe, sie stiegen Treppen empor, warteten in Vorzimmern und so weiter, bis sie endlich einen Blick auf den König werfen durften.

Goffmans Sprache hätte Zeitgenossen des Königs wie La Rochefoucauld oder Saint-Simon keineswegs überrascht. So verwendet Saint-

Simon oft den Ausdruck *les derrières* für den Raum »hinter den Kulissen« am Hof. Von Ludwig heißt es manchmal, sein ganzes Leben habe sich in der Öffentlichkeit abgespielt. In gewissem Sinne stimmt das: immer wurde er von jemandem beobachtet, und wenn es nur seine Kammerdiener waren. Bestimmte Handlungen, politische und nicht-politische, waren jedoch weniger öffentlich als andere. Die Beziehungen zu seinen Mätressen fanden, wie seine Ehe mit Madame de Maintenon, hinter der Bühne statt. Von ihnen wurde in den offiziellen Medien nicht gesprochen, auch wenn jedermann davon wußte. Sie müssen aus verschiedenen inoffiziellen Quellen rekonstruiert werden, aus privaten Briefen, ja sogar den Memoiren eines königlichen Kammerdieners (dessen Beobachtungen leider mit seiner Entlassung im Jahre 1653 enden).[50]

Ebenfalls geeignet für die vorliegende Untersuchung ist der Begriff »Repräsentation«,[51] der u. a. »Darstellung«, »Aufführung« bedeutete. Der Jesuit Menestrier, ein Experte für Embleme, Schauspiele und andere symbolische Formen, veröffentlichte 1681 eine Schrift über musikalische »Repräsentationen«. Als Ludwig zum ersten Mal die elfjährige Herzogin von Burgund sah, bemerkte er zu Madame de Maintenon, sie werde eines Tages ihre Rolle auf der Bühne des Hofes mit Anmut und Liebreiz spielen *[Quand il faudra un jour qu'elle représente, elle sera d'un air et d'une grâce à charmer]*.[52] Ein zeitgenössisches Wörterbuch definiert »Repräsentation« auch als das »Bild, das abwesende Gegenstände in unser Denken und in unsere Erinnerung zurückruft« *[Image qui nous remet en idée et en la mémoire les objets absents]*.[53]

»Repräsentieren« hieß auch: »jemanden vertreten«. In diesem Sinne wurde Ludwig von Botschaftern, Provinzgouverneuren und Richtern repräsentiert oder auch von der Königin, als er 1672 ins Feld zog. In einem etwas anderen Sinne repräsentierten ihn auch die königlichen Sekretäre, die nicht nur seine Unterschrift, sondern auch seine Handschrift imitieren durften.[54] Selbst seine Liebesbriefe wurden von anderen geschrieben (beispielsweise vom Marquis de Dangeau). In den königlichen Memoiren wird an einer Stelle unterschieden zwischen den in seinem Namen und den von ihm selbst geschriebenen Briefen – ironischerweise stammt aber just diese Passage, wie die übrigen Teile der berühmten *Mémoires* auch, aus der Feder eines Sekretärs.[55]

Auch unbelebte Objekte repräsentierten den König, besonders die Münzen, die sein Abbild und gelegentlich seinen Namen trugen (der *Louisdor* entsprach etwa 15 *livres*). Das galt für sein Wappen und sein Symbol, die Sonne, ebenso wie für sein Bett oder den gedeckten Essenstisch; dies sogar, wenn er nicht anwesend war. Beispielsweise durfte in dem Raum, in dem der königliche Tisch gedeckt war, niemand seinen Hut aufbehalten.[56]

Zu den bedeutendsten unbelebten Repräsentationen des Königs zählten seine Porträts. Von dem Hofmaler Charles Lebrun hieß es, er bringe in seinen Porträts des Königs »alle hohen Eigenschaften wie in einem völlig klaren Spiegel« zum Ausdruck *[il y représente comme dans une glace très pure toutes ses hautes qualités].*[57] Diese Bildnisse wurden auch wie Stellvertreter des Königs behandelt. Das berühmte Porträt von Rigaud (Abb. 1) nahm bei Abwesenheit des Königs dessen Platz im Thronsaal von Versailles ein. Dem Gemälde seinen Rücken zuzukehren war genauso ein Delikt, als hätte man dem König selbst den Rücken zugekehrt.[58] Bei Festen, die zu Ehren des Königs in der Provinz stattfanden, wurden ebenfalls Porträts gezeigt,[59] mitunter sogar prozessionshaft wie Heiligenbilder herumgetragen.[60] Dieser Vergleich ist nicht so weit hergeholt, wie es vielleicht scheinen mag, denn der König wurde manchmal als der hl. Ludwig dargestellt.

Man könnte sagen, daß Ludwig sich selbst dargestellt hat, insofern er bewußt die Rolle eines Königs gespielt hat. Dieses Bewußtsein, und auch der Unterschied zwischen vorderen und hinteren Regionen am Hof, gehen aus den Memoiren eines italienischen Adligen hervor, der in den 1670er Jahren den Hof besuchte. »Privat« *[en son particulier]*, das heißt in seinem Schlafgemach, umgeben von einer kleinen Schar von Höflingen, legte Ludwig seine würdevolle Art ab, doch sobald die Tür aufging, »veränderte er sogleich Haltung und Ausdruck, als hätte er auf einer Bühne aufzutreten« *[il compose aussitôt son attitude et prend une autre expression de figure, comme s'il devait paraître sur un théâtre].*[61]

Ludwig nahm auch den Platz Gottes ein, worauf der Hofprediger Jacques-Bénigne Bossuet und andere Staatstheoretiker immer wieder hinwiesen. Herrscher waren »lebendige Bilder« *[images vivantes]* Gottes, »Repräsentanten der göttlichen Majestät« *[les représentants de la majesté divine].*[62]

Ludwig repräsentierte den Staat. Ein zeitgenössischer Publizist erklärte, daß König derjenige sei, der das gesamte Gemeinwesen repräsentiere *[celui qui représente toute la république]*. Der König ist berühmt für das ihm zugeschriebene Epigramm »Der Staat bin ich« *[l'État c'est moi]*. Wenn er das selbst nicht gesagt hat, dann ließ er jedenfalls seine Sekretäre schreiben: »Wenn man den Staat im Blick hat, arbeitet man für sich selbst« *[quand on a l'État en vue, on travaille pour soi]*.[63] Freunde und Feinde des Regimes stimmten mit dieser Identifikation gleichermaßen überein. Bossuet erklärte, daß »der gesamte Staat in ihm« sei *[tout l'État est en lui]*, und eine protestantische Flugschrift beklagte, daß »der König den Platz des Staates eingenommen« habe *[le roi a pris la place de l'État]*.[64]

Doch den Staat zu repräsentieren ist etwas anderes, als mit ihm gleichgesetzt zu werden. Bossuet erinnerte den König daran, daß er sterben müsse, während sein Staat unsterblich sei, und Ludwig soll auf dem Totenbett erklärt haben: »Ich gehe, aber der Staat wird nach mir weiterleben« *[je m'en vais, mais l'État demeurera après moi]*.[65] Das berühmte Epigramm darf also nicht allzu wörtlich genommen werden.

Der Begriff »Repräsentation« ist insofern nützlich, als er nicht nur auf die visuellen oder literarischen Porträts des Königs bezogen werden kann, auf das in den Medien oder durch sie projizierte Bild, sondern auch auf dessen Rezeption, auf das Bild Ludwigs in der kollektiven Imagination oder, wie französische Anthropologen sagen, in den »kollektiven Vorstellungen« der damaligen Zeit. Der Nachteil des Begriffs »kollektive Vorstellungen« ist, daß er so aufgefaßt werden kann, als habe jeder Mensch ein identisches Bild vom König gehabt, als gebe es überhaupt so etwas wie kollektive Imagination, nach Art des kollektiven Unbewußten, von dem C. G. Jung spricht. Um diese Mißverständnisse zu vermeiden, habe ich einen anderen Titel gewählt.

Mit dem Originaltitel dieses Buches – »The Fabrication of Louis XIV« – ist nicht angedeutet, daß hier der König dekonstruiert oder demontiert werden soll, so wie die Revolutionäre im Jahre 1792 seine Denkmäler demontierten.[66] Ich bestreite nicht, daß der König seine Arbeit, *le métier du roi*, wie es in den königlichen Memoiren heißt, im Grunde recht gut gemacht hat. Er hat nicht alle Entscheidungen getroffen, die ihm seinerzeit zugeschrieben wurden, aber doch einige. Ludwig war viel mehr als nur ein »gemalter König«, wie ein schwacher Monarch im siebzehnten Jahrhundert gelegentlich bezeichnet wurde. Der Begriff »Fabrication« soll nicht implizieren, daß Ludwig etwas Künstliches war, während andere Menschen natürlich sind. Wie Goffman mit großem Scharfsinn zeigt, konstruieren wir uns alle in gewisser Weise selbst. Ludwig war ungewöhnlich nur im Hinblick auf die Unterstützung, die ihm bei dieser Konstruktion zuteil wurde.

»Fabrication« weist auf etwas Prozeßhaftes hin, und es ist dieser über ein halbes Jahrhundert andauernde Prozeß der Hervorbringung eines Bildes, auf den ich mich konzentrieren werde. Heute ist es fast so, daß dank historischer Distanz, dank Versailles und der Memoiren des Herzogs von Saint-Simon das Bild vom alten König die frühen Bilder von ihm überdeckt. Mit dem Untertitel ebenso wie mit dem chronologischen Aufbau meiner Studie möchte ich eine Entwicklung deutlich machen. Aus dem gleichen Grund könnte man von der allmählichen »Mythologisierung« tatsächlich stattgefundener Ereignisse, z. B. des Übergangs über den Rhein (1672) oder der Aufhebung des Edikts von Nantes (1685), in ihren konsekutiven Darstellungen in unterschiedlichen Medien sprechen. Die gewissermaßen »autorisierte Fassung« der Geschichte des Königs unterlag ständiger Revision.

Darüber hinaus verweist »The Fabrication of Louis XIV« auf die einflußreiche Rolle der Medien, auf die, wie es einmal genannt wurde, »Produktion großer Männer« oder die »symbolische Konstruktion von Autorität«.[67] Der König war für die meisten seiner Zeitgenossen eine heilige Figur. Ihm wurde die Gabe zugeschrieben, Hautkranke durch seine »königliche Handauflegung« zu heilen.[68] Er war charismatisch – im ursprünglichen Sinne, daß er mit Chrisma, einem Symbol göttlicher Gnade, gesalbt worden war, und im modernen Sinne, daß er eine Führerpersönlichkeit mit Ausstrahlung war. Dieses Charisma bedurfte jedoch ständiger Erneuerung. Das war der eigentliche Zweck der Präsentation Ludwigs auf seiner Versailler Bühne und das Ziel der Re-Präsentation des Königs in den Kommunikationsmedien.

Zusammengefaßt: Der in diesem Buch verfolgte Ansatz ist das Ergebnis einer gewissen Distanz zu zwei diametral entgegengesetzten Auffassungen vom Herrscher und seinem Bild, der »zynischen« und der »naiven«, wie man sie nennen könnte. Die zynische Sichtweise, die, wie erwähnt, im siebzehnten Jahrhundert verbreitet war, pflegte das Bild des Königs als Eitelkeit, Megalomanie oder Narzißmus abzutun, als Ausdruck der Schmeichelei karrieresüchtiger Höflinge zu interpretieren oder, nach Art moderner Kommunikationswissenschaftler, es als ein Beispiel dafür hinzustellen, daß »Pseudo-Ereignisse« geschaffen und Ereignisse, die mit dem Image nicht vereinbar waren, durch skrupellose Medienspezialisten in »Nicht-Ereignisse« verwandelt worden seien. Nach dieser Auffassung müßte die offizielle Kunst und Literatur der damaligen Zeit als Form von Ideologie interpretiert werden, definiert als eine einzige Abfolge von Tricks zur Manipulation von Lesern, Hörern und Betrachtern.[69]

Die »naive« Sichtweise besagt dagegen, daß die Imageproduktion ernstgenommen wurde und werden sollte, insofern sie psychologischen Bedürfnissen entsprach. Der Begriff »Ideologie«, wenn überhaupt verwendet, meint hier die Macht von Symbolen über alle Menschen, ob sie sich dieser Macht bewußt sind oder nicht. Die Verherrlichung des Königs ist, nach dieser Auffassung, eine Hommage an eine Rolle und nicht die Schmeichelei eines Individuums. Ein zentralisierter Staat bedarf eines Symbols seiner zentralen Verfassung. Der Herrscher und sein Hof, oft als Ebenbild des Kosmos gesehen, sind für den Rest des Staates ein geheiligtes oder »exemplarisches« Zentrum.[70]

Clifford Geertz hat diesen Gedanken in seiner Untersuchung über das Bali des neunzehnten Jahrhunderts noch weiter entwickelt. In Bali richtete sich das Augenmerk des Staates nicht besonders auf das Regieren, das er »eher gleichgültig und zögernd betrieb«. Sein Interesse galt vielmehr dem Schauspiel, dem Zeremoniell, der öffentlichen Inszenierung des dominierenden Themas balinesischer Kultur: soziale Ungleichheit und Statusbewußtsein. Es war ein Theater-Staat, in dem der König und die Prinzen die Impresarios waren, die Priester die Intendanten und die Bauern die Statisten, die Bühnentechniker und das Publikum. Geertz lehnt die zynische Sicht als verkürzt ab und argumentiert, daß das königliche Ritual kein Instrument, geschweige denn ein Schwindel, sondern Selbstzweck war. »Die Macht diente dem Pomp und nicht der Pomp der Macht.«[71]

Ob diese Charakterisierung Balis im neunzehnten Jahrhundert zutrifft oder nicht, ist in diesem Zusammenhang irrelevant. Was mich interessiert, ist Geertz' Modell des Verhältnisses zwischen Pomp und Macht. Ist es relevant für das frühneuzeitliche Europa, speziell für Frankreich? Das beste Beispiel eines »Theater-Staats« im Europa des siebzehnten Jahrhunderts ist zweifellos der Kirchenstaat, der keine militärische Macht besaß – Stalin fragte einmal ironisch, wie viele Divisionen der Papst habe –, dies aber durch den Glanz seines Zeremoniells und die prachtvolle Kulisse wettmachte.[72] Auch im Hinblick auf Ludwig XIV. ist dieses Modell brauchbar. Ludwig wurde als heiliger Herrscher und sein Hof als Spiegelbild des Kosmos betrachtet. Das war die Grundlage zahlreicher Gleichsetzungen zwischen dem König und Jupiter, Apoll und der Sonne.

Von einem vergleichenden Standpunkt aus könnte man sagen, daß jedes Modell bestimmte Aspekte auf Kosten anderer hervorhebt. Die Zyniker, die sich weigern, Mythos, Zeremoniell und Anbetung als Reaktionen auf psychologische Bedürfnisse in Betracht zu ziehen, sind tatsächlich borniert. Sie nehmen einfach an, daß herrschende Klassen in der Vergangenheit genauso zynisch waren, wie sie selbst es sind, während die Vertreter des Gegenmodells einfach annehmen, daß jedes Mitglied einer gegebenen Gesellschaft an deren Mythos glaubt. Für konkrete Beispiele von Fälschung und Manipulation ist in diesem Modell kein Platz.

Auch im Falle Ludwigs XIV. führen beide Ansätze zu Erkenntnissen. Einerseits würde ich den Zynikern darin beipflichten, daß Ludwig nicht der großartige Monarch war, als der er porträtiert wurde. Aus den Quellen geht deutlich hervor, daß die Regierung einige Male die Öffentlichkeit täuschen wollte, ob es um die Brandschatzung Heidelbergs ging oder um die Niederlage bei Höchstädt-Blenheim. Und mancher Höfling und Schriftsteller dürfte Ludwig wohl nur aus Eigennutz gepriesen haben, um Karriere zu machen.

Andererseits wäre es falsch, eine Analyse des Verhaltens sowohl Ludwigs als auch seiner Höflinge an den Begriffen Aufrichtigkeit und Authentizität aufzuhängen. Der moderne Aufrichtigkeitskult existierte im siebzehnten Jahrhundert noch nicht. Andere Werte, wie etwa Schicklichkeit, wurden für wichtiger erachtet.[73] Jedenfalls gründete das System nicht allein auf Schmeicheleien. Es ist wenig wahrscheinlich, daß die königlichen Panegyriker allesamt Zyniker waren in dem Sinne, daß sie andere von etwas zu überzeugen suchten, woran sie selbst nicht glaubten. Möglich ist immerhin, daß Ludwig, der Hof und das Land an das idealisierte Bild des Königs glaubten, so wie man an das Handauflegen glaubte (vgl. Kapitel XI). Herausgerissen aus dem Kontext, könnte das Bild von Ludwig XIV. als einem heiligen, unbesiegbaren Monarchen sehr wohl als ein Fall von Megalomanie erscheinen. Wir müssen es aber im Zusammenhang sehen, als eine kollektive Schöpfung und, jedenfalls in gewissem Umfang, als Reaktion auf ein Bedürfnis, selbst wenn sich die Öffentlichkeit ihrer Bedürfnisse nicht völlig bewußt war. Die Aufrechterhaltung von Macht mit Hilfe von imaginierten Bildern ist ein Prozeß, der um so wirksamer ist, als er teilweise unbewußt verläuft.

Beide Modelle sind also nützlich. Man könnte sagen, daß auch die Spannung zwischen ihnen fruchtbar ist. Wenn sich aus den Gegensätzen eine Synthese ableiten ließe, so könnte sie folgendermaßen aussehen: Der König und seine Ratgeber waren sich der Methoden, wie Menschen mit Hilfe von Symbolen manipuliert werden können, durchaus bewußt. Schließlich waren die meisten von ihnen in der Kunst der Rhetorik ausgebildet worden. Die Ziele aber, um derentwillen sie andere manipulierten, stammten natürlich aus dem Repertoire der Kultur ihrer Zeit. Ziele und Methoden sind Teil der Geschichte und ein Teil dessen, wovon in diesem Buch berichtet wird.

In den folgenden Kapiteln werde ich versuchen, sowohl chronologisch als auch analytisch vorzugehen. Eine narrative Darstellung der mehr als siebzig Jahre dauernden »Inszenierung« des Königs wird eingerahmt von thematischen Kapiteln, in denen ich über die zeitgenössischen Medien und deren Rezeption im In- und Ausland spreche. Abschließend werde ich einen Schritt zurücktreten und Ludwig aus der Distanz betrachten, sein öffentliches Image mit dem anderer Monarchen des siebzehnten Jahrhunderts vergleichen und es in die Geschichte von Herrscherbildern einordnen.

Zusammenfassend könnte man meine Untersuchung, in Anlehnung an eine Formel moderner Kommunikationsforscher, als Versuch bezeichnen, herauszufinden, wer über Ludwig was zu wem gesagt hat, durch welche Kanäle und mit welchen Codes, in welcher Umgebung, mit welchen Intentionen und mit welchen Ergebnissen.[74] Im folgenden Kapitel wird es um die Kanäle und Codes gehen, anders gesagt, um die Mittel der Überredung.

II. KAPITEL
Überredung

»C'est un grand art que de savoir bien louer.«

[Gekonnt zu schmeicheln ist eine große Kunst.]

BOUHOURS

2. »Der junge Ludwig«
Jean Warin überreicht dem jungen Ludwig seine Medaille
Anonymes Gemälde, um 1648. Musée de la Monnaie, Paris

Medien

In diesem Kapitel soll eine kurze Beschreibung, oder besser gesagt, eine Collage von Bildern Ludwigs XIV. präsentiert werden, unter besonderer Berücksichtigung immer wiederkehrender Themen, Motive und Formeln. Wir können aber, worauf Kommunikationstheoretiker oft hinweisen, die Botschaft nicht von dem Medium trennen, in dem sie präsentiert wird. Literaturwissenschaftler argumentieren ähnlich, wenn sie feststellen, daß Inhalt und Form nicht zu trennen sind und daß man sich über die Unterschiede zwischen den Gattungen und deren Konventionen im klaren sein muß. Deshalb sei dem Gesamtbild Ludwigs XIV. eine Auseinandersetzung mit Darstellungsformen und Genres vorangestellt.

Medien

Seit Lessings berühmtem *Laokoon* (1766) neigen Kritiker dazu, die spezifischen Merkmale künstlerischer Medien zu unterscheiden. Im Zeitalter Ludwigs XIV. wurden aber, wie in der Renaissance, sehr viel stärker die Parallelen zwischen den Künsten betont, von der Dichtung bis hin zur Malerei.[1] Szenen aus dem Leben des Königs wurden in unterschiedlichen Medien auf ähnliche Weise dargestellt. Reiterbildnisse und -statuen bezogen sich aufeinander, Medaillen wurden auf Flachreliefs abgebildet, und Verherrlichungen des Königs wurden in Form von Bildbeschreibungen verfaßt, wie etwa Félibiens *Portrait du Roi* (1663), das ein Gemälde von Lebrun zu beschreiben vorgibt.[2]

Angesichts dieses Medienaufgebots ist schwer zu sagen, ob die bildlichen Darstellungen die Texte illustrierten oder umgekehrt. Wesentlich ist aber zweifellos, daß sie einander inspirierten und verstärkten. So erscheint etwa die Figur der Victoria nicht nur auf Medaillen, Statuen und Gemälden, sondern auch in Theaterstücken wie Corneilles *Toison d'Or* (1660). Die ephemeren Triumphbögen, die für königliche Einzüge errichtet wurden, und die in Paris und einigen anderen Orten gebauten steinernen Bögen spiegelten einander. Der Reliefschmuck am Ludwig-Denkmal auf der Place des Victoires imitierte Medaillen der Herrschaftszeit, doch wurde zum Gedenken an die Einweihung der Statue auch eine Medaille geschlagen. Medaillen und Denkmäler wurden schließlich auf Stichen abgebildet. Es gab zahlreiche Darstellungen von Darstellungen des Königs und seiner Handlungen.

Bilder von Ludwig gab es als Gemälde, in Bronze, Stein, Gobelins, seltener auch als Pastellzeichnungen, in Email, Holz, Terrakotta und sogar Wachs. Sie reichen von der Kindheit (Abb. 2) bis zum würdevollen Alter des berühmten Porträts von Hyacinthe Rigaud (Abb. 1). Schon die Anzahl der Statuen und Porträts des Königs, von denen mehr als 300 erhalten sind, war nach damaligen Maßstäben bemerkenswert.[3] Das gilt auch für die Anzahl von Stichen mit Darstellungen des Königs, von denen sich heute noch fast 700 in der Bibliothèque Nationale finden. Erstaunlich war auch die kolossale Dimension einiger Projekte, etwa des Standbildes auf der Place des Victoires oder der Reiterstatue für die Place Louis-le-Grand, die so riesig war, daß zwanzig Männer im Innern des Pferdes Platz nehmen und zu Mittag essen konnten – und das auch taten, während die Statue aufgestellt wurde.

Manchmal wurden mehrere Bilder des Königs so gruppiert, daß ein Ereignis erzählt werden konnte. Ungewöhnlich für die Zeit war die Anzahl von Bildserien mit Darstellungen Ludwigs. Eine berühmte Gemäldeserie von Lebrun, bekannt unter dem Namen »Geschichte des Königs« *[l'histoire du roi]*, stellte bedeutende Ereignisse aus der Regierungszeit bis in die siebziger Jahre vor. Diese »narratio«, wie Rhetoriker es genannt hätten, wurde auf Wandteppichen und Kupferstichen reproduziert. Von den zu Ludwigs Regierungszeit geschlagenen Medaillen – mehr als 300, wiederum eine ungewöhnlich große Zahl – wurden Stiche angefertigt, und die wiederum wurden als »Medaillengeschichte« des Königs publiziert. Die sogenannten königlichen Almanache waren mit einem Frontispiz versehen, das jährlich ein anderes Ereignis zeigte, und auch diese wurden manchmal als »die Geschichte des Königs« bezeichnet.

Man darf nicht vergessen, welche Bedeutung mechanisch reproduzierbaren Medien zukam. Reproduktionen verhalfen dem Bild des Königs zu noch größerer Verbreitung. Medaillen, die relativ teuer waren, wurden vielleicht in einigen hundert Exemplaren angefertigt. »Drucke« dagegen – Holzschnitte, Radierungen, Kupferstiche,

Stahlstiche, ja sogar Mezzotinti – waren billig. Sie wurden zu Tausenden hergestellt und halfen so in hohem Maße, Ansichten Ludwigs und Neuigkeiten über ihn zu verbreiten.[4]

Das königliche Bild wurde auch aus Wörtern gebildet, gesprochenen und geschriebenen, in Prosa und Gedichten, auf Französisch und Latein. Zu den mündlichen Medien zählten Predigten und Ansprachen, beispielsweise vor den Provinzständen oder von Botschaftern im Ausland. Panegyrische Dichtungen wurden am laufenden Band produziert. Geschichten der Regierungszeit wurden geschrieben, in Umlauf gebracht und schon zu Lebzeiten des Königs veröffentlicht. Periodika, vor allem die zweimal wöchentlich erscheinende *Gazette de France* und der monatlich erscheinende *Mercure Galant*, berichteten ausführlich über die Taten des Königs.[5] Führende Schriftsteller wie Racine u. a. verfaßten lateinische Inschriften für Denkmäler und Medaillen. Diese Inschriften, kurz und würdevoll, waren selbst schon eine Kunstform. Durch sie wurde die Wirkung der Bilder erheblich gesteigert, da sie dem Betrachter erklärten, wie er das Gesehene zu interpretieren habe.

Daneben gab es auch Multi-Media-Veranstaltungen, bei denen Sprache, Bilder, Handlungen und Musik eine Einheit bildeten. Theaterstücke von Molière oder Racine wurden oft im Rahmen einer abendlichen Unterhaltung aufgeführt, zu der auch ein Ballett gehörte. So berichtete 1670 die *Gazette* von einer Aufführung von *Le bourgeois gentilhomme* als einem Ballett, »das von einer Komödie begleitet wird«. Das *ballet de cour* war kein Ballett im modernen Sinne, sondern eher ein Maskenball, anders gesagt, eine episodische Bühnendarbietung, an der Dichter wie Isaac Benserade, Komponisten, Choreographen und Künstler gemeinsam mitwirkten.[6] In den siebziger und achtziger Jahren ersetzten Jean-Baptiste Lully und Philippe Quinault das Ballett durch die Oper, eine homogenere Form des Musiktheaters. Die Texte von Balletten und Opern enthielten, vor allem in den Prologen, häufig panegyrische Anspielungen auf Taten des Königs.[7] Theaterstücke, Ballette und Opern waren nicht selten eingebettet in ein größeres Fest, das seinerseits der Verherrlichung eines besonderen Ereignisses diente, wie etwa die »Divertissements« von Versailles 1674 zur Feier der Eroberung der Franche-Comté.[8]

3. »Das Schloß des Sonnenkönigs«
Marmorhof, Versailles

Außerordentliche, d. h. einmalige Rituale, wie etwa die Salbung des Königs 1654 oder seine Hochzeit im Jahre 1660, und wiederkehrende Rituale wie die Handauflegung bei Kranken oder den Empfang ausländischer Gesandter, könnte man ebenfalls als Multi-Media-Ereignisse betrachten, bei denen das »lebendige Bild« des Königs präsentiert wurde.[9] Das gleiche könnte für die Alltagshandlungen des Königs gelten – aufstehen, die Mahlzeiten einnehmen, zu Bett gehen –, Handlungen, die so stark ritualisiert waren, daß man sie als Mini-Theaterstücke betrachten könnte.

Schauplatz dieser Rituale war üblicherweise ein Schloß: der Louvre, Saint-Germain, Fontainebleau und, immer öfter dann, Versailles. Besonders Versailles könnte man als ständige Ausstellung von Bildern des Königs bezeichnen.[10] Ludwig sah sich überall, sogar an der Zimmerdecke. Wenn die im Jahre 1706 installierte Uhr die Stunden schlug, erschien eine Ludwig-Statue, und Fama stieg herab, um ihr einen Lorbeerkranz aufzusetzen.

Ein Schloß ist jedoch mehr als die Gesamtheit seiner Einzelteile. Es ist ein Symbol seines Besitzers, eine Verlängerung seiner Persönlichkeit, ein Instrument seiner Selbstdarstellung (Abb. 3). Wie noch zu zeigen sein wird, lehnte Colbert die Louvre-Entwürfe des italienischen Bildhauer-Architekten Gianlorenzo Bernini mit der Begründung ab, daß sie unschicklich und unpraktisch seien, doch selbst Colbert hatte ein Interesse daran, eine Fassade zu bekommen, die »des Fürsten würdig« war.[11] Besonders Versailles war ein Bild des Herrschers, der den Bau mit großer Anteilnahme verfolgte. Das Schloß diente nicht nur als Kulisse von Aufführungen, sondern war selbst Thema von musikalischen Darbietungen, etwa der *Grotte de Versailles* (1668) von Lully, *Les fontaines de Versailles* (1683) von Lalande und Morel oder *Le canal de Versailles* (1687) von Philidor. Um den Ruhm des Königs zu mehren, wurden Kupferstiche mit Darstellungen von Versailles offiziell publiziert und in Umlauf gebracht.

Genres

Bilder sind nicht so leicht zu deuten wie es scheint, zumindest wenn der kulturelle Abstand zwischen dem Produzenten und dem Betrachter so groß ist wie der zwischen uns und dem siebzehnten Jahrhundert. Um diesen Abstand zu überwinden, empfiehlt es sich, zeitgenössische Beschreibungen dieser Bilder zu studieren. Einige Beschreibungen finden sich in zeitgenössischen Führern von Versailles, die, wie die Inschriften auf Denkmälern und Medaillen, dazu gedacht waren, den Blick des Betrachters zu beeinflussen.[12] Wie schon erwähnt, lieferten Dichter und Historiker Beschreibungen von Porträts des Königs.

Um die Bilder von Ludwig nicht falsch zu interpretieren, müssen wir nicht nur die Medien betrachten, sondern auch die unterschiedlichen Genres und deren jeweilige Funktion berücksichtigen. Jedes Genre hatte seine eigenen Konventionen und Formeln. Das Publikum, oder jedenfalls ein Teil des Publikums, war mit diesen Konventionen, die seine Wahrnehmungen, Erwartungen und Interpretationen formten, wohlvertraut. Anders als post-romantische Betrachter und Hörer, die das Klischee als Ausdruck eines Mangels an Spontaneität ablehnen, scheint man im siebzehnten Jahrhundert nichts gegen Klischees und Formeln gehabt zu haben.[13]

Die Aufgabe des Bildes bestand im allgemeinen nicht darin, eine erkennbare Kopie der Gesichtszüge des Königs oder eine nüchterne Beschreibung seiner Handlungen zu liefern. Im Gegenteil, er sollte gerühmt, verherrlicht werden, Betrachter, Hörer und Leser sollten von seiner Größe überzeugt werden. Zu diesem Zweck konnten Künstler und Schriftsteller auf eine lange Tradition von Triumphdarstellungen zurückgreifen.

Die königliche *entrée* beispielsweise folgte im allgemeinen dem Modell eines römischen Triumphzuges, und der Bericht vom Einzug des Königspaares in Paris 1660 bekam denn auch den Titel *entrée triomphante* (Abb. 4).[14] Wie in anderen Städten auch, fuhr Ludwig mit seiner Gemahlin durch eine Reihe von zeitweilig errichteten Triumphbögen, die die Art des Anlasses genauer bezeichneten. Unter Ludwig XIV. wurden in Paris auch bleibende Triumphbögen aus Stein errichtet – so etwa an der Porte St. Denis, der Porte St. Antoine, der Porte St. Martin, das gleiche geschah in Provinzstädten von Lille bis Montpellier.

Eine andere Form der Triumphdarstellung war das Reiterdenkmal, ebenfalls ein antikes römisches Genre. Diese Reiterstandbilder, errichtet auf den zentralen Plätzen einer Stadt, um ihr das Bild des Herrschers einzuprägen, folgten einigermaßen strengen Konventionen. Der Reiter wurde meist in römischer Rüstung dargestellt, das Pferd im leichten Trab. Ihm zu Füßen lag meist eine Figur, die den Sieg über die Mächte des Bösen oder der Rebellion symbolisierte.

Einige Porträts von Ludwig zeigen ihn in zwangloser Manier, in Alltagskleidung, auf der Jagd oder in einem Sessel sitzend und sogar beim Billardspiel.[15] Möglicherweise waren diese Porträts aber eher für private als für öffentliche Zwecke gedacht. Die meisten Bildnisse des Königs gehörten zum Genre »Staatsporträt«, das in seiner Komposition den Regeln der »Bildrhetorik« entsprach, die in der Renaissance hinsichtlich der Darstellung bedeutender Persönlichkeiten entwickelt worden waren. Auf diesen Staatsporträts wird das Modell gewöhnlich lebensgroß oder überlebensgroß dargestellt, stehend oder auf einem Thron sitzend (Abb. 5). Die Augenhöhe liegt über der des Betrachters, damit der höhere Rang deutlich wird. Aus Gründen der Schicklichkeit darf das Modell nicht in Alltagskleidung prä-

4. *Der Triumphbogen auf dem Marché Neuf*
Kupferstich aus *Entrée Triomphante*... 1660
British Library, London

5. »Ludwig auf dem Thron«
Ludwig XIV. als Schirmherr der Akademie der Schönen Künste von Henri Testelin
Öl auf Leinwand, 1666–68. Château de Versailles

sentiert werden. Es trägt eine Rüstung, die seine Bedeutung symbolisiert, oder kostbare Roben zum Zeichen seines hohen Rangs und ist umgeben von Objekten, die für Macht und Majestät stehen – klassische Säulen, Samtvorhänge usw.[16] Haltung und Ausdruck vermitteln Würde.

Ebenso wichtig, und etwas offensichtlicher auch, ist das Genre im Fall der Dichtkunst. Die Vorschriften für die unterschiedlichen Genres wurden in formalen Abhandlungen und in der *Art poétique* (1674) zusammengefaßt, einem Essay in Versen von einem der führenden Dichter der Zeit, Nicolas Despréaux, bekannter unter dem Namen Boileau. Ludwig wurde nicht in einem Versepos gefeiert, was wohl eher auf Vorbehalte gegenüber dem Genre als gegenüber dem Monarchen hindeutet. Der Dichter Jean Chapelain, der die Regierung in Fragen literarischer Verherrlichung beriet, wandte sich gegen das Epos mit der Begründung, daß zum Epos zwangsläufig »Fiktionen« gehörten – zweifellos dachte er an die Rolle der Götter bei Homer und Vergil –, was dazu führen könne, daß der Leser die wirklichen Taten des Königs mit Skepsis verfolge und so der Ruf des Königs beeinträchtigt würde.[17] Allerdings existiert ein »Heldengedicht« in lateinischer Sprache über die reiterischen Qualitäten des Königs, und zur Verherrlichung Ludwigs wurden viele Sonette, Madrigale und Oden geschrieben.[18]

Eine Ode ist eine strophisch gegliederte lyrische Dichtung mit langen und kurzen Zeilen.[19] Sie diente, wie das Reiterstandbild oder das Staatsporträt, im wesentlichen panegyrischen Zwecken. Der antike griechische Dichter Pindar hatte Oden zur Verherrlichung von siegreichen Wagenlenkern geschrieben. Eine ganze Armee von Dichtern pries in ähnlicher Form die Siege des Königs. Racine schrieb 1663 anläßlich der Genesung des Königs eine Ode, in der von der »Perfidie« der »unverschämten Krankheit« die Rede war, die es gewagt hatte, den König heimzusuchen, und er verglich Ludwig mit der Sonne und seine Herrschaft mit dem Goldenen Zeitalter.[20] Vielerlei Anklänge an diese Ode finden sich bei weniger bekannten zeitgenössischen Dichtern, vor allem im Jahre 1687, als der König von einer schweren Operation genas.[21]

Ob in Prosa oder Dichtung, das Bild des Königs war eingebettet in

6. *Ludwig als Beschützer der Künste*
Aus La Beaune, *Panegyricus*, 1684
British Library, London

Triumphrhetorik. Die Lobeshymne oder -rede auf eine bestimmte Einzelperson zu bestimmten Anlässen, von Geburtstagen bis hin zu Beerdigungen, war im Frankreich des siebzehnten Jahrhunderts ein ebenso beliebtes Genre wie in der klassischen Antike. Regelrechte Wettbewerbe wurden für die besten Panegyriken in französischer Sprache veranstaltet, während die Jesuiten für ihre lateinischen Lobreden bekannt waren. Ein schönes Beispiel für dieses Genre ist Jacques La Beaunes lateinisches »Loblied auf den freigebigen Ludwig den Großen, Vater und Schirmherr der freien Künste« (1684), eine Rede, die zunächst im Pariser Jesuitenkolleg gehalten und anschließend in Druck gegeben wurde (Abb. 6).[22]

Kanzelreden waren eine besonders beliebte Form der Rede, und das Predigen wurde als Kunst angesehen. Meister auf diesem Gebiet waren – neben Bossuet – Valentin-Esprit Fléchier, die Jesuiten Louis Bourdaloue, der zwischen 1672 und 1693 am Hof zehn Predigtzyklen zur Fasten- und Adventszeit hielt, und Charles de La Rue sowie der Oratorianer Jean-Baptiste Massillon, der mit großem Erfolg gegen Ende der Regierungszeit Ludwigs in Versailles predigte.[23] Fléchiers Grabrede auf Marschall Turenne und Bourdaloues Grabrede auf Condé galten als Klassiker ihres Genres.[24] Hofprediger, vom König persönlich berufen, verglichen die französische Monarchie mit der im Alten Testament beschriebenen heiligen Monarchie von Saulus und David und verherrlichten Ludwig schon lange vor seinem Tod. Bossuets Predigt beim Tod der Königin (1683) enthielt zahlreiche Verweise auf die Tugenden des Königs, desgleichen seine Predigt beim Tod des Kanzlers Michel Le Tellier (1686) und viele andere Predigten zur Zeit der Aufhebung des Edikts von Nantes (s. u., S. 143 ff.).[25] Andererseits durften Prediger den König, vor allem in der Fastenzeit, an seine Pflichten erinnern – freilich in vagen und allgemeinen Formulierungen – und seine Handlungen kritisieren.[26]

Auch die Geschichtsschreibung muß als literarische Gattung betrachtet werden. Ein Geschichtswerk hatte bestimmte literarische Elemente zu enthalten, wie etwa das Charakter- oder Sittenbild eines Herrschers, Ministers oder Feldherrn, die lebendige Schilderung einer Schlacht und die Präsentation von Debatten mit Hilfe von Reden, die den prominentesten Teilnehmern in den Mund gelegt, häufig aber vom Verfasser erfunden wurden.[27] Insofern war nichts Merkwürdiges an der Ernennung von Boileau und Racine zu Hofgeschichtsschreibern.

Stilrichtungen

Historienbilder und Staatsporträts mußten in der sogenannten »großen« oder »prächtigen« Manier *[la grande manière, la manière magnifique]* angefertigt werden.[28] Worauf es hier ankam, war Idealisierung. Bernini bemerkte einmal, als er an einer Büste des Königs arbeitete: »Das Geheimnis bei Porträts liegt darin, das Schöne zu verstärken, Größe hinzuzufügen, das Häßliche oder Kleine zu verringern oder gar wegzulassen, wenn das ohne Schmeichelei möglich ist« *[le secrèt dans les portraits est d'augmenter le beau et donner du grand, diminuer ce qui est laid ou petit, ou le supprimer quand cela se peut sans intérêt de la complaisance].*[29]

Innerhalb dieser großen Manier gab es jedoch bedeutende Varianten: einerseits jenen Stil, der, von Kunsthistorikern gemeinhin als »barock« bezeichnet und mit Bernini assoziiert, durch Bewegung charakterisiert wird – sich aufbäumende Pferde, dramatische Gebärden und so weiter; andererseits das Ideal des mit Poussin assoziierten Klassizismus mit seinen zurückhaltenden Gebärden, der ruhigen Würde und dem größeren Interesse für das Wahre, das Natürliche oder zumindest Wahrscheinliche *[le vrai, le naturel, le vraisemblable]*, jedenfalls im Detail. Ludwig ließ sich von seinen Malern Lebrun und Van der Meulen ins Feld begleiten, um ihnen die Möglichkeit zu geben, seine militärischen Eroberungen im Bild festzuhalten.

Wie für das Epos wurde auch für die Ode der sogenannte hohe Stil verlangt, dem in der Malerei die *grande manière* entsprach. Das Ziel war der Ausdruck von erhabenen Gedanken in einer erhabenen Sprache, und mit Hilfe von Euphemismen oder Umschreibungen sollten Fachausdrücke oder unfeine Formulierungen vermieden werden. Ein Problem für die Dichter jener Zeit war die Unvereinbarkeit von »barbarischen« flandrischen Ortsnamen und »hohem Stil«.[30] Boileau löste dieses und andere Probleme dadurch, daß er sie zum Thema seiner

Gedichte machte. Er schrieb halbformale Episteln und formale Oden. Er führte auch ein ironisches Element ein, das mit der panegyrischen Tradition brach und bisweilen als subversiv interpretiert wurde, wenngleich es wohl nicht mehr war als der Versuch, ein antikes Genre den Erfordernissen der modernen Welt anzupassen.[31]

Predigten, zumindest die am Hof gehaltenen, hatten sich ebenfalls eines hohen Stils zu befleißigen. Dem großen Prediger Massillon wurde von seinem Rivalen Bossuet vorgeworfen, der Forderung nach Erhabenheit nicht genügt zu haben. Die Geschichtsschreibung war das Prosa-Äquivalent des Epos. Historiker hatten Heldentaten zu feiern, folglich in dem hohen Stil zu schreiben, den die »Würde« ihres Gegenstands verlangte. Racine bediente sich nur des Standardvokabulars seiner Zeit, als er die Regierung Ludwigs XIV. als »unaufhörliche Aneinanderreihung wunderbarer Taten« beschrieb und davon sprach, daß darin »Wunder auf Wunder« folgte *[un enchaînement continuel de faits merveilleux... le miracle suit de près un autre miracle]*.[32]

Die *Gazette* hingegen bediente sich, ob in Gedichtform – wie einige Journale der 1660er Jahre – oder Prosa, eines »niederen« Stils, der der Alltagssprache nahestand und Fachausdrücke oder fremdländische Ortsnamen vermied. Die *Gazette* strebte nach einem einfachen Stil, war zurückhaltend in der Verwendung von Adjektiven und anderen Ausschmückungen, aber ausführlich in der Information. Der Ton war nüchtern – außer bei Sonderausgaben zu Siegesfeiern u. ä. –, was Objektivität und Vertrauenswürdigkeit suggerieren sollte. Die Rhetorik der *Gazette* gab sich betont nicht-rhetorisch.

Experten für Euphemismen waren aber nicht nur die Dichter, sondern, aus politischen wie ästhetischen Gründen, auch die Historiker und Autoren von Inschriften. Anläßlich der Einnahme von Straßburg 1681 durch französische Truppen erschien eine Medaille mit der Legende »Straßburg wiedererobert« [ARGENTORATUM RECEPTUM]. Die Inschrift auf der Medaille zum Gedenken an das Bombardement von Algier 1683 lautete »Algier vom Blitz getroffen« [ALGERIA FULMINATA], womit eine elegante Parallele zwischen Ludwig und Jupiter gezogen und zugleich die Aktion der französischen Kriegsschiffe als Naturgewalt dargestellt wurde.

In dieser Verherrlichungsliteratur begegnen wir natürlich immer wieder der rhetorischen Figur der Hyperbel. Beliebt ist auch die Synekdoche, wobei Ludwig der Teil ist, der für das Ganze steht, und die Taten der Staatsminister, Generäle und der Armeen ganz allein dem König zugeschrieben werden. Ezechiel Spanheim, Rhetorikprofessor in Genf und später Gesandter in Versailles, analysierte die Methoden der Panegyriker Ludwigs: »Sie sind bestrebt, ihn allein als den Urheber und Motor aller Erfolge seiner Regierungszeit hinzustellen, sie ausschließlich seiner Weisheit, seiner Klugheit, seiner Tapferkeit und seiner Lenkung zuzuschreiben« *[On s'attache à le faire seul l'auteur et le mobile de tous les heureux succès de son règne, à les attribuer uniquement à ses conseils, à sa prudence, à sa valeur et à sa conduite]*.[33]

Auch die rhetorische Figur der Metapher wird immer wieder verwendet, wie etwa in der klassischen Gleichsetzung von König und Sonne. Diese spezifische Metapher wird bei der künstlerischen Ausgestaltung von Versailles und andernorts so häufig verwendet, daß wir sie als eine Art architektonische Allegorie betrachten können.[34]

Allegorie

Die Sprache der Allegorie war in dieser Zeit, zumindest unter den Eliten, wohlbekannt. Antike Götter, Göttinnen und Heroen assoziierte man mit moralischen Tugenden – Mars mit Tapferkeit, Minerva mit Weisheit, Herkules mit Stärke usw. Victoria wurde als geflügelte Frau dargestellt, Abundantia als Frauengestalt mit Füllhorn, Königreiche wie Frankreich und Spanien (Abb. 7) und Städte wie Paris oder Besançon wurden ebenfalls als Frauen dargestellt – gelegentlich in Regionaltracht –, während Flüsse in Gestalt von alten Männern vorgeführt wurden.[35] Die Allegorien waren selbst für Zeitgenossen nicht immer leicht zu entschlüsseln, doch entsprachen literarische und Bildrätsel durchaus dem Geschmack der Zeit.[36]

Ludwig wurde häufig zusammen mit solchen allegorischen Figuren dargestellt. So wird die *Grande Galerie* in Versailles von Personifikationen bevölkert, teils antiken wie Neptun und Victoria, teils zeitgenössischen wie die Académie Française in Gestalt einer Frau mit Äskulapstab oder Holland als Frauengestalt, die mit sieben Pfeilen auf

Allegorie

7. *Allegorie des Pyrenäenfriedens* von Theodor van Thulden
Öl auf Leinwand, um 1659
Louvre, Paris

einem Löwen sitzt – Symbol für die sieben Provinzen. Die Sprache der Allegorie erlaubte es dem Künstler, eher abstrakte Ereignisse darzustellen, etwa den Entschluß des Königs, allein zu regieren.

Bisweilen wurde auch die Person des Königs indirekt oder allegorisch dargestellt. Jean Nocrets Porträt der Königsfamilie (Abb. 8) ist ein »mythologisches Porträt« oder *portrait historié* in der Renaissancetradition, Individuen mit bestimmten Göttern oder Heroen gleichzusetzen.[37] Die mythologischen Bildzyklen im Louvre, in Versailles, in den Tuilerien und in anderen Schlössern waren ebenfalls als Allegorien gedacht, wobei Ludwig jeweils als Apoll (Abb. 9), Jupiter, Herkules oder Neptun figurierte. Bei einem 1663 veranstalteten Wettbewerb um das beste Gemälde der heroischen Taten des Königs wurde verlangt, sie »als Danaë, und zwar in Anlehnung an die Geschichte von der Eroberung Dünkirchens darzustellen«.[38] Der berühmte Latona-Brunnen von Versailles, auf dem die Bauern zu sehen sind, die, zur Strafe dafür, daß sie Apolls Mutter auslachten, in Frösche verwandelt wurden, ist durchaus überzeugend als Anspielung auf die Fronde gedeutet worden.[39]

Auch Darstellungen der Vergangenheit wurden oft in allegorischer Form präsentiert. Sie sollten als indirekte Verweise auf die Gegenwart verstanden werden, und zeitgenössische Betrachter waren darin geübt. Als Ludwig seinen Hofmaler Charles Lebrun beauftragte, Szenen aus dem Leben Alexanders des Großen zu malen, brachte er damit nicht nur seine Bewunderung für Alexander zum Ausdruck, sondern auch seinen Wunsch, sich mit ihm zu identifizieren (Abb. 10). Auch das Volk hatte Ludwig mit Alexander gleichzusetzen. Racines Tragödie *Alexander der Große*, das literarische Pendant zu Lebruns Bilderzyklus, erschien 1666 mit einer Widmung an den König.[40]

Identifiziert wurde Ludwig XIV. ferner mit seinem Vorgänger und Namensvetter, dem hl. Ludwig, bekannt als Ludwig IX., König von Frankreich von 1226 bis 1270. Maler und Bildhauer haben ihn als den hl. Ludwig dargestellt (Abb. 82).[41] Man riet ihm, in die Fußstapfen seines Vorgängers zu treten. Charles Du Cange, der eine aus dem dreizehnten Jahrhundert stammende Biographie des hl. Ludwig herausgab und sie dem König widmete, setzte diese beiden Monarchen gleich. Der 25. August, der Festtag des heiligen Königs, wurde mit der Zeit immer aufwendiger gefeiert. An diesem Tag pflegte man bald nicht nur Ludwigs IX. zu gedenken, sondern auch Ludwig XIV. zu verherrlichen.[42]

Auch mit Chlodwig, dem ersten christlichen König von Frankreich, sowie mit Karl dem Großen wurde Ludwig gleichgesetzt. Und wenn Ludwig XIV. auch nicht der Protagonist war, so kann man Gedichte wie *Clovis* (1657) von Jean Desmarets (dem König gewidmet) und Epen über *Charlemagne* (1664, 1666) von Louis Le Laboureur bzw. Nicholas Courtin zugleich als panegyrische Schilderung seiner einstigen (oder künftigen) Taten betrachten. Er wurde sogar mit Christus in Zusammenhang gebracht, z. B. als Guter Hirte (Abb. 11).

Die historischen Romane jener Zeit waren nicht selten Schlüsselromane, deren versteckte Bedeutung nur denjenigen verständlich war, die Kenntnis von der höfischen Welt besaßen. So erschien Ludwig in *Clélie* (1654–61) von Mademoiselle de Scudéry als »Alcandre«, während Bussy Rabutins *Histoire amoureuse des Gaules* (1665) eine kaum verhüllte Anspielung auf höfische Intrigen war.[43] Selbst gelehrte Werke konnten eine allegorische Bedeutung haben. Es war kein Zufall, daß der Abbé Jean-Baptiste Du Bos, Beamter im Ministerium für Auswärtige Angelegenheiten, eine Geschichte der Liga von Cambrai veröffentlichte, und zwar genau zu der Zeit, als sich europäische Mächte zu einer Liga gegen Frankreich zusammengeschlossen hatten.[44]

Das Porträt des Königs

Wir könnten nun darangehen, unsere eigene Collage der bildnerischen und literarischen Porträts von Ludwig XIV. anzufertigen.[45] Der König wird meist in römischer oder mittelalterlicher Rüstung dargestellt oder in dem lilienbestickten und hermelinbesetzten Königsmantel. Zu diesen archaischen Kostümen trägt er eine zeitgenössische Perücke. In der Hand hält er einen Reichsapfel, ein Zepter oder einen Stab, also Herrschersymbole. Er steht distanziert und bewegungslos da, und auch in dieser Pose symbolisiert sich Macht. Wahrscheinlich haben Zeitgenossen genau das im Sinn, wenn sie von der »Aura«, der Größe oder Erhabenheit, der königlichen Porträts sprechen.[46]

ÜBERREDUNG

8. *Die Familie Ludwigs XIV.* von Jean Nocret
Öl auf Leinwand, 1670
Château de Versailles

Allegorie

ÜBERREDUNG

9. »Ludwig als Apoll«
Der triumphierende Ludwig XIV. von Joseph Werner
Gouache, 1664. Château de Versailles

Das Porträt des Königs

10. »Ludwig als Alexander der Große«
Die Familie des Darius vor Alexander von Charles Lebrun (Ausschnitt)
Öl auf Leinwand, um 1660. Château de Versailles

11. *Ludwig XIV. als der Gute Hirte*
Wahrscheinlich von Pierre Paul Sevin (Ausschnitt)
Auf Pergament

12. »Das unselige Denkmal von Bernini«
Modell für ein Reiterstandbild Ludwigs XIV. von Gianlorenzo Bernini, um 1670
Galleria Borghese, Rom

Der Gesichtsausdruck variiert zwischen leidenschaftlicher Kühnheit und würdevoller Gelassenheit. Lächeln galt für einen König von Frankreich offenbar als unangebracht. Tatsächlich soll Berninis Reiterstandbild denn auch wegen eines unschicklichen Lächelns abgelehnt, genauer gesagt – da es um den Marmor schade gewesen wäre – zu einer klassisch-römischen Heldenfigur umgearbeitet worden sein (Abb. 12).[47]

Konzentrieren wir uns einmal auf ein einziges Bild. Ein gutes Beispiel ist das berühmte Staatsporträt von Rigaud (Abb. 1), um so mehr, als bekannt ist, daß Ludwig dieses Werk besonders gefiel und er mehrere Kopien davon anfertigen ließ.[48] Die klassische Säule, mit einer allegorischen Justitia-Figur auf dem Sockel, und der Samtvorhang erinnern an das Renaissance-Staatsporträt. Das Gemälde orientiert sich jedoch weniger an dieser Tradition, als es auf den ersten Blick erscheint. Es ist ein gelungener Kompromiß zwischen zwei gegensätzlichen Trends.

Zum einen verbindet es Idealisierung mit realistischer Ausführung im Detail. Es ist, mit den Worten eines modernen Historikers, »naturgetreu bis hin zu den müden Augen und der nach der Zahnoperation von 1685 eingefallenen Mundpartie«. Augustus wurde stets im Alter seiner Machtergreifung dargestellt und Königin Elisabeth I. unter der »Maske der Jugendlichkeit«, wie Kunsthistoriker es nennen, während Ludwig auf seinen Porträts diskret altern durfte. Allerdings hat Rigaud das alte Haupt auf einen jungen Körper gesetzt. Ein anderer Historiker hat von den eleganten Beinen gesprochen und der »Ballettstellung« der Füße, eine Erinnerung an die Zeit, in der der König noch tanzte.[49]

Der Porträtmaler erreicht auch eine gewisse Ausgewogenheit zwischen Förmlichkeit und Ungezwungenheit. Er stellt den König im Krönungsornat dar und umgibt ihn mit den Reichsinsignien Krone, Schwert und Zepter, den Symbolen seiner Macht. Freilich wollte Ludwig auch ein – nach den Vorstellungen des frühen achtzehnten Jahrhunderts – moderner Monarch sein, gleichsam der erste Gentleman seines Reichs, und es liegt eine bemühte Lässigkeit in der Art, wie er das Zepter nach unten hält, als wäre es das Stöckchen, das er gewöhnlich in der Öffentlichkeit trug. Möglicherweise spielt Rigaud hier auf Van Dycks zwangloses Jagdporträt von Karl I. an, das den Monarchen, der ebenfalls gern ein Stöckchen trug, in ähnlicher Pose zeigt (Abb. 13).[50] Ludwig trägt an seiner Seite das mittelalterliche Schwert der Gerechtigkeit, freilich eher wie ein gewöhnliches Schwert als einen geweihten Gegenstand. Indem Rigaud, wie auch Boileau, den König als einen Herrscher vorführt, der seine Würde mit Eleganz trägt, paßt er die aus Antike und Renaissance übernommenen Formeln der modernen Welt an.

Rigauds Porträt deutet darauf hin, daß die Künstler jener Zeit über die Bedeutung dessen, was Goffman die »Vorderbühne« bei der Präsentation des Individuums genannt hat,[51] durchaus schon Bescheid wußten. Ludwig erscheint meist umgeben von einem ganzen Haufen von würdevollen oder Würde verleihenden Requisiten wie Reichsäpfeln, Zeptern, Schwertern, Blitzen, Wagen und diversen Kriegstro-

13. »Ein Modell für das Porträt von Rigaud«
Bildnis Karls I. von Anton van Dyck
Öl auf Leinwand, um 1635. Louvre, Paris

phäen. Göttinnen wie Minerva und Victoria- und Famafiguren stehen oder schweben über dem Monarchen, wenn sie ihm nicht gerade einen Lorbeerkranz aufsetzen (Abb. 6). Flüsse wie der Rhein erheben die Hände vor lauter Verwunderung über die Taten des Königs. Zur Ausstattung gehören auch verschiedene Figuren in unterwürfiger Haltung, besiegte Feinde etwa, kauernde Gefangene, ausländische Gesandte, die sich vor dem König verneigen, und Ungeheuer, die zertreten werden – die Pythonschlange der Rebellion, die Hydra der Ketzerei, der dreiköpfige Zerberus und der dreileibige Gerion (die beiden letztgenannten symbolisieren die Tripelallianz von Ludwigs Feinden).

Die literarischen Porträts von Ludwig haben für den modernen Leser den Vorzug, daß sie durch den Gebrauch von Adjektiven klare Aussagen treffen. Wie im alten Assyrien und im antiken Rom stand zur Beschreibung des Monarchen eine Standardkollektion von Attributen zur Verfügung. Ein Dichter schaffte es z. B., achtundfünfzig Adjektive – von *agréable* bis *zelé* – in ein einziges Sonett zu packen.[52] Übliche Bezeichnungen lauteten: aufgeklärt, brillant, charakterstark, dynamisch, erhaben, fromm, großzügig, hoheitsvoll, illuster, klug, leuchtend – wie die Sonne –, mutig, prächtig, redegewandt, schön, triumphierend, unsterblich, unbesiegbar, wunderbar. Mit einem Wort, Ludwig war »groß«, und dieses Adjektiv fand ab 1671 offizielle Verwendung.[53] In gewöhnlich gesetzten Texten stand dann oft LOUIS LE GRAND.

Der Leser oder Hörer erfuhr auch, daß Ludwig für seine Untertanen zugänglich sei, daß er der Vater seines Volkes sei, der Beschützer der Künste und Wissenschaften und auf diesem Gebiet Urteilskraft und »guten Geschmack«[54] beweise, der allerkatholischste König sei, der die Ketzerei ausgelöscht habe und den Gesetzen Geltung verschaffe, gefürchteter als der Donner *[plus craint que le tonnerre]*[55], Herr über Frieden und Ruhm *[l'arbitre de la Paix et de la Gloire]*[56], Erweiterer der Grenzen, zweiter Gründer des Staates, allervollkommenstes Vorbild großer Könige *[des grands rois le plus parfait modèle]*[57], unser sichtbarer Gott *[notre visible Dieu]* und mächtigster Monarch der ganzen Welt.[58]

Auch zu Heroen der Vergangenheit setzte man das Bild des Königs in Beziehung. Er wurde bezeichnet als neuer Alexander (sein bevorzugter Vergleich, zumindest in den 1660er Jahren), als neuer Augustus (der ein aus schäbigen Backsteinen erbautes Paris vorfindet und es in eine Stadt aus Marmor verwandelt). Weitere Namen auf der Liste illustrer Herrscher, die in der Gestalt Ludwigs ihre Reinkarnation erlebten, sind Cäsar, Karl der Große, Chlodwig, Konstantin, Justinian – der das Gesetz kodifiziert –, der hl. Ludwig, Salomon, Theodosius, der die Ketzerei der Protestanten vernichtet, so wie der erste Theodosius die der Arier vernichtet hatte. Charles-Claude de Vertron von der Akademie zu Arles stellte eine Sammlung von Parallelen zwischen Ludwig und anderen Herrschern zusammen, die den Beinamen »der Große« erhalten hatten – vom Perserkönig Kyros bis hin zu Heinrich IV. von Frankreich.[59]

Die Notwendigkeit, allegorisierende Bezüge ständig mitzudenken, ist einer der Gründe, weshalb dem modernen Leser, der Figuren wie die geflügelte Victoria mit dem Lorbeerkranz oder die Abundantia mit dem Füllhorn vermutlich etwas seltsam, wenn nicht absurd findet, ein Großteil dieser Literatur fremd bleibt. Eine andere Schwierigkeit ist die veränderte Einstellung zum »hohen Stil«, der in modernen Ohren unerträglich pompös klingt. Heute neigen wir dazu, die Verdoppelung von Attributen, ehedem ein Beweis für die Ausdrucksfähigkeit des guten Redners, als unnötig und überflüssig, als »aufgeblasene Rhetorik« zu betrachten. Tatsächlich ist »Rhetorik«, ebenso wie »Formelhaftigkeit« oder »Ritual«, für viele von uns ein pejorativer Ausdruck geworden: »bloße Rhetorik«. Die Verherrlichung hochstehender Personen klingt in unseren demokratischen Ohren nach Kriechertum und Servilität. Der Wandel in Mentalität, Wertmaßstäben und Erwartungen erschwert das Verständnis von Kunst und Literatur des Zeitalters Ludwigs XIV. und führt leicht zu anachronistischen Urteilen.

In Anbetracht dieser kulturellen Distanz sollte man, um die Kunst, das Zeremoniell und die Literatur der damaligen Zeit dem modernen Leser und Betrachter nahezubringen, sich des Ansatzes von Anthropologen bedienen, d. h. Spezialisten für das Studium anderer Kulturen. Vom »Theater-Staat« im Bali des neunzehnten Jahrhunderts ist bereits die Rede gewesen (S. 19, 24f.). In einigen Gegenden Afrikas, beispielsweise bei den südlichen Bantu oder in Mali, wird die Tradition des Herrscherlobs ebenso gepflegt wie im alten Rom oder im Europa der Renaissance.[60] Die Vorstellung vom Lobeshymnus als einem eingeführten Genre oder von Boileau als einem *griot*, wie der »Sänger« in Mali bezeichnet wird, könnte unseren natürlichen, besser gesagt: kulturell bedingten Widerstand gegenüber dem Herrscherlob, das im Frankreich des siebzehnten Jahrhunderts so verbreitet war, abbauen helfen; zumindest sollte sie uns zu einer differenzierteren Betrachtung anhalten.

Zunächst einmal darf ein Attribut wie »heroisch«, das in diesem oder jenem Gedicht auf Ludwig verwendet wird, nicht aus dem Kontext gerissen und als Lüge betrachtet werden, die der Verfasser erfunden hat, um den Monarchen zu schmeicheln. Wer eine Ode an den König oder eine andere Form der Verherrlichung schrieb, hatte dieses Attribut ganz einfach zu benutzen. Panegyriken waren im siebzehnten Jahrhundert etwas völlig Alltägliches. Die Rhetorik von Lob und Tadel, die sogenannte epideiktische Rhetorik, war eine der drei großen Sparten der Redekunst.

Die schmeichelnden Attribute, mit denen der König bedacht wurde, konnte man natürlich mehr oder weniger dick auftragen, und Boileau warf denn auch einigen Kollegen vor, die angemessene Dosis überschritten zu haben. Ludwig wehrte sich gelegentlich selbst. Racine gegenüber hat er einmal erklärt: »Ich würde Euch mehr preisen, wenn Ihr mich weniger preisen würdet« *[je vous louerois davantage, si vous ne me louiez tant]*.

Servilität ist kein anachronistischer Begriff. Es geht nur darum, herauszufinden, wann und wo er zutrifft – ein Problem, das um so schwieriger ist, als manche Dichter und Höflinge großes Geschick darin besaßen zu loben, ohne diesen Eindruck zu erzeugen. Dieser Technik bediente sich Boileau beispielsweise in seinen berühmten *Discours au roi* (1665). Boileau behauptete, den König nicht preisen zu können *[je sais peu louer]*, und kritisierte die pompösen und vorhersagbaren Hymnen von Dichterkonkurrenten, die den König mit der Sonne verglichen oder ihn mit Schilderungen seiner Heldentaten langweilten. Dies war auch die Methode des Historikers Paul Pellisson, der in einem vertraulichen Schreiben an Colbert erklärte: »Man muß den König unablässig preisen, aber sozusagen ohne ihn [direkt] zu preisen« *[il faut louer le Roy partout, mais pour ainsi dire sans louange].*[61] Wir sind, wie es sich für die Epoche des Klassizismus gehört, wieder bei der Rhetorik der Anti-Rhetorik angelangt.

Ein letzter Aspekt, der bei der Beschäftigung mit dieser Art Literatur bedacht werden sollte: Eine Lobrede war nicht unbedingt nur Lob, sondern – zumindest gelegentlich – eine Form taktvoller Empfehlung, etwa dann, wenn der Fürst nicht beschrieben wurde, wie er war, sondern wie man ihn sich erhoffte. Racine beispielsweise, der seinen *Alexandre le Grand* dem König widmete, erklärte, daß »die Geschichte voll ist von jungen Eroberern«, daß aber die Thronbesteigung eines Königs, der sich im Alter Alexanders bereits wie Augustus benehme *[qui à l'âge d'Alexandre ait fait paraître la conduite d'Auguste]* denn doch besonders ungewöhnlich sei. Und wenn La Fontaine seine panegyrischen Hymnen auf Ludwig anstimmte, was nicht sehr oft geschah, dann galten sie seinen zivilen und nicht seinen kriegerischen Taten.[62]

Solche Ratschläge wurden am häufigsten in den frühen Jahren seiner Regierungszeit erteilt, die das Thema der folgenden Kapitel sind.

III. KAPITEL

Sonnenaufgang

*»La majesté règne dans ce visage
Où la douceur à la bonté se joint;
Mais, s'il est tel au levant de son âge,
En son midi, quel ne sera-t-il point?«*

*[Die Majestät regiert in diesem Antlitz
Wo Süße und Güte sich vereinigen;
Sieht er schon so aus am Morgen des Lebens
Wie erst wird er am Mittag sein?]*

BAUDOUIN, *Le prince parfait*

14. »Die symbolisierte Niederwerfung der Rebellion«
Ludwig XIV. vernichtet die Fronde von Gilles Guérin
Marmor, 1654. Musée Condé, Chantilly

Die Arbeit am Bild Ludwigs begann schon bei dessen Geburt, die im ganzen Land mit Freudenfesten und Feuerwerksdarbietungen, Glockengeläut, Böllerschüssen und Dankchorälen gefeiert und in Kanzelpredigten, Ansprachen und Gedichten gepriesen wurde, so z. B. von dem italienischen Philosophen Tommaso Campanella, der im französischen Exil lebte und in seinen lateinischen Gedichten den Neugeborenen als einen Messias bezeichnete, in dessen Epoche die Wiederkehr des Goldenen Zeitalters fallen würde.[1]

Tatsächlich waren bereits die Empfängnis eines Thronfolgers und die ersten Bewegungen im Mutterleib Anlaß zu Feiern gewesen, die um so enthusiastischer ausfielen, als im Jahre 1638 niemand mehr daran geglaubt hatte, daß Anna von Österreich und ihr Gemahl Ludwig XIII. überhaupt noch ein Kind bekommen würden.[2] Aus diesem Grund wurde das Kind auch »Gottesgeschenk« genannt, *Louis le Dieudonné*.

Knapp fünf Jahre später stand der junge Ludwig nach dem Tod seines Vaters erneut im Mittelpunkt des Bühnengeschehens. Seine Thronbesteigung im Jahre 1643 ging mit einer erheblichen Veränderung seines Bildes einher. Bislang hatte man den kleinen Ludwig, wie andere Kinder auch, als Baby in Windeln gezeigt oder in der Kleidung, die üblicherweise von Knaben unter sieben Jahren getragen wurde. Ab 1643 präsentierte man ihn aber im Königsmantel mit goldenen Lilien auf blauem Grund und mit der Kette des Heilig-Geist-Ordens, den sein Vorfahr Heinrich III. 1578 gegründet hatte. Schon als Fünf- oder Sechsjähriger wurde Ludwig auf dem Thron sitzend porträtiert (Abb. 2), in der Hand ein Zepter oder einen Herrscherstab haltend. Gelegentlich wurde er in moderner oder römisch-antiker Rüstung dargestellt.

Ein Kind in Rüstung zu malen, wird dem modernen Betrachter vermutlich kurios erscheinen. Diese Darstellungsform erklärt sich wohl daher, daß eine Rüstung den von Königen verlangten Heldenmut symbolisierte, jene kämpferischen Eigenschaften, die der Monarch mit Hilfe von Generälen und deren Armeen jederzeit unter Beweis stellen konnte. Als die Spanier 1643 in der Schlacht von Rocroi besiegt worden waren, zeigte ein zeitgenössischer Stich den König auf seinem Thron sitzend und seinen General, den Herzog von Enghien, beglückwünschend. Die Bildunterschrift lautete »*Les premières victoires de Louis XIV.*«.[3]

Ein weiteres Mittel, den jungen König seinem Volk zu präsentieren, war das Zeremoniell. 1643 zog Ludwig zur Feier seiner Thronbesteigung prunkvoll in Paris ein. Im gleichen Jahr fand sein erstes *lit de justice* (wörtlich »Bett der Gerechtigkeit«) statt, d. h. ein formelles Treffen mit dem obersten Gericht des Königreichs, dem *Parlement* von Paris. Zweck der Sitzung war es, das väterliche Testament aufzuheben und seiner Mutter, Anna von Österreich, der Kardinal Mazarin zur Seite stand, die Regentschaft zu übertragen.[4]

Das *Parlement* war kein Parlament im modernen Sinne einer Volksvertretung. Gleichwohl verstanden sich die Richter als Hüter der »Fundamentalgesetze« des Königreichs. 1648, also fast zur gleichen Zeit, da das englische Parlament Karl I. den Prozeß machte, spielte das *Parlement* von Paris eine führende Rolle in jener politischen Bewegung, die unter dem Namen Fronde bekannt geworden ist. In den Augen ihrer Teilnehmer – Adlige und Richter – war diese Bewegung ein Protest gegen die Zerstörung der alten französischen Verfassung durch die Kardinäle Richelieu und Mazarin, während sie am Hof als antiroyalistische Rebellion galt. Tatsächlich aber war die Fronde u. a. Ausdruck eines Konflikts zwischen zwei Auffassungen von Königtum – eingeschränkt versus »absolut«.[5]

Die erste Absicht besagte, daß die Macht des Königs durch die sogenannten Fundamentalgesetze eingeschränkt wurde, über die das *Parlement* von Paris wachte. Die zweite, bei Hof vorherrschende Ansicht besagte, daß der König »absolute Macht« *[pouvoir absolu]* besaß. Dies wurde meist definiert als Macht ohne Grenzen *[sans contrôle, sans restriction, sans condition, sans réserve]*.[6] Ludwig galt als absoluter Monarch, weil er über den Gesetzen seines Königreichs stand und die Macht besaß, einzelne Personen von diesen Gesetzen auszunehmen. Diese Auffassung besagte jedoch nicht, daß er über den Geboten Gottes stand, über dem Naturgesetz oder dem Völkerrecht. Es wurde von ihm nicht erwartet, daß er das Leben seiner Untertanen lückenlos kontrollierte.

Der Sieg über die Fronde (1652) hatte einige Auswirkungen auf die

Art und Weise, wie der junge König in der Öffentlichkeit präsentiert wurde. Beispielsweise wurde 1654 im Innenhof des Pariser Hôtel de Ville eine Statue errichtet, die Ludwig auf einem dahingestreckten Krieger, einem Symbol für die Fronde, stehend zeigte (Abb. 14). Im gleichen Jahr wurde am Hof das Ballett *Pelée et Thétis* aufgeführt, in dem Apoll (d. h. der König) eine Pythonschlange tötet, ebenfalls ein Symbol für die Fronde.[7] Gefeiert wurde der Sieg über die Fronde auch in einem Bilderzyklus in den königlichen Gemächern im Louvre. Eine Darstellung der Göttin Juno, die einen Blitz gegen die Stadt Troja schleudert, sollte die Betrachter natürlich an Paris und die Königinmutter denken lassen.[8]

Auch die *lits de justice* der fünfziger Jahre waren ein Mittel, die Niederlage der Fronde zu demonstrieren, die Idee der absoluten Monarchie zu bekräftigen und den König als Gottes Stellvertreter auf Erden zu präsentieren. Wie eines der führenden Mitglieder des *Parlement*, Omer Talon, dem König auf Knien erklärte: »Sire, der Sitz Eurer Majestät repräsentiert für uns den Thron des lebendigen Gottes *[nous représente le trône du Dieu vivant]*. Die Reichsstände entbieten Euch Verehrung und Respekt wie einer sichtbaren Gottheit« *[comme à une divinité visible]*.[9]

Ähnliche Gedanken kamen während der Krönung des Königs im Jahre 1654 und bei seinem festlichen Einzug in Paris 1660 zum Ausdruck. Diese Festlichkeiten folgten traditionellem Zeremoniell, aber eben deshalb konnte noch die geringfügigste Abweichung, zumindest für einen Teil der Öffentlichkeit, politische Aussagekraft besitzen.

Die Krönung

Ludwigs Krönung und Salbung *[le sacre]* fanden, bedingt durch die Fronde-Unruhen, erst im Jahre 1654 statt. Traditionsgemäß wurde das Ritual in der Kathedrale zu Reims abgehalten, deren Erzbischof das Recht der Königskrönung besaß (in diesem Fall wurde es von seinem Stellvertreter, dem Bischof von Soissons, ausgeübt).[10] Zunächst leistete der König den Eid, die Privilegien seiner Untertanen zu wahren; dann wurde an die versammelte Gemeinde die Frage gerichtet, ob sie ihn, Ludwig, als König akzeptieren wolle oder nicht. Es folgte die Segnung der königlichen Insignien, einschließlich des sogenannten Schwerts Karls des Großen, der Sporen und des Rings, den der Chronist Denys Godefroy beschrieb als ein »Zeichen dessen, daß der besagte Herr das Königreich heiratet« *[l'anneau duquel ledit Seigneur épouse le Royaume]*.¹¹

Dann kam der Augenblick der Weihe. Der König wurde mit Chrisma, geweihtem Öl aus der Heiligen Ampulle, gesalbt, jener Flasche, die eine Taube vom Himmel gebracht haben soll, als Chlodwig, der erste christliche König von Frankreich, durch den hl. Rémy getauft wurde. Der Bischof legte dem König das Zepter in die Rechte, die »Hand der Gerechtigkeit« in die Linke und setzte ihm die »Krone Karls des Großen« auf das Haupt. Anschließend huldigten ihm die höchsten Adligen des Reichs, und eine Anzahl von Vögeln wurde freigelassen.

Die Zeremonie wurde von ausländischen Botschaftern und einer Volksmenge beobachtet, die sich draußen vor der Kathedrale versammelt hatte. Weitere Festlichkeiten wie die Aufführung eines Stückes der Jesuiten von Reims schlossen sich an. Wer bei der Feier nicht anwesend war, konnte Beschreibungen in einer Reihe von Flugschriften nachlesen und auch die Stiche mit Darstellungen der Krönung betrachten, die offiziell bei dem Künstler Henri d'Avice in Auftrag gegeben worden waren. Das Ereignis wurde auch auf einem Gobelin verewigt, den Charles Lebrun, einer der führenden Maler in Ludwigs Regierungszeit, entworfen hatte.

Welche Bedeutung für Teilnehmer und Beobachter diese Zeremonie hatte, vor allem das Bild des Königs, das da präsentiert wurde, ist nicht ganz klar. Der Historiker muß ja weniger nach dem suchen, was »wirklich passiert« ist, sondern eher danach, wie Zeitgenossen das betreffende Ereignis interpretiert haben. Daß jeder das Ereignis im gleichen Licht sah, ist wenig wahrscheinlich. Im Gegenteil, für die Salbung scheint es zwei grundverschiedene Deutungsmuster gegeben zu haben.

Inthronisation und Königsweihe stellten ein im wesentlichen mittelalterliches Ritual dar. Es war von Ludwig VII. zu einer Zeit kodifiziert worden, als der König nicht »absolut« herrschte, sondern die

Macht mit den Edelleuten teilte; der Königseid und die formelle Bestätigung des neuen Herrschers durch die versammelte Gemeinde drückten diese Auffassung von Königtum aus. Der Herzog von Saint-Simon, ein entschiedener Anhänger dieser traditionellen Idee einer eingeschränkten Monarchie, interpretierte das Ritual noch zu Beginn des achtzehnten Jahrhunderts in dieser Weise.

Es ist nicht anzunehmen, daß die Weihe in der Umgebung des Königs als Symbol eingeschränkter Monarchie betrachtet wurde. Bei einer solchen Sichtweise wäre auch kaum verständlich, daß die Zeremonie schon so bald nach Niederschlagung der Fronde stattfand. Ein kleines, aber vielleicht aufschlußreiches Detail, möglicherweise ein Anzeichen für den Versuch, das traditionelle Ritual umzudeuten, ist die Tatsache, daß Ludwig den Eid sitzend leistete, obwohl seine Vorgänger dabei gestanden hatten.[12]

Für die vergleichsweise junge Dynastie der Bourbonen hatte der *sacre* sicherlich die Aufgabe, ihre Legitimation zu demonstrieren, indem eine Verbindung zu früheren Herrschern hergestellt wurde – von Chlodwig bis zum hl. Ludwig. Er verwies auch auf die Vorstellung vom geheiligten Königtum. Wir könnten sagen, und Zeitgenossen haben es tatsächlich gesagt, daß Ludwig durch das Chrisma christusgleich und durch den *sacre* geheiligt wurde.

In seinen Memoiren behauptete Ludwig später – so wie die Theoretiker der absoluten Monarchie –, daß nicht die Salbung ihn zum König gemacht habe; statt dessen stellte er einfach fest, daß er König sei, fügte jedoch hinzu, daß sein Königtum durch dieses Ritual »erhabener, unverletzlicher und heiliger« geworden sei.[13] Zum Zeichen dieser Heiligkeit praktizierte der junge König zwei Tage nach der Krönung erstmals das Ritual der königlichen Handauflegung.[14] Den Königen von Frankreich wurde, wie den Königen von England, traditionell die wundersame Fähigkeit zugeschrieben, Skrofulose zu heilen, indem sie die Kranken berührten und sagten »Der König berührt dich, Gott heilt dich« *[le Roi te touche, Dieu te guérit]*. Die heilende Kraft des königlichen Handauflegens war ein mächtiges Symbol eines geheiligten Königtums. Bei diesem ersten Mal waren es 3000 Menschen, denen Ludwig die Hand auflegte. Im Laufe seiner Regierungszeit sollten es noch viel mehr werden.

Die feierliche Entrée

Die königliche Reise nach Reims und der Empfang dort war nur einer von zahlreichen offiziellen Städtebesuchen, die meist in der ritualisierten Form eines königlichen Einzugs stattfanden, eines Triumphgenres, das bis auf das Spätmittelalter zurückdatiert. Wie schon erwähnt, fand 1643 anläßlich der Thronfolge Ludwigs ein Einzug in Paris statt. 1649 und 1652 war die Stadt Schauplatz weiterer Einzüge, die den Sieg über die Fronde demonstrieren sollten. 1658 stattete er Lyon einen offiziellen Besuch ab. Den bedeutendsten Einzug aber erlebte Paris 1660 im Anschluß an die Hochzeit des Königspaares.[15]

Es war nicht die Regierung, die diesen Einzug organisierte. Vielmehr handelte es sich um einen offiziellen Empfang des Königs durch die Stadt, der vom *prévôt des marchands*, dem Äquivalent eines Bürgermeisters, und seinen Stadträten, den *échevins*, veranstaltet wurde. Die Regierung scheint aber sowohl die Zeremonie als auch die in zeitgenössischen Publikationen ausführlich beschriebenen Dekorationen überwacht zu haben.[16]

Die feierliche Entrée fand am 26. August 1660 statt. Am Vormittag nahmen der König und die Königin unter einem Thronhimmel Platz, um »den Respekt und die Unterwerfung« der Stadt und der vorbeidefilierenden Korporationen, einschließlich Universität und *Parlement*, entgegenzunehmen, während deren Repräsentanten dem König ihre Reverenz erwiesen, so wie es die Vertreter des Adels während der Salbungszeremonie getan hatten. Zum Zeichen der Inbesitznahme der Stadt überreichte der *prévôt des marchands* dem König feierlich die Schlüssel.[17] Der Präsident des *Parlement* von Paris spielte dagegen eine vergleichsweise geringe Rolle: Er verbeugte sich tief vor dem König und ging dann weiter. Es ist wohl kein Zufall, daß dem *Parlement* eine untergeordnete Rolle zugewiesen wurde – zur »Sühne«, wie ein Zeitgenosse schrieb, für jene, die es bei einer gänzlich anderen Veranstaltung gespielt hatte, nämlich während der Fronde-Unruhen.[18]

Nachmittags fand die eigentliche Entrée statt: König und Königin fuhren in einer festlichen Kavalkade durch die Stadt, wobei sie eine

Anzahl von Toren und Bögen passierten, deren Dekoration auf die Bedeutung des Tages verwies – Variationen auf das Thema des triumphierenden Friedens, zur Erinnerung an den Pyrenäischen Frieden, der 1659 zwischen Frankreich und Spanien geschlossen und durch die Vermählung der Infantin Maria Theresa, der Tochter Philipps IV., mit Ludwig besiegelt worden war. Ein Tor trug die Inschrift LODOVICO PACIFICO, »Für Ludwig, den Friedfertigen«. Ein anderer war in Form eines Parnaß gestaltet, wobei Apoll und die neun Musen die Künste und Wissenschaften repräsentierten, die durch den Friedensschluß aus der Gefangenschaft befreit worden waren. Ein Triumphbogen am Marché Neuf trug die Inschrift LUDOVICO PACATORI TERRARUM (»Für Ludwig, der der Welt Frieden geschenkt hat«) und zeigte Herkules – laut gedrucktem Kommentar also den König –, der einen Ölzweig empfängt (Abb. 4).[19]

Auffällig an diesen Dekorationen, verglichen mit späteren Feierlichkeiten, ist die moderate Art der Verherrlichung Ludwigs. Er teilte seinen Ruhm nicht nur mit seiner Gemahlin, sondern auch mit seiner Mutter, Anna von Österreich, und seinem Ersten Minister, dem Kardinal Mazarin. Anna, die die Entrée von ihrem Balkon aus verfolgte, erschien auf einem Triumphbogen als Göttin Minerva, klugen Rat erteilend, auf einem anderen als Juno und an anderer Stelle auch als Pelikan, Symbol der Mutter, die sich für ihre Kinder aufopfert. Mazarin, der den Friedensvertrag tatsächlich ausgehandelt hatte, konnte wegen seiner Gicht nicht an der Entrée teilnehmen, doch sein leerer Wagen nahm einen wichtigen Platz in der Kavalkade ein. Auf einem Triumphbogen wurde Mazarin als Gott Merkur und an anderer Stelle als Atlas dargestellt, der die Welt auf seinen Schultern trägt. Eine der lateinischen Inschriften spielte auf diese Schwerarbeit an: ASSIDUIS JULII CARDINALIS MAZARINI CURIS. Eine solche Hommage an einen Minister wäre in der späteren Regierungszeit Ludwigs XIV. unvorstellbar gewesen. Nach Mazarins Tod wurde Ludwig denn auch als alleiniger Herrscher dargestellt.

Die Art, wie Ludwig seine Hauptrolle bei diesen Veranstaltungen spielte, beeindruckte die Phantasie von Zeitgenossen, darunter auch ausländischen Botschaftern, denen sich die seltene Gelegenheit bot, den König aus der Nähe zu sehen. Sie hoben die Reife des Kind-Königs hervor, seinen Ernst, die Sicherheit seines Auftretens. Der venezianische Gesandte notierte im Jahr 1643, daß Ludwig, der gerade erst fünf Jahre alt war, in der Öffentlichkeit kaum lachte und sich kaum bewegte.[20] Vielleicht sahen zeitgenössische Beobachter ja nur das, was sie erwarteten, und schilderten übertrieben, was sie zu sehen glaubten. Aber daß sie beeindruckt waren, ist an sich schon aufschlußreich.

Im siebzehnten Jahrhundert waren die Spanier berühmt für ihr gravitätisches Auftreten, und Ludwig war immerhin der Sohn einer spanischen Prinzessin, Anna von Österreich. Mazarins Briefe an den König lassen vermuten, daß Ludwig auch von ihm unterwiesen wurde, wie er sich in der Öffentlichkeit zu verhalten habe, und die Kunst des Simulierens und der Verstellung erlernte. Als er 1652 den führenden Frondeur, Kardinal de Retz, empfing, ohne zu erkennen zu geben, daß dessen Verhaftung bevorstand, bewies der junge König, daß er seine Lektion gelernt hatte. Daß Ludwig sich seiner Rolle sehr wohl bewußt war, geht aus einer Äußerung hervor, die er bei dieser Gelegenheit machte: »Es soll niemand (sonst) auf der Bühne stehen« *[qu'il n'y ait personne sur le théâtre]*.[21]

Ludwig erschien auch im wörtlichen Sinne auf der Bühne, und zwar als Tänzer. Zwischen 1651 und 1659 trat er in neun *Ballets de Cour* zu Texten von Isaac Benserade auf, u. a. als Apoll, der die Pythonschlange tötet, oder in der Rolle der aufgehenden Sonne, für die er eine prachtvolle goldene Perücke trug (Abb. 15). Es war nicht ungewöhnlich, daß ein König im Hofballett tanzte – Ludwig XIII. hatte das regelmäßig getan –, aber das tänzerische Talent des Königs fiel einigen Zeitgenossen, wie etwa dem Höfling Bussy-Rabutin, doch auf. So leistete Ludwig selbst einen wichtigen Beitrag zu seinem Bild.

Relativ wenige Darstellungen des Königs gibt es aus der Zeit zwischen den frühen fünfziger Jahren und dem Jahr 1660, in dem er plötzlich als Heranwachsender mit Schnurrbartansatz und kurzer Perücke auftauchte. Die Perücke ist als Antwort auf eine Krankheit von 1658 erklärt worden, die starken Haarausfall zur Folge hatte. Die Sitte, Perücken zu tragen, begann sich zu jener Zeit unter dem europäischen Adel zu verbreiten, und es ist schwer zu sagen, ob Ludwig der Mode

Die feierliche Entrée

15. »Ludwig auf der Bühne«
Ludwig als Apoll, anonymer Kostümentwurf, 1654
Cabinet des Estampes, Bibliothèque Nationale, Paris

folgte oder eine Mode schuf. In jedem Fall verlieh eine Perücke dem König jene zusätzliche Körpergröße, die er benötigte, um Eindruck machen zu können. Von dieser Zeit an wurde er in der Öffentlichkeit nie mehr ohne Perücke gesehen.

Das königliche Bild muß als Gemeinschaftsprodukt betrachtet werden. Maler, Bildhauer und Kupferstecher arbeiteten daran ebenso wie Hofschneider, Perückenmacher und Tanzmeister, Dichter und Ballettchoreographen und die Zeremonienmeister, die die Krönungsfeierlichkeit, die königlichen Entrées und andere öffentliche Veranstaltungen dirigierten.

Wer schrieb das Drehbuch für das königliche Schauspiel? In gewissem Sinne eher die »Tradition« als eine bestimmte Person; Porträts orientierten sich an Vorlagen, und Rituale folgten Präzedenzfällen. Aber man darf wohl vermuten, daß die Präsentation einen Regisseur hatte: Kardinal Mazarin.

Zwischen 1643 und 1661 war Mazarin der führende Kopf in der Regierung. Bei ihm genoß Ludwig seine politische Ausbildung. Er war ein bedeutender Förderer der Künste, dessen Bewunderung Malern wie Philippe de Champaigne und Pierre Mignard galt und Dichtern wie Corneille und Benserade. Er war ein großer Opernfreund, und dank Mazarin wurden drei italienische Opern für eine Aufführung in Paris in Auftrag gegeben: *Orfeo* (1647) von Luigi Rossi, *Peleo e Theti* (1654) von Carlo Caproli – zusammen mit Benserades Ballett zum gleichen Thema – und *Ercole Amante* (1660) von Francesco Cavalli – ein Thema, das als Anspielung auf die königliche Hochzeit gedacht war. Die Bühnenarchitektur stammte ebenfalls von Italienern, Giacomo Torelli und Gasparo Vigarani.

Mazarin liebte die Künste, wußte sie aber durchaus zu politischen Zwecken einzusetzen. Diese Haltung zeigt sich deutlich in einer Episode des Jahres 1660, als der Kardinal zum Gedenken an den Pyrenäenfrieden eine große Treppe bauen lassen wollte, die zur französischen Kirche Trinità dei monti in Rom hinaufführen sollte.[22] Mazarin dachte an Bernini als Architekten, und offenbar hat dieser auch einen Entwurf vorgelegt. Die Errichtung einer Statue von Ludwig XIV. auf einem öffentlichen Platz in Rom, überhaupt ein Denkmal für einen Friedensschluß, der ohne päpstliche Vermittlung zustande gekommen war, mußte aber zu politischen Komplikationen führen, und Mazarin starb, ehe diese Probleme gelöst waren. Aber das Bewußtsein für die politische Nutzung der Künste im allgemeinen, und die Beschäftigung mit dem Denkmal für den Frieden von 1659, die aus der Korrespondenz des Kardinals hervorgeht, läßt vermuten, daß er auch die Themen der Pariser Entrée von 1660 inspiriert haben könnte, bei dem ja nicht nur die königliche Hochzeit, sondern auch der Frieden, Anna von Österreich sowie seine eigenen Taten gefeiert wurden.

Im Jahre 1660 spielte der König noch immer die Rolle, die ihm die Tradition und Kardinal Mazarin zugedacht hatten. Von 1661 an beteiligte sich Ludwig aktiv an der Formulierung, zumindest aber Bearbeitung seines eigenen Bühnentexts.

IV. KAPITEL
Das System wird aufgebaut

»*Il y a bien, Monsieur, d'autres moyens louables de répandre et de maintenir la gloire de Sa Majesté... comme sont les pyramides, les colonnes, les statues équestres, les colosses, les arcs triomphaux, les bustes de marbre et de bronze, les basses-tailles, tous monuments historiques auxquels on pourrait ajouter nos riches fabriques de tapisseries, nos peintures à fresque et nos estampes au burin.*«

[Mein Herr, es existieren noch ganz andere löbliche Mittel und Wege, um den Ruhm Seiner Majestät zu verbreiten und zu erhalten ... als da sind Pyramiden, Säulen, Reiterstandbilder, Kolossalstatuen, Triumphbögen, Marmor- und Bronzebüsten, Flachreliefs sowie sämtliche historischen Monumente, an denen sich unsere reichen Tapisserien befestigen lassen, unsere Fresken und Reliefs.]

CHAPELAIN *an* COLBERT, *1662*

16. *Ludwig XIV.*
umgeben von den Attributen der Künste von Jean Garnier
Öl auf Leinwand, 1672. Château de Versailles

Ob die Präsentation des Königs in der Epoche Mazarins generalstabsmäßig betrieben wurde oder nicht – für die anschließende Zeit läßt sich ein solches Projekt in jedem Fall belegen. Als Mazarin im März 1661 starb, erklärte Ludwig seine Absicht, ohne Ersten Minister zu regieren. Er wollte »absolute Macht« *[pouvoir absolu]* ausüben, anders gesagt, seine Macht mit niemandem teilen. Was natürlich nicht hieß, daß der König ohne Berater oder Helfer regierte. Sein bedeutendster Mitarbeiter wurde Colbert.[1]

Jean-Baptiste Colbert hatte Mazarin gedient und war dem König von ihm empfohlen worden. Er diente Ludwig ab 1661 als Mitglied des *conseil royal des finances* bzw. Staatsrat und ab 1664 als *surintendant des bâtiments* bzw. Oberintendant der königlichen Bauten. In diesen Funktionen leitete Colbert die königliche Förderung der Künste, er war also für Ludwig das, was Maecenas für Augustus gewesen war. Colbert stand und steht im Ruf eines strengen, arbeitsamen Mannes, dem es widerstrebte, für unnütze Dinge staatliche Gelder auszugeben. Man darf aber nicht vergessen, daß Colbert die Künste für nützlich hielt, insofern sie zum Ruhm des Königs beitrugen.

Zu Mazarins Zeiten stand die Förderung der Künste noch im Schatten des Kardinals und seines Helfers Nicholas Fouquet, dem Corneille im Vorwort zu seinem *Œdipe* (1659) das Kompliment machte, er sei »Oberintendant ebensosehr der schönen Künste wie der Finanzen«. Tatsächlich war Fouquet zwischen 1655 und 1660 ein sehr viel bedeutenderer Auftraggeber als der König; er ließ sich in Vaux-le-Vicomte ein prachtvolles Schloß bauen und beschäftigte ein Heer von talentierten Künstlern und Schriftstellern, darunter die Dramatiker Corneille, Molière und Quinault, den Dichter La Fontaine, den Maler Lebrun, die Bildhauer Anguier und Girardon, den Baumeister Le Vau und den Gartenarchitekten Le Nôtre.[2]

Colbert hatte die Absicht, die führende Rolle des Königs als Förderer der Künste wiederherzustellen (Abb. 16). Wie sehr ihm der Ruhm des Königs am Herzen lag, geht aus seiner offiziellen Korrespondenz hervor, besonders aus den Briefen an Jean Chapelain. Chapelain, Dichter und Kritiker, hatte durch eine Ode auf Richelieu dessen Gunst gewonnen und wurde in die Académie Française bei ihrer Gründung im Jahre 1634/35 aufgenommen. Auf Bitten Colberts schrieb Chapelain ihm 1662 einen langen Bericht über die Möglichkeiten, mit Hilfe der Künste »den Glanz der königlichen Unternehmungen zu wahren« *[pour conserver la splendeur des entreprises du roy]*.[3]

Ob nun von Colbert oder von Chapelain inspiriert, es war ein ehrgeiziger Plan. Der Bericht konzentriert sich auf die Literatur, speziell Dichtung, Geschichtsschreibung und Panegyrik, und beschreibt die Stärken und Schwächen von neunzig zeitgenössischen Autoren und deren Eignung, in königliche Dienste zu treten. Chapelain erwähnt aber auch viele andere Medien und Genres: Medaillen, Wandteppiche, Fresken, Stiche und schließlich diverse Arten von Denkmälern »wie Pyramiden, Säulen, Reiterstatuen, Kolosse, Triumphbögen, Marmor- und Bronzebüsten«.

Einige dieser Medien waren, wie erwähnt, bereits zur Verherrlichung des Königs eingesetzt worden, vor allem bei der feierlichen Entrée in Paris 1660. Trotzdem ist bemerkenswert, daß dieses großangelegte Projekt schon so früh in der Regierungszeit Ludwigs und in der Karriere Colberts als königlichem Ratgeber nachzuweisen ist. Verwirklicht wurde der Plan im darauffolgenden Jahrzehnt, in dem eine »Organisierung der Kultur« festzustellen ist – im Sinne des Aufbaus einer Struktur von offiziellen Organisationen, die Künstler, Dichter und Gelehrte für den Dienst des Königs warben.

Eine wichtige Rolle spielte dabei, wie schon zu Richelieus Zeiten, die Académie Française, zusammen mit ihrem Komitee, der sogenannten kleinen Akademie *[Petite Académie]*, die 1663 gegründet und 1696 in *Académie des Inscriptions* umbenannt wurde.[4] Weitere Neugründungen waren die Académie de Danse (1661), die Académie Royale de Peinture et de Sculpture, die 1648 gegründet worden war, aber 1663 umorganisiert wurde, die Académie Française de Rome (1666), eine Ausbildungsstätte für Künstler, die Académie des Sciences (1666), die Académie d'Architecture (1671), die kurzlebige Académie d'Opéra (1671), die durch die Académie Royale de Musique (1672) ersetzt wurde, sowie die nicht zustande gekommene Académie des Spectacles, deren Gründung 1674 nicht registriert wurde.[5] Alle diese Institutionen hatten ihren Sitz in Paris, doch wurden später Provinzakademien nach dem Vorbild der Académie Française gegründet (s. u., S. 207).

Die Akademien waren Vereinigungen von Künstlern und Schriftstellern, von denen die meisten für den König arbeiteten; zugleich fungierten sie als Auftraggeber von Werken, die zur Verherrlichung Ludwigs gedacht waren. Die Akademie für Malerei und Bildhauerkunst nahm neue Mitglieder auf der Basis eines »Prüfungsstücks« auf, das die *histoire du roi* zu behandeln hatte.[6] Im Jahre 1663 wurden erstmals Preiswettbewerbe für die beste künstlerische Darstellung der »heroischen Taten« des Königs abgehalten. Ab 1671 veranstaltete die Académie Française Wettbewerbe, und zwar mit jährlich wechselndem Thema, für die beste Lobrede auf den König. Gegen Ende von Ludwigs Regierungszeit beschäftigten mehrere Akademien einen Komponisten, der Musikstücke zu Ehren des Monarchen schreiben mußte.[7]

Zum System gehörten auch noch andere Institutionen. So etwa die 1663 gegründete staatliche Gobelinfabrik, in der ca. 200 Personen (u. a. eine Anzahl von Malern) Wandteppiche für die königlichen Schlösser sowie die berühmten Gobelins der *histoire du roi* schufen (Abb. 17).[8] Es gab das *Journal des Savants*, gegründet 1665 und produziert von der königlichen Hofdruckerei, das Nachrufe auf Gelehrte abdruckte, Experimentbeschreibungen und vor allem Buchrezensionen (ein neues Gebiet damals). Die Zeitschrift, die von gebildeten Männern aus dem Kreis um Colbert herausgegeben wurde, verbreitete Nachrichten aus der Welt der Wissenschaft und machte auf diese Weise Propaganda für die königliche Förderung.[9] Unter dem neuen *lieutenant de police*, La Reynie, wurde ab 1667 die Literaturzensur verschärft.[10]

Worin lag nun die Bedeutung dieser Gründungen? Waren sie Ausdruck einer planmäßigen staatlichen Kunstpolitik? Beschränkten sie sich auf die Verherrlichung des Königs oder verfolgten sie weiterreichende Absichten? Um diese Fragen zu beantworten, muß man genauer betrachten, in welcher Weise die verschiedenen Künste und Wissenschaften durch den König gefördert wurden.

Was die Literatur anging, so wurde Chapelains Empfehlung ernst genommen. Ab 1663 wurden Pensionen von jährlich bis zu 100000 Livres an eine Reihe von Schriftstellern und Wissenschaftlern gezahlt, und zwar sowohl an Franzosen (unter ihnen ein Dichter, den Chape-

DAS SYSTEM WIRD AUFGEBAUT

17. »Ludwig als Schirmherr der Künste«.
Der Besuch in der Gobelinmanufaktur aus der Gobelinserie »L'histoire du roi«
von Charles Lebrun, Wandteppich, um 1670.
Sammlung Mobilier National, Paris; unten ein Detail

lain als einen »jungen Mann namens Racine« bezeichnet hatte)¹¹ als auch an Ausländer – Holländer, Deutsche und Italiener. Wie im Falle anderer Geschenke auch wurden diese »Gratifikationen«, wie sie hießen, natürlich in der Erwartung von Gegenleistungen getätigt.

Chapelain erläuterte in seinen Briefen an Colbert und an die betreffenden ausländischen Gelehrten die Spielregeln mit bisweilen erstaunlicher Offenheit. Nun wird man, wo immer es Geschenke gibt, Widersprüche in den Regeln finden. Aber sie waren besonders ausgeprägt in einer Epoche des Übergangs vom traditionellen Ideal königlicher Erhabenheit zum Sinn für Publikumswirksamkeit, der für Kulturen des gedruckten Wortes charakteristisch ist.

Einerseits nämlich, wie Chapelain dem italienischen Dichter Girolamo Graziani mitteilte, »macht Seine Majestät verdienstvollen Personen Geschenke aus keinem anderen Motiv als dem, sich in allen Dingen auf königliche Weise zu verhalten und nicht, um sich auf diesem Wege loben zu lassen« *[Sa Majesté gratifie les gens de mérite par le seul motif d'agir en toutes choses royalement et point du tout dans la vue d'en attirer des louanges]*.¹² Entscheidend war, wie er Colbert mitteilte, daß die Gratifikationen »um so edler wirken, je selbstloser sie erscheinen« *[paroistront d'autant plus nobles qu'elles paroistront plus désinteressés]*.¹³ Zum Zeichen der Großzügigkeit des Königs gegenüber den Schriftstellern und Künstlern wurde eine Medaille geschlagen, die mit der Inschrift BONAE ARTES REMUNERATAE und der Jahreszahl 1666 versehen war.

Andererseits wurden die Empfänger der Zuwendungen in keinem Zweifel darüber gelassen, welche Gegenleistungen man von ihnen erwartete. »Der König ist großzügig«, schrieb Chapelain an den holländischen Gelehrten Nikolaes Heinsius, »doch er weiß, was er tut, und er hat nicht die Absicht, für einen Narren gehalten zu werden« *[le Roy est généreux, mais il sait ce qu'il fait et ne veut point passer pour dupe]*.¹⁴ »Die Ehre Seiner Majestät verlangt«, so Chapelain an Graziani, »daß sein Lob spontan erscheinen muß, und um spontan zu erscheinen, muß es außerhalb seines Reiches gedruckt werden« *[il importait en effet pour l'honneur de Sa Majesté que son éloge parût fait volontairement et, pour paraître volontaire, il fallait qu'il fût imprimé hors de ses États]*.¹⁵ Dem deutschen Rechtsgelehrten Herman Conring berichtete Chapelain, die meisten Empfänger »haben sich bereit erklärt, den großen Namen des

Königs ihren Werken voranzustellen«.[16] Einer wurde angewiesen, die königliche Widmung »in die respektvollsten und glanzvollsten Formulierungen, die Ihnen möglich sind«, zu kleiden *[dans les termes les plus respectueux et les plus magnifiques que vous pourriez].*[17] Einem anderen wurde geraten, in seiner Lobrede auf Ludwig den Entschluß des Königs zu erwähnen, allwöchentlich eine öffentliche Audienz zu halten.[18]

Dichter, Rechtsgelehrte und Naturphilosophen wurden aus unterschiedlichen Gründen angeworben, doch besondere Aufmerksamkeit galt den Historikern. Die Ernennung von Hofgeschichtsschreibern war mittlerweile Tradition in Frankreich.[19] Dennoch unternahmen Colbert und Chapelain ungewöhnliche Anstrengungen, Historiker zu finden, die die Taten des Königs festhalten und verherrlichen sollten. Von den neunzig Personen, über die Chapelain berichtete, waren achtzehn Historiker. Im Jahre 1662 waren bereits sechs offizielle Historiker ernannt, einschließlich Mézéray.[20] Trotz dieses *embarras de richesses* betrieb Chapelain – erfolglos – die Berufung von Nicholas Perrot d'Ablancourt, der vor allem als Übersetzer bekannt war, während Colbert das neue Amt eines »Historikers der königlichen Bauten« *[historiographe des bâtiments du roi]* mit André Félibien besetzte. In dieser Funktion veröffentliche Félibien offizielle Beschreibungen der Gemälde, Gobelins, Bauwerke und Festlichkeiten, die vom König in Auftrag gegeben wurden.[21]

In die staatliche Förderung wurden auch die Naturwissenschaften einbezogen, man denke nur an die Gründung der Académie des Sciences, die Errichtung eines astronomischen Observatoriums und die Gründung einer wissenschaftlichen Zeitschrift. Wenn auch die Idee einer Akademie der Wissenschaften auf eine Gruppe von Gelehrten zurückzugehen scheint, so ist doch Colberts Hand bei diesen Unternehmen deutlich zu sehen.[22] Die Académie stand unter der Leitung seines einstigen Bibliothekars, Pierre de Carcavy; der italienische Astronom Gian-Domenico Cassini kam auf seine Einladung nach Frankreich; und das *Journal des Savants* wurde anfänglich von drei weiteren seiner Protégés herausgegeben, Denis de Sallo, einem Freund Chapelains, Amable de Bourzeis, einst Schriftsteller in Richelieus Diensten, und Jean Gallois, ehemaliger Hauslehrer von Colberts Kindern.

Es muß betont werden, daß staatliche Förderung der Naturwissen-

18. *Ludwig XIV. besichtigt die Académie des Sciences* von Sébastien Le Clerc
Frontispiz aus Claude Perrault, *Mémoires pour l'histoire naturelle
des animaux*, 1671. British Library, London

schaften zu dieser Zeit eine große Seltenheit war. Die Royal Society in London war nur weniger Jahre vor der französischen Académie des Sciences gegründet worden und begann, ihre *Philosophical Transactions* zwei Monate später als ihre französische Rivalin zu publizieren, doch trotz der Bezeichnung »königlich« wurde die Society nicht mit staatlichen Geldern finanziert. In Frankreich dagegen wurde der König öffentlich mit wissenschaftlicher Forschung assoziiert, und diese Verbindung fand sichtbaren Ausdruck in einer Kupferstichdarstellung eines Besuchs Ludwigs in der Akademie der Wissenschaften (Abb. 18). Es sollte freilich hinzugefügt werden, daß es sich dabei um einen imaginären Besuch handelte (s. u., S. 172).[23]

Um der Welt zu zeigen, daß Ludwig ein gebildeter Mann war, beschloß Colbert, die königliche Sammlung von Gemälden, Statuen, Medaillen, Handschriften, Büchern etc., die der König von seinen Vorfahren geerbt hatte, zu erweitern. Colberts Protégé Charles Perrault erhielt den Auftrag, Bildbände der im *cabinet du roi* gesammelten Stücke zu veröffentlichen, die den Geschmack und die Größe des Königs demonstrieren sollten. Pierre Carcavy wurde zum Direktor der Königlichen Bibliothek ernannt – er war es, der Colbert (über Chapelain und Conring) vorschlug, die berühmte Wolfenbütteler Bibliothek für den König zu kaufen.[24]

Was die bildenden Künste angeht, so wurden Botschafter und andere staatliche Agenten im Ausland – vor allem zwei italienische Geistliche, Elpidio Benedetti in Rom und Luigi Strozzi in Florenz – beauftragt, nach klassischen Plastiken, Gemälden von Renaissancemeistern etc. Ausschau zu halten. Colberts Korrespondenz gibt Aufschluß über seine Methoden, bis hin zu seiner Pfennigfuchserei, seiner Vorliebe für Gipsabdrücke und Kopien, die billiger waren als Originale, und über den politischen Druck, der auf solche Einzelpersonen und Institutionen ausgeübt wurde, die nicht bereit waren, ihre Schätze an den König von Frankreich zu verkaufen, darunter auch ein *Abendmahl* von Veronese aus dem Besitz des Servi-Klosters in Venedig. Die Politik stand gelegentlich im Dienste des Kunstsammelns, so wie das Kunstsammeln der Politik diente.[25]

Natürlich reichte es nicht, Antiquitäten zu kaufen. Ludwig mußte neue Gemälde und Statuen in Auftrag geben, und zwar für die Öffentlichkeit sichtbar. So wie Colbert in literarischen Dingen auf Chapelains Rat angewiesen war, so hörte er in künstlerischen Dingen meist auf Charles Lebrun, den *premier peintre du roi*.²⁶ Laut Bernini, der die beiden Männer im Jahre 1665 zusammen sah, »verhält sich Colbert gegenüber Lebrun wie eine Geliebte und beugt sich völlig seinem Urteil«.²⁷ Ein anderer Zeitgenosse schrieb, Lebrun habe, »da Colbert ihm völlig vertraue, eine Art Tyrannei in der Malerei errichtet« *[une espèce de tyrannie dans la peinture]*.²⁸ Diese Formulierung hat bei manchen modernen Historikern, denen die Parallele zwischen der absolutistischen Monarchie und der Herrschaft Lebruns über das Königreich der Kunst aufgefallen ist, Anklang gefunden.²⁹ Die Behauptung selbst ist etwas übertrieben, da einige Künstler unabhängig von Lebrun für den König gearbeitet haben.³⁰

Trotzdem war Lebrun ein wichtiger Auftraggeber: als die dominierende Figur in der Académie Royale de Peinture – einer Institution, die 1648 auf seine Empfehlung hin gegründet worden war –, als Direktor der Gobelinmanufaktur, in der die *histoire du roi* auf Wandteppichen hergestellt wurde, und als Künstler, der für die Innenausstattung der königlichen Schlösser Louvre und Versailles verantwortlich war.

Künstler, die sich mit Colbert nicht gut verstanden, erhielten nicht die Aufträge, die sie ansonsten hätten erwarten können, wie etwa Pierre Mignard nach dem Tod seiner Gönnerin Anna von Österreich im Jahre 1666. Andererseits machten Lebruns Protégés nicht selten Karriere am Königshof: der Kupferstecher Gérard Edelinck etwa, bei dessen Hochzeit Lebrun zugegen war, wurde *graveur du cabinet du roi*, und der Bildhauer Pierre Mazeline, bei dessen Hochzeit Lebrun als Trauzeuge auftrat, arbeitete in Versailles und kam in den Genuß einer königlichen Pension.

In Sachen Architektur ließ sich Colbert von Charles Perrault beraten (einem Schriftsteller, der heute vor allem für seine Neufassungen von Märchen bekannt ist), der zum Kommissar der Bauten ernannt wurde *[commis des bâtiments]*, als Colbert 1664 *surintendant* wurde. In seinen Memoiren beschreibt Perrault den Plan Colberts, »viele Monumente zum Ruhm des Königs zu errichten, wie etwa Triumphbögen, Obelisken, Pyramiden und Grabmäler«, und bestätigt damit das Bild,

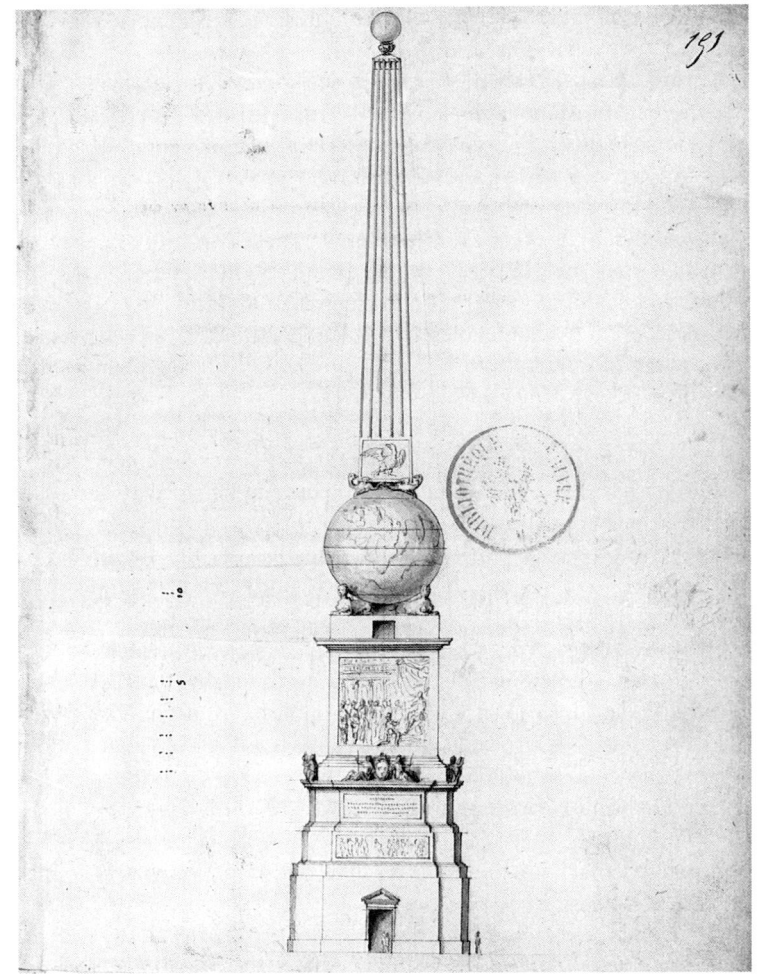

19. *Entwurf für einen Obelisken*
von Charles Perrault, 1666
Bibliothèque Nationale, Paris

das aus der Korrespondenz Chapelains hervorgeht.[31] Entwürfe für ein Grabmal, genauer gesagt eine Grabkapelle der Königsfamilie in der Kirche St. Denis, wurden 1665 von dem Architekten François Mansart sowie von Gianlorenzo Bernini vorgelegt. Was Obelisken oder Pyramiden angeht, so gehörte zur Dekoration der königlichen Entrée in Paris 1660 eine Pyramide aus Holz, während 1666 von Claude Perrault, dem Bruder Charles', zur Verherrlichung des Königs ein Steinobelisk errichtet wurde (Abb. 19). Triumphbögen wurden in den 1670er Jahren gebaut (s. u., S. 116).

Persönlich war Colbert an bildender Kunst, Musik oder Literatur kaum interessiert. Vielleicht in bewußter Abgrenzung gegenüber seinen Vorgängern Richelieu, Mazarin und Fouquet trat er nur sehr selten als privater Auftraggeber in Erscheinung. Er hatte für die Wissenschaften sehr viel mehr übrig als für die Künste, und zu seinen Schützlingen gehörten Gelehrte wie Charles Du Cange und Jean Mabillon.[32]

Dennoch tat dieser scheinbare Philister mehr für die Künste in den zwanzig Jahren seiner Regierung als jemand wie Mazarin, den die Kunst an sich interessierte. Wie schon erwähnt, holte Colbert eine beträchtliche Schar von Künstlern und Dichtern an den Hof. Schriftsteller wie Amable de Bourzeis, Chapelain und Jean Desmarets hatten zuvor schon Kardinal Richelieu gedient, andere für Mazarin gearbeitet, wie etwa der Dichter Isaak Benserade, der Komponist Jean Cambefort, der Schriftsteller François Charpentier. Einige der Talentiertesten wie etwa Lebrun, Le Nôtre, Le Vau und Molière wurden von Fouquet übernommen. Racine wurde Colbert von Chapelain empfohlen und erhielt 1663, ganze vierundzwanzig Jahre alt, eine königliche Pension.

Offenbar planmäßig wurden Ausländer ermuntert, ihre Talente in den Dienst des Königs zu stellen. Ausländische Gelehrte erhielten Pensionen. Auf Veranlassung Colberts zog der italienische Astronom Gian-Domenico Cassini von Bologna nach Paris (sein Jahresgehalt betrug 9000 Livres). Ausländische Künstler wurden eingeladen, nach Frankreich zu kommen und bei der Ausgestaltung des Louvre oder des Schlosses von Versailles mitzuwirken. Den Schweizer Maler Joseph Werner holte man im Jahre 1662 aufgrund eines positiven Berichts des französischen Botschafters nach Paris, und 1666 kam der flämische Kupferstecher Gérard Edelinck. Die französische Übersetzung »Desjardins« verbarg die Herkunft des flämischen Bildhauers Martin van den Bogaert, der um 1670 in Frankreich eintraf.

Colberts Bedeutung lag in seiner grundsätzlichen Vision, daß sämtliche Künste einen Beitrag zur Verherrlichung des Königs leisten sollten. Für konkrete Vorschläge war er auf den Rat von Fachleuten angewiesen, namentlich Chapelain, Perrault und Lebrun. Verantwortlich für die Organisation, ja Bürokratisierung der staatlichen Kunstpatronage war aber letztlich der Minister.

Wenn ich »Bürokratisierung« sage, so heißt das nicht, daß das traditionelle System von Auftraggebern, Klienten und Vermittlern, das in der Neuzeit auf dem Gebiet der Kunst genauso wirksam war wie in der Politik, ein Ende gefunden hätte.[33] Künstler und Schriftsteller wie Lebrun und Molière arbeiteten für den Finanzminister Fouquet, ehe sie vom König übernommen wurden. Chapelain fungierte als Vermittler im Bereich der königlichen Literaturförderung. Andere Personen spielten ebenfalls eine Vermittlerrolle. Beispielsweise schickte Racine sein erstes Gedicht über einen Mittelsmann an Chapelain. Der Komponist André Destouches wurde dem König vom späteren Prinzen von Monaco empfohlen.

Unter Ludwig XIV. wurden die Künste aber von einer immer größeren Zahl von Beamten wie Direktoren, Superintendenten oder Inspektoren verwaltet. Lebrun war *Directeur de la manufacture royale des Gobelins*. Die königlichen Ballette, Bauten, Maschinen und die Musik hatten jeweils einen eigenen *Surintendant*. Es gab einen *inspecteur général des bâtiments*, einen *inspecteur des beaux-arts*, ja sogar einen *inspecteur général de la sculpture*, der an paradierende Statuen denken läßt.

Zur Bürokratisierung der Künste gehörte auch die Errichtung der Akademien, die auf künstlerischem Gebiet den Kollegien entsprachen, welche im siebzehnten Jahrhundert überall in Europa ins Leben gerufen wurden. Colbert gründete aber nicht nur Akademien, er reglementierte auch das Verhalten ihrer Mitglieder, wie etwa im Falle der Académie Française, deren Mitglieder feste Arbeitszeiten einhalten mußten und eine Uhr bekamen, um sich, wie es der Wunsch des Ministers war, äußerster Pünktlichkeit befleißigen zu können.

Ebenso bürokratisch war der zunehmende Einsatz von Kommissionen, wie etwa jener kleinen Gruppe, die alternative Entwürfe für den Louvre vorlegte, oder noch wichtiger, die *Petite Académie*, die ursprünglich gar keine Akademie war, sondern »eine Art kleines Komitee, das sich mit allen Angelegenheiten der Literatur beschäftigt« *[une espèce de petit conseil pour toutes les choses dépendantes des belles-lettres]*.[34]

Die Mitglieder dieses Gremiums, Chapelain, Charles Perrault, Bourzeis, Cassagnes und François Charpentier, versammelten sich dienstags und freitags in Colberts Residenz. Ihre Aufgabe bestand im wesentlichen darin, die Produktion des öffentlichen Bildes vom König zu überwachen. Sie korrigierten Texte vor der Veröffentlichung, u. a. Festbeschreibungen von Félibien und Perrault.[35] Sie prüften die Entwürfe und verfaßten die Beschreibungen für Gobelins und Medaillen. Zumindest einige Jahre lang arbeiteten sie an einer Geschichte der Regierungszeit.[36]

Die Einrichtung dieser Gruppe macht deutlich, wie ernst Colbert die Aufgabe der Imageproduktion nahm und wie ausgeprägt sein Sinn für »Öffentlichkeitsarbeit« war.

Wie die Verwaltung des Staates, so wurde auch die Arbeit am Image Ludwigs vom Zentrum aus organisiert.[37] Gruppen von Künstlern wurden von Auftraggeberkommissionen angeleitet. Das System ließe sich – durchaus passend für eine Epoche zunehmender Bürokratisierung – als Organogramm darstellen: Ganz oben an der Spitze stand der König, der zuweilen persönlich intervenierte, um bestimmte Werke in Auftrag zu geben oder etwa zwischen mehreren Projektvorschlägen eine Wahl zu treffen (s. u., S. 100, 124). Gleich unter Ludwig stand Colbert, der trotz anderweitiger Verpflichtungen Wert darauf legte, alle Fäden in der Hand zu behalten. Dann kamen Colberts Leute, besonders drei: Chapelain beriet ihn in Fragen der Literatur, Lebrun in Sachen Malerei und Bildhauerei und Charles Perrault in Sachen Architektur. Für die Musik, einschließlich Ballett und Oper, war Colbert nicht zuständig. Dieser Bereich unterstand Lully.

Kurzum, jenes »Ministerium des Ruhms«, wie es einmal genannt wurde, hatte die Aufgabe, die Präsentation des königlichen Bildes zu organisieren, genauer gesagt, ein bewegliches Bild der Hauptereignisse der Regierungszeit vorzuführen, die *histoire du roi*. Wir sollten uns nun dem zuwenden, was da hervorgebracht wurde.

V. KAPITEL
Selbstbehauptung

»*Sous un tel souverain nous sommes peu de chose;*
Son soin jamais sur nous tout à fait ne repose;
Sa main seule départ ses liberalités;
Son choix seul distribue états et dignités.«

[Unter solch einem Herrscher sind wir wenig nur;
Seine Sorgen ruhen nie allein auf uns
Seine Hand allein verteilt, was er so reich zu geben hat
und wie es ihm gefällt allein, verleiht er Titel uns und Würden.]

CORNEILLE, *Otho*, *II. Akt, 4. Bild*

Detail aus Abb. 22 (S. 97): *Ludwig XIV. als römischer Kaiser*
von Charles Perrault, *Festiva ad capita*, 1670
British Library, London

Thema des vorangegangenen Kapitels war das, was man die Struktur der Verherrlichung Ludwigs XIV. nennen könnte, vor allem die Herausbildung dieser Struktur seit den frühen sechziger Jahren. Dieses Kapitel nun gilt dem eigentlichen Image des Königs vom Beginn der Alleinregierung 1661 bis zum Devolutionskrieg im Jahr 1667. Man könnte diese Zeit als »Periode der Selbstbehauptung« bezeichnen. Nach dem Tod seines Mentors und Ministers Mazarin konnte der junge König nunmehr auch wichtige Entscheidungen selbst treffen. Ironischerweise muß diese Selbstbehauptung aber als kollektive Aktion angesehen werden, an der die königlichen Ratgeber und Imageproduzenten mitwirkten.

Der Mythos der Alleinregierung

Das in den sechziger Jahren projizierte Bild des jungen Königs war das eines Herrschers, der sich in vorbildlicher Weise um die Angelegenheiten des Staates und das Wohl seines Volkes kümmerte. Schon die Übernahme der Alleinregierung mußte gefeiert, ja mythologisiert, d. h. auf dramatische Weise als »Wunder« präsentiert werden.

Der König gab seinen Entschluß, die Herrschaft persönlich zu übernehmen, in einer Rede vor dem Kanzler, im Beisein von Ministern und Sekretären, also im engeren Kreis bekannt.[1] Die offizielle *Gazette* erwähnte zu diesem Zeitpunkt noch nichts. Als Mazarin am 9. März 1661 starb, berichtete sie über einen Kondolenzbesuch von Repräsentanten des französischen Klerus bei Ludwig, deren Sprecher erklärte, daß der König nicht nur in militärischen Angelegenheiten, sondern auch in der Führung des Staates unermüdlich arbeitete *[Sa Majesté, qui a esté infatigable dans les travaux de la guerre, ne l'est pas moins dans la conduite des affaires de son Estat]*.[2] Dasselbe Thema wurde im April von der *Gazette* aufgegriffen, als sie davon sprach, mit welcher Gewissenhaftigkeit sich der König unablässig um staatliche Angelegenheiten wie etwa Ratssitzungen kümmere *[le Roi, continuant de prendre le soin de ses affaires avec une application toute particulière, se trouva au Conseil des Parties]*. Selbst das Jagdvergnügen des Königs wird als Erholung von der »wunderbaren Unermüdlichkeit« dargestellt, mit der sich der König den Staatsgeschäften widmete *[des soins que Sa Majesté prend toujours des affaires de son Estat, avec une assiduité merveilleuse]*.³

Eine vollständigere Beschreibung jenes Ereignisses findet sich in den königlichen Memoiren für das Jahr 1661, einem vertraulichen Memorandum, das um 1666 von den Hofsekretären niedergeschrieben wurde und gedacht war als Unterweisung für den Dauphin, um ihn mit dem »Beruf des Königs« *[le métier du roi]* vertraut zu machen. Darin erklärte Ludwig, weshalb er beschlossen habe, »vor allen Dingen keinen Ersten Minister zu nehmen« *[sur toutes choses de ne point prendre de premier ministre]*. In einer berühmten Stelle wird er porträtiert als »informiert über alles; noch dem geringsten meiner Untertanen zuhörend; der Zahl und Qualität meiner Truppen und des Zustandes meiner Festungen stets bewußt; unablässig Befehle erteilend, auf daß für alle ihre Bedürfnisse gesorgt werde; Botschaften empfangend und lesend, auf einige von ihnen selbst antwortend, und meine Sekretäre anweisend, wie die anderen zu beantworten sind; die Höhe der Einnahmen und Ausgaben meines Staates festsetzend«.⁴

Das Ereignis wurde einer breiteren Öffentlichkeit mit einer Fülle von Texten und Bildern präsentiert. Der erwähnte Bericht in der *Gazette* hatte das Publikum vielleicht schon in die Lage versetzt, in Corneilles *Otho*, dessen Premiere 1664 am Hof zu Fontainebleau stattfand, einen zeitgenössischen Bezug zu entdecken. Das Stück spielt im Reich des Kaisers Galba. Einer seiner Minister spricht davon, wie unwichtig Untergebene für einen Herrscher sind, der nicht auf sie angewiesen ist, sondern Geschenke und Ämter selbst verteilt (vgl. das Motto zu diesem Kapitel).

Das Ereignis wurde später auch im Bild präsentiert. Die berühmteste Darstellung ist Lebruns Deckengemälde in der Grande Galerie von Versailles mit der Inschrift »Der König übernimmt die Leitung seiner Krondomänen und widmet sich völlig den Geschäften« (Abb. 20).⁵ Ludwig hält ein Steuerruder – Sinnbild der Tatsache, daß er nun das Staatsschiff lenkt. Er wird von den Grazien gekrönt, während eine Figur, die Frankreich darstellt, die Discordia zurückdrängt, und Hymenäus, der Hochzeitsgott, ein Wohlstand symbolisierendes Füllhorn hält. Minerva, Göttin der Weisheit, weist den

Der Mythos der Alleinregierung

20. *Der König regiert allein*
von Charles Lebrun, Deckengemälde, 1661
Château de Versailles

König auf Gloria hin, die von Victoria und Fama begleitet wird und bereit ist, ihn zu krönen. Die Götter im Himmel bieten Ludwig ihre Hilfe an.[6]

Eine genauere Deutung der Alleinregierung liefern drei Medaillen aus dem Jahre 1661.[7] Die erste trägt die Legende »Der König übernimmt die Regierung« [REGE CURAS IMPERII CAPESSENTE] und stellt »Ordnung und Glück« dar, die auf dieses Ereignis folgten, eine Formulierung, die sich laut offiziellem Kommentar von 1702 auf die Beseitigung von Mißständen, die Wiederbelebung der Künste und Wissenschaften und die Wiederherstellung des allgemeinen Wohlstands bezog. Die beiden anderen Medaillen fügen diesem Bild andere Details hinzu. Eine trägt die Inschrift »Die Unermüdlichkeit des Königs bei seinen Ratssitzungen«, ungeachtet, wie der Kommentar erklärt, vieler anderer Verpflichtungen und auch Krankheit. Die andere Inschrift lautet »Der leichte Zugang zum König« [FACILIS AD PRINCIPEM ADITUS].[8]

Man beachte die Ähnlichkeiten in der Formulierung zwischen diesen Inschriften und Kommentaren einerseits und den *Mémoires* und der *Gazette* andererseits. Die erste Medaille, ebenso wie die Memoiren, präsentiert die Alleinregierung als Wiederherstellung von Ordnung nach einer Zeit, in der »allenthalben die Unordnung herrschte« *[le désordre régnait partout]*.⁹ Die zweite Medaille verwendet, ebenso wie die *Gazette*, den Begriff »Ausdauer«. Die dritte Medaille weist, wie die *Mémoires*, darauf hin, daß der König für seine Untertanen immer zugänglich ist. Solche Bezüge zwischen verschiedenen Texten und verschiedenen Medien sind bei zeitgenössischen Darstellungen von Ludwig XIV. üblich und vermitteln den Eindruck, als habe es eine koordinierte Bemühung gegeben, den König von einer ganz bestimmten Seite vorzuführen. Chapelain bestätigt diesen Eindruck, wenn er den italienischen Schriftsteller Dati instruiert, in seine Lobrede einen Hinweis auf die Zugänglichkeit des Königs einzufügen.¹⁰

Rivalitäten

Die Ereignisse der frühen sechziger Jahre lassen vermuten, daß der junge König und seine Ratgeber entschlossen waren, die in- und ausländische Öffentlichkeit zu beeindrucken. Erreicht werden sollte dies mittels Diplomatie und Festlichkeiten, und über beides wurde in anderen Medien ausführlich berichtet.

An der diplomatischen Front signalisierten zwei Ereignisse – das eine in London, das andere in Rom – einen Wandel in der Politik. 1661 führte die Frage des Vorrangs zu einem Konflikt zwischen dem französischen und dem spanischen Botschafter in London, und es kam unter ihren Gefolgsleuten zu dem, was Samuel Pepys eine »Rauferei« nannte. Der Zwischenfall war mehr als ein unliebsamer Streit, durch den eine offizielle Zeremonie, nämlich der Empfang des schwedischen Botschafters am Hofe Karls II., gestört wurde. Ludwig XIV. unterstützte die Aktion seines Repräsentanten, und der spanische Botschafter in Frankreich mußte sich schließlich für den Vorfall entschuldigen.

Mit anderen Worten, der Vorfall war vermutlich geplant als eine symbolische Demonstration der Überlegenheit des französischen Monarchen über seinen spanischen Kollegen, Ludwigs Onkel und Schwiegervater, Philipp IV.[11] Diese Interpretation wird bekräftigt durch Ludwigs Antwort auf eine angebliche Beleidigung des französischen Botschafters in Rom seitens der korsischen Garde des Papstes im Jahre 1662. Nun war es am Papst, eine Entschuldigung vorzubringen, und zwar im Jahre 1664 durch seinen Repräsentanten, den Kardinal Chigi.

Beide diplomatischen Triumphe wurden im Bild dargestellt. Zwei der größten von Lebrun entworfenen Gobelins illustrieren die formellen Entschuldigungen des Papstes und des Königs von Spanien (Abb. 21). Dasselbe Thema behandelt Lebrun bei seiner Ausschmükkung der Grande Galerie, und zwar unter dem Titel *La prééminence de France reconnue par l'Espagne* bzw. *Réparation de l'attentat des Corses*. Die spanische Entschuldigung wurde auch – »*pour encourager les autres*« – an der großen Treppe in Versailles, den *Grands Escaliers des Ambassadeurs*, im Relief dargestellt. Spanien ist hier als Frauenfigur gezeigt, die »zum Zeichen der Schande dieser Nation« ihre Kleidung zerreißt *[déchirant ses vêtements, pour marquer le dépit de cette nation]*.[12] Der niederländische Gelehrte Heinsius verdiente sich mit einem lateinischen Epigramm auf die Affäre mit der korsischen Wache sein Ehrengehalt. Zur Erinnerung an beide Vorfälle wurden ferner Münzen geprägt, übrigens auch, ein Gedenken an ein Gedenken, zur Erinnerung an die Errichtung (und spätere Zerstörung) jener Pyramide, mit der in Rom dieses Ereignisses gedacht werden sollte.[13]

Auch die Einnahme von Dünkirchen – 1662 war die Stadt Karl II. abgekauft worden – wurde als großer Triumph gefeiert. Colbert ersuchte Chapelain, Charles Perrault zu bitten, darüber zu schreiben.[14] Lebrun malte ein Reiterbildnis des Königs mit der eroberten Stadt im Hintergrund.[15] Dünkirchen war auch das Thema des ersten von der Académie Royale de Peinture veranstalteten Malwettbewerbs.[16]

21. »Gobelins als Propaganda«. *Begegnung zwischen Philip IV. und Ludwig XIV.*. Aus der Gobelinserie »L'histoire du roi« von Charles Lebrun Wandteppich, um 1670. Sammlung Mobilier National, Paris; oben ein Detail

22. *Ludwig XIV. als römischer Kaiser* von Charles Perrault
Festiva ad capita, 1670
British Library, London

Pracht

Um Europa zu beeindrucken, bediente man sich noch einer anderen, weniger gewaltsamen Methode. Zeremoniell, Kunst und Architektur können als Instrumente der Selbstbehauptung angesehen werden, als Fortsetzung von Krieg und Diplomatie mit anderen Mitteln. Das Image des Königs als eines prächtigen Herrschers und großzügigen Kunstförderers wurde in der Regierungszeit Ludwigs XIV. nachdrücklich betont. Wie seine politische und militärische Rolle, wurde auch dieses Image mythologisiert. Ein Hofkünstler erklärte in einer Rede vor der Académie Royale de Peinture, Ludwig habe »den Großteil der berühmten Männer, die seine Herrschaft geschmückt haben, hervorgebracht oder ausgebildet« *[fait naître, ou formé, la plus grande partie des hommes illustres qui ont fait l'ornement de son règne].*[17]

Andere Ereignisse jener Zeit, die später auf Medaillen gefeiert wurden, waren die Gründung von Akademien und die Verleihung von Gratifikationen an Gelehrte.[18]

Im Jahre 1662 fand eines der großen Spektakel der Regierungszeit statt, das *carrousel* auf dem Platz gegenüber den Tuilerien. Aus dem *carrousel*, einem ursprünglich mittelalterlichen Ritterturnier, bei dem Ringelstechen und andere damals beliebte Geschicklichkeitswettbewerbe veranstaltet wurden, war in der Spätrenaissance eine Art Reiterballett geworden. Wenn Ludwig zu Pferd als »römischer Kaiser« erschien, so erinnerte das an seine Bühnenauftritte, nur war das Publikum bei dieser Veranstaltung viel größer. Die fünf Mannschaften waren als Römer, Perser, Türken, Inder und Indianer verkleidet. Jeder Teilnehmer hatte einen Schild mit eigenem Motto, wobei der König unter dem Zeichen der Sonne und der Devise »Ich sah und siegte« [UT VIDI VICI] antrat. Er hielt sich bei diesem Turnier gar nicht schlecht, und zum Gedenken an das Ereignis erschien ein prächtiger Folioband mit Kupferstichen nebst einem von Charles Perrault verfaßten Begleittext (Abb. 22). In Ludwigs Memoiren wurde die politische Bedeutung dieses Ereignisses hervorgehoben, des ersten wirklich prächtigen *Divertissements* seiner Regierungszeit.[19]

Das wichtigste künstlerische Projekt dieses Jahrzehnts war natürlich der Umbau des Louvre und des Schlosses zu Versailles. Der Louvre, ein aus dem Mittelalter stammendes Bauwerk, war bereits unter Franz I. im Renaissancestil umgebaut worden. Der Palast war für die Bedürfnisse eines barocken Hofes zu klein, und da ein Teil des Gebäudes im Jahre 1661 durch einen Brand zerstört worden war, wurde dem Wiederaufbau außerordentliche Priorität eingeräumt. Ein neuer Palast sollte gebaut werden, und man beschloß, sich von führenden französischen und italienischen Architekten Entwürfe vorlegen zu lassen: von Louis Le Vau, François Mansart, Claude Perrault, Carlo Rainaldi und Gianlorenzo Bernini, einem Künstler, der Kardinal Mazarin empfohlen worden war.[20]

Bernini wurde 1665 nach Frankreich eingeladen. Es wäre interessant zu wissen, ob die Einladung ausgesprochen wurde, weil Mazarin sich für sein Werk interessierte oder weil er Papst Alexander VII. noch weiter demütigen wollte, indem er ihm seinen größten Künstler abspenstig machte. Bernini wurde mit großen Ehren empfangen. Er gefiel dem König, geriet aber mit Colbert und Charles Perrault aneinander, die seine Entwürfe tadelten, und erhielt daher keinen Auftrag, auch wenn er eine berühmte Büste von Ludwig schuf.[21]

Colbert (bzw. sein Mann Perrault) erklärte in Memoranden, daß Berninis Projekt unpraktisch und für das französische Klima ungeeignet sei, daß Sicherheitsfragen nicht genügend bedacht worden seien, kurzum: es sei wenig mehr als eine Fassade und »hinsichtlich des Komforts des Königs so schlecht konzipiert« *[si mal conçu pour la commodité du Roi]*, daß es »trotz eines Aufwandes von zehn Millionen Livres immer noch so beengt zugehen würde wie zuvor«.²² Bernini seinerseits beklagte sich bitter darüber, daß die französische Regierung nur an »Aborte und Rohrleitungen« denke.

Genehmigt wurde schließlich der Entwurf einer kleinen Kommission, der Lebrun, Le Vau und Claude Perrault angehörten. Das Projekt wurde ausgeführt und mit einer Reihe von Medaillen gefeiert.²³ Allerdings verbrachte der König relativ wenig Zeit in diesem Palast. Statt dessen wurde der Louvre zum Hauptquartier der Imageproduzenten, da einige führende Künstler dort eine Wohnung nebst Atelier zugewiesen bekamen, so Girardon, der 1667 dort einzog. Auch die Académie Française erhielt Räumlichkeiten im Louvre, was ebenfalls mit einer Medaille gebührend gefeiert wurde.²⁴ Die Korrespondenz zwischen dem König und Colbert zu diesem Thema ist faszinierend. Colbert wies darauf hin, daß der Louvre zwar »würdiger« für die Akademie, aber »geeigneter« *[plus commode]* für die königliche Bibliothek sei. Wie im Falle des Bernini-Entwurfs stellte er praktische Überlegungen in den Vordergrund. Ludwig entschied sich jedoch für den Louvre, trotz der möglichen Nachteile für die Gelehrten.²⁵

Mittlerweile hatte der König sein Augenmerk auf Versailles gelenkt, damals noch ein kleines *château*, das 1624 für Ludwig XIII. gebaut worden war. Bald nach dem Beginn seiner Alleinregierung beauftragte Ludwig den Architekten Le Vau, das Schloß zu erweitern, und Le Nôtre, einen Park anzulegen. Colbert protestierte und beklagte sich über die Geldverschwendung für »dieses Haus« [*cette maison*, im Gegensatz zum *palais* des Louvre], da es »mehr für das Vergnügen und die Zerstreuung Eurer Majestät da ist als für Euren Ruhm« *[regarde bien plus le plaisir et le divertissement de Votre Majesté que sa gloire]*.²⁶

In den Ohren der Nachgeborenen, für die der Ruhm des Sonnenkönigs so eng mit Versailles verknüpft ist, haben diese Worte einen merkwürdigen Klang. Sollten wir dem jungen Monarchen womöglich mehr politisches Bewußtsein oder einen ausgeprägteren Sinn für Publicity zuschreiben als seinem Minister? Vermutlich hat Ludwig aber zu diesem Zeitpunkt tatsächlich mehr an sein Vergnügen gedacht, an einen Ort, wo er Feste feiern oder sich in relativ intimer Umgebung mit Mademoiselle de La Vallière treffen konnte, und vermutlich wußte er so wenig wie Colbert, was in den zweiundvierzig Jahren ständigen Bauens und Umbauens aus Versailles werden sollte.[27]

Dieser berühmte Konflikt zwischen dem jungen König und dem älteren Minister wirft eine zentrale Frage auf. Wer traf die Entscheidungen? Hinsichtlich des Louvre war es Colbert, der sich durchsetzte. Der König genehmigte persönlich den endgültigen Entwurf, den er unter den von der Kommission vorgeschlagenen Alternativen ausgewählt hatte.[28] Wir wissen aber, daß er von Berninis zweitem Projekt sehr beeindruckt war.[29] Colbert scheint es ihm ausgeredet zu haben. Bernini war sich dieses Problems bewußt – er bemerkte einmal, daß er, wenn er in Frankreich geblieben wäre, »den König ersucht hätte, sich in bezug auf die Bauwerke direkt an Seine Majestät wenden zu dürfen« *[il aurait demandé au Roi de n'avoir à traiter de ses bâtiments qu'avec Sa Majesté même].*[30] Pracht war für Ludwig eben wichtiger als Komfort.

Wenn Colbert den Streit um den Louvre gewann, so war es Ludwig, der im Fall Versailles die Oberhand behielt. Was Musik, Tanz und Schauspiel anging, war der Geschmack des Königs ausschlaggebend. Ludwig nahm in den sechziger Jahren weiterhin an Hofballetten teil, bei denen er als Alexander der Große, Perserkönig Cyrus und Ritter Roger auftrat. Die Gründung einer Tanzakademie im Jahre 1661 entsprach seinem persönlichen Interesse ebenso wie die Ernennung von Jean-Baptiste Lully im gleichen Jahr zum Oberintendanten der königlichen Kammermusik *[surintendant de la musique de chambre du roi]*. Die Organisation von höfischen Festen lag in den Händen eines Adligen, der sich höchster königlicher Gunst erfreute, des Herzogs von Saint-Aignan, doch es ist bekannt, daß Ludwig persönlichen Anteil an diesen Aufführungen nahm.

Er war es, der den Stoff für die *Plaisirs de l'Île Enchantée* (1664) und später auch für Quinaults *Amadis* aussuchte.[31] Molière zufolge hat Ludwig seinem Stück *Les fâcheux* (1661) eine Figur hinzugefügt und sich die Handlung von *Les amants magnifiques* (1670) ausgedacht.

Der König scheint sich in dieser Zeit weder für seine Bibliothek noch für seine Statuensammlung sonderlich interessiert zu haben. Diese Formen der Prachtentfaltung waren Bestandteil seiner offiziellen Person.[32] Sein Interesse galt jedoch der Malerei, jedenfalls bestimmten Genres wie etwa Schlachtengemälden. Im Jahre 1669 erwies er dem flämischen Schlachtenmaler Adam-Frans Van de Meulen eine große Ehre, indem er dessen Sohn am Taufbecken hielt.

Wir wissen, daß Ludwig an Lebruns Gemälde von Alexander dem Großen viel Gefallen fand. Ob Racine nun Lebrun inspirierte oder Lebrun Racine, die Tatsache, daß beide Künstler sich für Alexander entschieden – nicht zu erwähnen Benserades Ballett über dasselbe Thema (1665) –, war eine Reverenz an einen jungen Eroberer, der sich mit einem anderen identifizierte.[33]

VI. KAPITEL
Die Jahre des Triumphes

»Voilà comme la Victoire et la Gloire prennent plaisir
d'ammasser leur Couronnes sur la Tête d'un Monarque si magnanime.«

*[So gefällt es den Sieges- und Ruhmesgöttern, ihre Kronen
auf das Haupt eines überaus großmütigen Monarchen zu türmen.]*

GAZETTE, *1672*

23. *Ludovicus Magnus*
Medaille von Jean Warin, 1671
Cabinet des Médailles, Bibliothèque Nationale, Paris

Der Devolutionskrieg

Nach der diplomatischen Offensive der Jahre 1662–64 war zu erwarten, daß Ludwig den Königsweg zum Ruhm einschlagen, also einen siegreichen Feldzug gegen eine ausländische Macht führen würde. Seine ersten Kriege – der Devolutionskrieg von 1667/68 und, zumindest in seiner Anfangsphase, der Holländische Krieg in den Jahren 1672–78 – verliefen denn auch durchaus erfolgreich. Das folgende Kapitel wird sich mit dem Bild des Kriegshelden dieser Jahre beschäftigen und sich vor allem auf ein berühmtes Ereignis konzentrieren: die Invasion der Niederlande 1672 und speziell den Rheinübergang der königlichen Armeen.

Der Devolutionskrieg

Mit dem Devolutionskrieg sollte, nach dem Tod Philipps IV. im Jahre 1665, Ludwigs Anspruch (abgeleitet aus seiner Ehe mit Maria Theresa) auf die spanischen Niederlande durchgesetzt werden. Der Boden dafür wurde durch Flugschriften bereitet, die ein positives Image von Ludwig als einem Herrscher zeichneten, der nichts anderes wolle, als was ihm rechtmäßig zustehe. Herman Conring, Professor der Rechte an der Universität Helmstedt, einer jener ausländischen Gelehrten, die eine regelmäßige Gratifikation bezogen, erklärte sich bereit, ein Gutachten zugunsten des Königs zu schreiben.[1] Die königliche Presse publizierte ein anonymes französisches Traktat über »die Rechte der allerchristlichsten Königin auf verschiedene Staaten der spanischen Monarchie«. Diese Schrift wurde von einer unter Bourzeis (einem Mitglied der *Petite académie*) arbeitenden Gruppe verfaßt, von Chapelain und Charles Perrault bearbeitet und sofort ins Lateinische, Spanische und Deutsche übersetzt.[2]

Auch Charles Sorel und Antoine Aubéry unterstützten die Ansprüche des Königs. Der Hofhistoriker (und ehemalige Kanzleischreiber) Sorel veröffentlichte Abhandlungen über die Rechte der französischen Könige, während Aubéry, ein Advokat im *Parlement* von Paris, eine Schrift mit dem Titel *Des justes prétentions du roi sur l'Empire* [Die gerechten Ansprüche des Königs auf das Reich] veröffentlichte. Dies löste einen Protest deutscher Fürsten aus, und obwohl man sich von

24. »Ludwig im Krieg«. *Die Belagerung von Douai im Jahre 1667*
von Adam-Frans van de Meulen, Kupferstich, um 1672
Militärische Sammlung Anne S. K. Brown,
Brown University Library, Providence, R. I.

dem Pamphlet distanzierte und seinen Verfasser in die Bastille warf, ist anzunehmen, daß es auf eine offizielle Anregung zurückging.³

Auf die Argumente der Flugschriften folgte innerhalb weniger Wochen der Einfall einer französischen Armee in die spanischen Niederlande. Bei diesem Feldzug spielte der König eine herausragende Rolle. Traditionsgemäß befehligte Ludwig seine Truppen persönlich. Doch im Gegensatz zur Tradition ließ er sich von seinem Hof, einschließlich der Königin und zweier Mätressen, der Herzogin de la Vallière und der Marquise de Montespan, ins Feld begleiten.

Mit dabei waren auch zwei Künstler, vermutlich um die *histoire du roi* anschaulicher darstellen zu können. Der eine war Charles Lebrun und der andere Adam-Frans van de Meulen, der sich auf Schlachtbilder spezialisiert hatte und kurz zuvor zum Hofmaler ernannt worden war. Van de Meulen war Flame und mußte nun an der Invasion seiner Heimat teilnehmen.

Die bedeutenderen militärischen Ereignisse dieses Krieges, wie sie auf Gemälden dieser beiden Künstler dargestellt wurden, aber auch

Der Devolutionskrieg

25. »Ludwig der Eroberer«
Die Einnahme der Franche-Comté, Kupferstich von Charles Simonneau
Um 1680, nach Charles Lebrun. British Library, London

auf Stichen, Gobelins und Medaillen, in Gedichten und den zeitgenössischen Chroniken der Regierungszeit, waren die Belagerung von Douai (Abb. 24), Lille, Oudenarde und Tournai sowie die siegreiche Schlacht bei Brügge und die Einnahme der Franche-Comté (Abb. 25). Als 1668 der Friede von Aachen geschlossen wurde, fiel die Franche-Comté an Spanien zurück, während Lille an Frankreich ging. Die Beendigung des Krieges wurde in Versailles mit einem Fest gefeiert, an dem Le Vau, Vigarani, Lully und Molière mitwirkten, und der französische Botschafter in Mainz veranstaltete ein Schauspiel mit dem Titel »Der jüngst geschlossene Friede« *[Pax nuperrime factum]*.[4]

Zum Gedenken an diesen Krieg wurden aber auch bleibende Zeugnisse geschaffen. Die Königliche Akademie der Bildenden Künste rief einen Wettbewerb zum Thema »Ludwig verleiht Europa Frieden« aus. Van de Meulen revanchierte sich dafür, daß er Ludwig nach Flandern hatte begleiten dürfen, mit Darstellungen des Königs in Oudenarde, Arras, Lille und Dôle. Von allen vier Gemälden wurden auch Stiche angefertigt, um sie einer größeren Öffentlichkeit zugänglich zu machen, und Chapelain schrieb einen Begleittext dazu.[5] Lebrun wählte für seine Gobelinserie zu Ereignissen der Regierungszeit nicht weniger als fünf Begebenheiten dieses Krieges aus – die Belagerungen von Douai (hier steht der König im Schützengraben und wird nur recht knapp von einer Kanonenkugel verfehlt) und Tournai (hier sieht man Ludwig den Kopf über die Brüstung halten), die Eroberungen von Lille und Dôle sowie die Schlacht bei Brügge.[6]

In der späteren Regierungszeit erschienen Gedenkmedaillen jeweils zum Krieg, zum Friedensschluß, zur Eroberung der Franche-Comté, ihrer Rückgabe an Spanien und zur Einnahme von sieben Städten: Tournai, Douai, Courtrai, Oudenarde, Lille, Besançon und Dôle. Die Medaille auf die Belagerung von Douai zeigte, ebenso wie der Gobelin zum gleichen Thema, Ludwig im Schützengraben und trug eine Inschrift, die auf seine Rolle im Feldzug hinwies, REX DUX ET MILES, der König als Heerführer und Soldat.[7]

Bemerkenswert ist, daß der König so präsentiert wird, als habe er allein die Befehle gegeben. Wir dürfen vermuten, daß Turenne, ein fähiger und erfahrener General, der tatsächliche Befehlshaber war, doch offiziell hieß es nur, er habe die Anordnungen des Königs ausgeführt. In einem privaten Brief bezeichnet Chapelain Condé als »das Hauptinstrument« der Eroberung, öffentlich pries er in einem Gedicht aber den König als den Eroberer der Franche-Comté.[8] Bei Darstellungen späterer Siege wurde ähnlich verfahren. Diese Methode kann man genausogut mit den Konventionen des Herrscherlobs erklären wie mit dem notorischen Unwillen des Königs, seinen Ruhm mit anderen zu teilen.

Im Anschluß an diese militärischen Erfolge ging man dazu über, den König als »Ludwig den Großen« *[Louis le Grand, Ludovicus Magnus]* zu bezeichnen. Erstmals ist dieses Attribut wohl auf einer Medaille erschienen, die 1671 von der Stadt Paris zu Ehren des Königs geprägt wurde (Abb. 23).[9] Das Beispiel wurde auf Medaillen und auf den

Triumphbögen, die zu jener Zeit in Paris errichtet wurden, bald nachgeahmt. Charles Perrault erinnerte sich in seinen Memoiren, daß »M. Colbert nach den Eroberungen von Flandern und der Franche-Comté vorschlug, zu Ehren des Königs einen Triumphbogen zu errichten«.[10] Perraults Bruder Claude legte einen Entwurf vor, und im Jahre 1670 genehmigte der König die Maquette.

Mit dem Bau des Monuments auf der Place du Trône wurde zwar begonnen, doch wurde es nie fertig. Colbert setzte es mit dem neuen Observatorium (eröffnet 1671) in Beziehung, als sei auch dies ein Denkmal zu Ehren des Königs: »Triumphbogen für die Eroberungen der Erde. Observatorium für den Himmel.«[11] 1668, also etwa um diese Zeit, beschloß der König, sich von Le Vau in Versailles ein neues Schloß bauen zu lassen. Wie der Triumphbogen, so sollte auch die von Le Vau entworfene große Treppe von Versailles ein Bauwerk sein, »das geeignet ist, diesen großen Monarchen bei der Rückkehr von seinen glorreichen Eroberungen zu empfangen«.[12]

Dichter und Historiker trugen ebenfalls zur Verherrlichung des Königs bei. So schrieb Chapelain z. B. Sonette über die Invasion von Flandern, die Eroberung der Franche-Comté und die Belagerung von Maastricht.[13] Ein gewisser P. D. verfaßte einen chronologischen Bericht über den »Königlichen Feldzug« einschließlich Gedichten, einer Rechtfertigung des französischen Anspruchs auf die Niederlande und Hinweisen auf die »wunderbare Klugheit« des Königs, »welche die der größten Staatsmänner vergangener Jahrhunderte übertrifft«.[14] Der 73jährige Jean Desmarets, der seine besten Jahre damit verbracht hatte, Ludwig XIII. und Richelieu zu preisen, widmete dem Franche-Comté-Feldzug ein Gedicht. Molière schrieb ein Sonett über dasselbe Thema, während Corneille den König »bei seiner Rückkehr aus Flandern« als »großen Eroberer« und »überhäuft mit Lorbeerkränzen« bezeichnete, dessen »großartige Taten« und »erhabenen Stolz« *[auguste fierté]* lobte und von der Schnelligkeit der königlichen Eroberungen sprach, die dem Dichter keine Zeit lasse, sie zu beschreiben.[15] Corneille übersetzte auch ein lateinisches Gedicht des Jesuiten Charles de la Rue, der die Siege von 1667 pries und die Rolle des Königs in diesem Feldzug mit der des heiligen Ludwig bei den Kreuzzügen verglich und ebenfalls seinen Besuch in den Schützengräben erwähnte.[16]

Der Holländische Krieg

Während des Devolutionskrieges ließ sich Ludwig von Künstlern ins Feld begleiten, im Holländischen Krieg von Geschichtsschreibern. Pellisson war 1677 in seiner Eigenschaft als Hofhistoriker in Flandern, während 1678 sein Platz von Boileau und Racine eingenommen wurde. Man könnte annehmen, daß Maler und Schriftsteller zur Verherrlichung des Devolutionskrieges sämtliche Register gezogen hätten und nun über den Holländischen Krieg 1672–78 nichts mehr zu sagen hatten. In der Tat bestehen zahlreiche Parallelen in der Darstellung dieses zweiten Krieges – einschließlich der zweiten Eroberung der Franche-Comté – und des ersten, selbst wenn man stereotype Formeln von Genres wie Ode oder Schlachtgemälde außer acht läßt. Mindestens eine Episode aber, nämlich die Überquerung des Rheins im Jahre 1672, gab sowohl Dichtern als auch Malern die Chance, sich etwas Neues einfallen zu lassen, eine Gelegenheit, die sie sich nicht entgehen ließen.

Einer von Chapelains letzten Beiträgen zur Verherrlichung des Königs bestand darin, die offizielle Interpretation des Krieges verbreiten zu helfen. In einem Brief an Herman Conring betonte er, daß der König nur deswegen Krieg gegen die Holländer geführt habe, weil er an ihrer Undankbarkeit ein Exempel habe statuieren wollen. In einem Sonett, das er an Colbert schickte, ließ er die personifizierte Republik über ihren »Stolz«, ihre »Überheblichkeit« und »Treulosigkeit« klagen. Er entdeckte auch einen gewissen Frischmann, der ein lateinisches Gedicht über den Krieg verfaßt hatte, und empfahl ihn Colbert, da es »vorteilhaft für Seine Majestät« sei, wenn seine Siege und die Gerechtigkeit seiner Sache von einem deutschen Schriftsteller gefeiert würden.[17]

Eine kurze Schilderung der offiziellen Version des Kriegsanlasses finden wir bei Racine, der 1677 zusammen mit Boileau zum königlichen Geschichtsschreiber ernannt worden war. Dieses Amt war, vor allem in Kriegszeiten, keine Sinekure, und einige Jahre lang wandte sich Racine von der Bühne ab, um eine »historische Verherrlichung« des Königs und eine Darstellung seiner Eroberungen zwischen 1672 und 1678 zu verfassen.[18] Racine zufolge hatte Ludwig sich bereits als

»ebenso großer Heerführer wie großer Staatsmann erwiesen« und brauchte daher keine weiteren Kriege mehr zu führen. »Verehrt von seinen Untertanen, gefürchtet von seinen Feinden, bewundert von der ganzen Welt, schien er sich nur noch in Frieden seines wohlbegründeten Ruhmes erfreuen zu wollen, als Holland ihm neuen Anlaß bot, sich hervorzutun, und den Weg bereitete für Taten, die den Menschen unvergeßlich bleiben werden.«[19]

Es war die »Überheblichkeit« der Holländer, die den König provozierte (auch Corneille bezeichnete die Holländer in einem Gedicht von 1672 als »cet insolent Batave«). Die Republik verband sich, laut Racine, mit den Feinden Frankreichs, unterdrückte die Katholiken, war eine Konkurrenz für die französischen Kaufleute und brüstete sich damit, aus eigener Kraft den Eroberungen des Königs eine Grenze gesetzt zu haben. Ludwig beschloß, die Holländer zu »bestrafen«. Er führte seine Truppen höchstpersönlich an und verzichtete auf höfische Vergnügungen, um sich statt dessen den Gefahren und Strapazen des Krieges auszusetzen. An einem einzigen Tag wurden vier Festungen eingenommen (Rheinberg, Wesel, Büderich und Orsoy) – ein Ereignis, das mit einer Medaille gefeiert wurde, auf der eine Victoria mit vier Lorbeerkränzen statt des üblichen einen zu sehen ist. Der französische Vormarsch wurde als »unablässiger Triumph« dargestellt, dessen berühmteste Episode der Übergang über den Rhein war.

Natürlich berichtete auch die Presse über diesen Triumph. Die *Gazette* widmete der »glorreichen Tat« dieses »wunderbaren Monarchen« eine Sonderausgabe, die sich eher panegyrischer Wendungen bediente als der gewohnt lakonischen Sprache – der König habe »sich nicht geschont«, gleich dem »geringsten Offizier oder Soldat seiner Truppen«, und seiner Aufmerksamkeit sei nichts entgangen. Als würde ein Gemälde oder eine Statue des Königs beschrieben, hieß es dann: »Man sehe nur, welches Gefallen Victoria und Gloria daran finden, ihre Kronen auf das Haupt eines so großherzigen Monarchen zu setzen.«[20]

Die immerhin schon bekannte »berühmte Überquerung des Rheins« wurde in der *Gazette* als eine Leistung dargestellt, an die selbst Cäsar nicht herangekommen sei, da er sich einer Brücke bedient habe, während Ludwig, »in der Überwindung von Schwierigkeiten fähiger als sämtliche Cäsaren«, die Hindernisse, die seinem Vormarsch im Wege standen, ohne mechanische Hilfsmittel überwand. Die französischen Soldaten schwammen einfach über den Fluß. Eine zweite Sonderausgabe der *Gazette* war den Festlichkeiten gewidmet, die nach der Rückkehr des Königs stattfanden, dem *Te Deum* in Notre-Dame und dem Feuerwerk in den Tuilerien, mit »Lichtbildern« von Apoll, Victoria, Holland, »unterjocht« und in der Hand der Gerechtigkeit – zum Zeichen dessen, daß das Ziel aller königlichen Unternehmen einzig Gerechtigkeit sei.[21]

Die Dichter – Corneille, Boileau, Fléchier, Furetière, Genest u. a. – beeilten sich, diese Taten in Verse zu bringen. Corneille wies darauf hin, daß spanische Feldherren wie Alba und Farnese nicht imstande gewesen seien, die Holländer über den Rhein hinweg zu verfolgen, und legte Ludwig eine Rede in den Mund, in der es hieß, daß die großen Taten der Römer überboten werden müßten. Er erwähnte namentlich eine Reihe von Schwimmern, machte dem König aber klar, daß deren Furchtlosigkeit »einfach das Resultat Eurer Anwesenheit« war.[22] Anschaulich wird beschrieben, wie sehr die Heldentat des Königs den Fluß »erschreckt« habe. In Boileaus *Vierter Epistel* und Charles-Claude Genests Ode über dasselbe Thema wird das Zittern des Flußgottes ebenfalls beschrieben.[23]

Nach den Dichtern waren die Künstler an der Reihe. Die Königliche Akademie der Bildenden Künste wählte den Rheinübergang zum Thema des Wettbewerbs von 1672.[24] Die in den siebziger und achtziger Jahren ausgeführten Dekorationen von Versailles, das gerade zum »Sonnenschloß« umgebaut wurde, enthielten zahlreiche Hinweise auf die Heldentaten des Königs.[25] Zur berühmten *Escalier des Ambassadeurs* gehörte auch ein Flachrelief, »auf dem der König dargestellt wird, wie er den Befehl zum Angriff gegen seine Feinde erteilt. In der Luft fliegt *La Valeur Guerrière* [Die Tapferkeit im Krieg], und der Rhein, in Gestalt eines alten Mannes, macht eine erschrockene Gebärde.«[26]

Für die Grande Galerie zu Versailles schuf Lebrun in den achtziger Jahren neun Darstellungen aus dem Holländischen Krieg, darunter auch eine Szene, in der Ludwig, einen Blitz in der Hand haltend, in einem römischen Streitwagen fährt und von Minerva, Herkules sowie

26. *Der Übergang über den Rhein im Jahre 1672*
von Charles Lebrun, Deckengemälde, um 1678–86
Château de Versailles

Gloria und Victoria über den Rhein begleitet wird (Abb. 26). Auch bei Lebrun, wie in den Gedichten von Corneille und Boileau, war der Flußgott »von Entsetzen gepackt«.²⁷ Eine bekannte zeitgenössische Beschreibung der Dekoration von Versailles lenkt die Aufmerksamkeit weniger auf die Gemälde als auf die Flußüberquerung selbst (»eine so kühne Tat, so überraschend und unvergeßlich, daß vergangene Jahrhunderte dergleichen nie gesehen haben«) und auf die »Furchtlosigkeit« Ludwigs und »die Größe seines Mutes«.²⁸

Lebruns Werke sind nur die berühmtesten unter zahlreichen zeitgenössischen Darstellungen des Rheinübergangs. Der Bildhauer Michel Anguier behandelte das Thema auf allegorische Weise, wobei Holland als Frauengestalt vorgeführt wird, die auf einem »ängstlich aussehenden« Löwen saß.²⁹ Der Maler Joseph Parrocel schuf eine Darstellung der Szene für die Galerie in Marly, »die dem König so

27. *Der Übergang über den Rhein*
von Adam-Frans van de Meulen, Öl auf Leinwand, um 1672
Musée des Beaux-Arts, Caen

sehr gefiel, daß er das Werk im Sitzungssaal zu Versailles aufhängen ließ«.[30] Auch van de Meulen malte das denkwürdige Geschehen (Abb. 27). Der Ereignisse von 1672 wurde ferner in einer Medaillenserie gedacht, die die Niederlage der Holländer, den Fall ihrer Städte und nicht zuletzt den Übergang über den Rhein zum Thema hatte. Die Hofkünstler müssen es leid gewesen sein, immer wieder geflügelte Victoria-Figuren darzustellen.[31]

Der triumphierende Ton wurde in den offiziellen Darstellungen der späteren Kriegsjahre beibehalten, besonders von der Einnahme der Festung Maastricht innerhalb von dreizehn Tagen (1673) und der zweiten Eroberung der Franche-Comté (1674). Pierre Mignard schuf ein berühmtes Reiterbildnis von Ludwig mit der eroberten Festung im Hintergrund (Abb. 28), während Desmarets eine Ode schrieb, in der es hieß, daß Ludwig nicht nur Farnese und den Prinzen von Oranien übertroffen habe, sondern auch Pompejus und Alexander. Der alte Desmarets und Antoine Furetière – bekannter für seinen Roman und sein Wörterbuch – priesen auch die zweite Eroberung der Franche-Comté in Gedichtform.[32]

Der Holländische Krieg

28. »Der siegreiche Ludwig«
Ludwig bei Maastricht von Pierre Mignard
Öl auf Leinwand, 1673. Pinacoteca, Turin

Zur Feier dieser Eroberung fand im Juli und August 1674, also nach der Rückkehr des Königs, in Versailles ein grandioses Fest statt. Am fünften Tag dieses Festes wurden die Siege des Königs durch Trophäen repräsentiert, durch ein goldenes Basrelief des Rheinübergangs und eine »rätselhafte« Dekoration, d. h. ein Bildrätsel, in dem Herkules erschien (der die »Unbesiegbarkeit und Erhabenheit der Taten Seiner *Majestät*« symbolisierte), Minerva (Symbol der Weisheit des Königs), ein Drachen (Symbol des Neids) und natürlich eine Sonne nebst einem Obelisken als Sinnbild von Ludwigs Ruhm.[33]

Bleibenden Ausdruck fanden die Feierlichkeiten auch auf dem Triumphbogen an der Pariser Porte St. Martin (Abb. 29), der die noch heute sichtbare Inschrift »Für Ludwig den Großen« [LUDOVICO MAGNO] erhielt und mit Reliefs geschmückt wurde, auf denen der König, eine Lorbeerkrone tragend, die Huldigungen entgegennahm (Abb. 30). Dies war übrigens der fünfte Triumphbogen in Serie. Das Ehrentor auf der Place du Trône war offenbar der erste Triumphbogen, der seit der Römerzeit in bleibender Form errichtet worden war, ihm folgten aber in rascher Folge Bögen, die die alten Stadttore von St. Antoine, St. Denis, St. Bernard und St. Martin ersetzten.[34]

In diesem Chor der Lobeshymnen finden sich mitunter vorsichtige Empfehlungen an die Adresse des Königs, daß er weit genug gegangen und es an der Zeit sei, die Erde zur Ruhe kommen zu lassen *[Laisse-là tes vertus de guerre / Mets en repos toute la Terre].*[35] Trotzdem ging der Krieg weiter. Die Feldzüge von 1676 und 1677 wurden verewigt mit Medaillen auf den Entsatz von Maastricht, auf die Einnahme von Valenciennes, Cambrai und St. Omer sowie die siegreiche Schlacht bei Cassel, und gefeiert in Gedichten von Paul Tallemant, Boileau und abermals Corneille (»Ludwig muß nur erscheinen, und schon stürzen ihre Mauern ein«).[36] Die Feiern erreichten ihren Höhepunkt im Jahre 1678, als fünfmal das *Te Deum* gesungen wurde, nämlich für die Einnahme von Ypern, Puigcerdà und besonders von Gent (nach nur sechs Tagen) sowie für den Frieden von Nimwegen.

Wie immer es bei dem kurzen Devolutionskrieg gewesen sein mag, im Falle des Holländischen Krieges ließen sich gewisse Diskrepanzen zwischen den offiziellen Berichten und der tatsächlichen militärischen Lage kaum noch verbergen. 1672, zehn Tage nach der Rheinüber-

Der Holländische Krieg

29. *Arc de triomphe, Porte St. Martin*
Kupferstich von Adam Perelle, um 1674
British Library, London

30. *Ludwig nimmt die Huldigungen entgegen*
Relief am Triumphbogen an der Porte St. Martin, 1674

31. »Der Eroberer ruht«
Ludwig ruht nach dem Frieden von Nimwegen von Noël Coypel
Öl auf Leinwand, 1681. Musée Fabre, Montpellier

schreitung, öffneten die Holländer ihre Deiche und setzten das Land unter Wasser, so daß die französischen Truppen nicht weiter operieren konnten. Ludwig mußte nach Frankreich zurückkehren, ohne einen entscheidenden Sieg errungen zu haben. Auf die Einnahme von Maastricht 1673 folgte der Rückzug der Franzosen aus der holländischen Republik.[37] Die Verlagerung des Kriegsschauplatzes in die Franche-Comté 1674 war ein Eingeständnis der Stärke des holländischen Widerstandes. Das galt auch für den Kompromiß, der 1678 bei den Friedensverhandlungen von Nimwegen gefunden wurde, befördert durch den Umstand, daß Engländer und Spanier sich mit den Holländern zur Tripelallianz zusammengeschlossen hatten.

In den offiziellen Berichten existierten Schwierigkeiten freilich nur, um von Ludwig überwunden zu werden. In einem der seltenen (und vielleicht taktlosen) Hinweise auf das Überfluten der holländischen Republik schreibt Desmarets, daß weniger der Feind als vielmehr der König »Deiche und Dämme« gebrochen habe *[comme un fleuve enflé par les eaux des hyvers / Louis domte ses bords, rompt digues et barrières]*.³⁸

Corneille porträtierte den König so, als habe er den Holländern den Frieden diktiert und nicht einen Kompromiß akzeptiert. »Kaum hast Du gesprochen, folgt schon Frieden, wodurch das gesamte Universum von Deiner Allmacht überzeugt wird« *[À peine parles-tu, que son obéissance / Convainc tout l'Univers de ta toute-puissance]*.³⁹ So wurde 1679 der Frieden gefeiert – in Gedichten im *Mercure Galant*, in einer Ballettaufführung in der Gobelinmanufaktur, auf Festen in Toulouse und so weiter. Nicht von der Schwäche des Königs war die Rede, sondern von seiner Stärke, seiner »Mäßigung«, seiner »Güte«, Europa »Ruhe« geschenkt zu haben.⁴⁰ (Abb. 31)

Nur Corneilles verächtliche Worte für die Tripelallianz als einer »Verschwörung« oder »Meuterei« – als ob die drei Mächte Untertanen des französischen Königs wären – verraten, daß er sich der Lage bewußt ist.⁴¹ Gleiches gilt für das immer wiederkehrende Bild vom König, der den dreiköpfigen Zerberus zermalmt. Das Problem der Diskrepanzen zwischen der offiziellen Triumphrhetorik und der Realität der französischen Rückzüge sollte in späteren Jahren der Regierungszeit noch sehr viel akuter werden.

VII. KAPITEL

Das System wird umgebaut

»Venez voir desarmé ce modèle des Rois,
Peuples qu'il a vaincus sur la Terre et sur l'Onde,
Vous tous que son seul nom fit trembler tant de fois,
Quand son bras lui promet la conquête du Monde.«

[Kommt, seht ihn waffenlos, dies Vorbild aller Könige,
Ihr Völker, die zu Wasser und zu Lande er besiegt',
Ihr alle, die allein sein Name schon erheben ließ,
Während sein Arm ihm die Eroberung der ganzen Welt verspricht.]

LE CLERC,
Madrigal für die Statue auf
der Place des Victoires

32. »Das Bild des Imageproduzenten«. *Bildnis Charles Lebruns*
von Nicolas de Largillière, 1686. Louvre, Paris
Lebrun weist auf das Gemälde, das Abb. 25 zugrundeliegt.

DAS SYSTEM WIRD UMGEBAUT

Der Friede von Nimwegen wurde am 29. September 1678 in Paris auf elf verschiedenen Plätzen unter Pauken- und Trompetenklang festlich verkündet und anschließend in Stadt und Land mit Böllern, Feuerwerk und dem *Te Deum* gefeiert.[1] Ihm folgten denn auch zehn relativ friedliche Jahre, in denen Ludwig sich auf seinen Lorbeeren ausruhen und die Huldigungen seiner Untertanen entgegennehmen konnte. Es dürfte nicht ganz leicht gewesen sein, sich Formen des Herrscherlobs einfallen zu lassen, die noch nicht erprobt worden waren, doch die Idee, Orte zu Ehren des Königs nach ihm zu benennen, war bemerkenswert. Die in den achtziger Jahren erbaute saarländische Festung nannte man zur Verewigung seines Namens »Saarlouis« – die Stadt heißt noch immer so, auch wenn sie heute zu Deutschland gehört –[2], und im Jahre 1682 gab der Cavalier de la Salle einem Teil des nordamerikanischen Kontinents den Namen »Louisiana«.

Zehn Jahre Frieden, das bedeutete auch, daß mehr Geld für die Künste ausgegeben werden konnte. In dieser Dekade wurde Versailles von Jules Hardouin-Mansart umgebaut und von Lebrun und dessen Mitarbeitern neu ausgeschmückt. Das Schloß wurde umgestaltet, da seine Funktion sich änderte. 1682 zog der Hof mitsamt der zentralen Verwaltung offiziell nach Versailles um. Ludwig verbrachte weiterhin einen Teil seiner Zeit in den anderen Schlössern wie Fontainebleau und Chambord, wurde aber nach dem Tod seiner Gemahlin im Jahre 1683 und seiner heimlichen Heirat mit Madame de Maintenon etwas seßhafter. Nach dem Tod der Königin wurde die Teilung des Schlosses in zwei Staatsappartements aufgehoben, und man verlegte die Gemächer des Königs in die Mitte.[3]

Es ist dieses Versailles, wie es in der späten Regierungszeit umgestaltet wurde, das sich der Nachwelt am stärksten eingeprägt hat – dank Saint-Simons berühmten Memoiren mit ihren Beschreibungen des Königs, des Hofs und dessen, was er »Maschine« nennt.

1683 starb nicht nur die Königin, sondern auch Colbert, der am meisten für jene »Maschine« zur Verherrlichung Ludwigs XIV. getan hat, die in Kapitel 4 diskutiert wurde. Unter Colberts Nachfolger Louvois wurde auch dieses System umgebaut.

Das Schloß

Jules Hardouin-Mansart, der 1675 zum Hofarchitekten ernannt worden war, erfreute sich höchster Gunst und war Ludwigs ständiger Begleiter.[4] Für den Umbau von Versailles, einschließlich *Grande Galerie*, *Salons de Guerre et Paix* und *Escalier des Ambassadeurs*, war vor allem er verantwortlich. Die von Lebrun und dessen Assistenten besorgte Ausschmückung war die wohl denkwürdigste Version der *histoire du roi* (Abb. 32). Beschreibungen dieser Werke im *Mercure Galant* sorgten dafür, daß diese Präsentation von Ludwigs Regentschaft ein weiteres Publikum erreichte als nur die Höflinge. Das galt auch für die Bücher zu dem Thema, die von François Charpentier (Angehöriger der Petite Académie), von Pierre Rainssant (Archivar der königlichen Medaillensammlung) und später von Jean-François Félibien (Sohn des Historikers der königlichen Bauten) veröffentlicht wurden.[5]

Ursprünglich war für die Grande Galerie ein mythologisches Programm vorgesehen gewesen, nämlich eine Darstellung von Leben und Taten des Herkules. Daß die Entscheidung von 1678, statt dieses Programms die Geschichte der königlichen Taten zu präsentieren, im Conseil Secret, d. h. auf hoher politischer Ebene, getroffen wurde, ist gewiß bezeichnend.[6] Auf neun großformatigen und achtzehn kleineren Gemälden wurde »die Geschichte des Königs, vom Pyrenäenfrieden bis zum Frieden von Nimwegen« erzählt.[7] Von diesen großen Gemälden waren acht dem Holländischen Krieg gewidmet und eines (Abb. 20) dem Beginn der Alleinregierung (»auf dem der König, in der Blüte seiner Jugend stehend, die Augen auf seinen Ruhm gerichtet, nach seiner Hochzeit das Ruder des Staatsschiffs übernimmt und... überlegt, wie er seine Untertanen glücklich machen und seine Feinde demütigen kann«).[8] Die innenpolitischen Entwicklungen (Justiz- und Finanzreform, Förderung der Künste, polizeiliche Überwachung von Paris etc.) blieben im Hintergrund.[9] Damit gewährleistet war, daß der Betrachter die Bilder richtig interpretierte, wurden sie mit Inschriften versehen. Die Bedeutung, die diesen Inschriften beigemessen wurde, zeigt sich daran, daß die ursprünglichen, von Charpentier stammenden Texte später auf Anordnung von Louvois, der sie für zu »pompös« hielt, durch einfachere Texte von Boileau und Racine ersetzt wurden.[10]

Fast ebenso spektakulär war, zeitgenössischen Berichten zufolge, die *Escalier des Ambassadeurs*, die große Treppe, die gebaut worden war, um den von siegreichen Kriegen zurückkehrenden König festlich empfangen zu können, und die später dann für feierliche Anlässe benutzt wurde, wenn z. B. Botschafter zu einer Audienz beim König erschienen. Das Treppenhaus, das in den 1680er Jahren ausgeschmückt, im achtzehnten Jahrhundert aber zerstört wurde, läßt sich aus zeitgenössischen Beschreibungen rekonstruieren.[11] Hauptthema war auch hier der Triumph, auf den zahllose Trophäen und Streitwagen anspielten. Die besiegten Feinde Frankreichs wurden allegorisch als Hydra und Python dargestellt, doch ließen entsprechende Wappen keine Zweifel unter den Betrachtern aufkommen, daß Spanien und das hl. Römische Reich gemeint waren. Auf Flachreliefs wurden bedeutende Ereignisse der Regierungszeit dargestellt, z. B. die Rheinüberquerung, die Unterwerfung der Franche-Comté und die Anerkennung des französischen Vorrangs durch Spanien. Was die spanischen, holländischen und britischen Botschafter empfanden, während sie die Treppe emporstiegen, muß der Phantasie des Lesers überlassen bleiben.[12] Der *Salon de Guerre* verstärkte das Element des Triumphs. Sein berühmtes Flachrelief, ein Gipsabdruck nach einem Marmorrelief von Antoine Coysevox, zeigte den über zwei Gefangene hinwegreitenden König (Abb. 33).

Der Hof

Heutzutage denkt man bei dem Namen »Versailles« nicht nur an ein Bauwerk, sondern an eine eigene Welt, an die höfische Gesellschaft und insbesondere an die Ritualisierung des königlichen Alltags. Aus dem morgendlichen Aufstehen und dem nächtlichen Zubettgehen wurde das zeremonielle *lever* bzw. *coucher* – wobei das *lever* aus dem weniger formellen *petit lever* und dem aufwendigeren *grand lever* bestand. Die königlichen Mahlzeiten fanden ebenfalls in ritualisierter Form statt. Ob Ludwig nun formeller *(grand couvert)* oder weniger formell *(petit couvert)* speiste, noch der geringste Anlaß, das *très petit couvert*, bestand aus drei Gängen und vielen Gerichten.[13] Diese Mahlzeiten waren Aufführungen vor einem Publikum. Es war eine Ehre,

33. *Ludwig XIV. vernichtet seine Feinde* von Antoine Coysevox
Stuckrelief, 1681. Château de Versailles

dem König beim Speisen zusehen zu dürfen, eine größere Ehre, während des Essens von ihm angeredet zu werden, doch am ehrenvollsten war die Einladung, ihm aufzutragen oder mit ihm zu speisen. Jeder Anwesende, ausgenommen der König, trug einen Hut, den der Betreffende aber abnahm, wenn er den König anredete oder von diesem angeredet wurde, es sei denn, man saß an seinem Tisch.[14]

Diese Rituale sollten, wie der Soziologe Norbert Elias – ähnlich wie Marc Bloch im Hinblick auf das königliche Handauflegen – bemerkt hat, nicht als bloße Kuriositäten abgetan werden. Man sollte vielmehr fragen, was sie über die sie umgebende Kultur berichten können – über die absolute Monarchie, die soziale Hierarchie.[15] Auch auf die anderen Elemente des königlichen Alltags wäre das zu beziehen – auf die tägliche Messe, auf die Besprechungen mit seinen Ratgebern, ja sogar auf seine Feldzüge, auf die Jagd und seine Spaziergänge im Garten. Man könnte einwenden, daß bei einer derart breiten Analyse der Begriff »Ritual« fast bedeutungslos würde. Beobachter haben indes festgestellt, daß jede Handlung des Königs, bis hin zur »unscheinbarsten Geste«, geplant war. Jeden Tag fanden zur gleichen Zeit die gleichen Ereignisse statt, so daß man seine Uhr nach dem König hätte stellen können.[16]

Die Teilnahme an diesem Schauspiel war streng reglementiert – wer den König wann und wo sehen durfte, ob der Betreffende auf einem Stuhl oder einem Hocker *[tabouret]* zu sitzen hatte oder stehen mußte.[17] Der königliche Alltag bestand aus Handlungen, die sich nicht bloß ständig wiederholten, sondern mit symbolischer Bedeutung befrachtet waren, weil sie von einem Schauspieler, dessen Person heilig war, vor der Öffentlichkeit aufgeführt wurden. Ludwig stand fast sein ganzes Leben lang auf der Bühne. Die Gegenstände, die am meisten mit dem König assoziiert wurden, waren ihrerseits geheiligt, weil sie ihn repräsentierten. Es war daher untersagt, einem Bildnis des Königs den Rücken zuzukehren, das leere Schlafzimmer des Königs zu betreten, ohne das Knie zu beugen, oder in dem Raum, wo der Tisch für den König gedeckt war, den Hut aufzubehalten.[18]

Die soziologische Analyse der höfischen Ordnung müßte im Grunde mit einer Geschichte der Entstehung und Entwicklung der Rituale einhergehen. Man sollte nicht annehmen, daß es sie schon immer gegeben hat, so schwer es heute auch fallen mag, sich Ludwig ohne Zeremoniell vorzustellen. Die Frage nach ihrem Ursprung ist naheliegend und doch vernachlässigt, leicht zu stellen und doch schwer zu beantworten. Die »Erfindung« der Tradition von Versailles liegt im dunkeln.[19] Wurde das Zeremoniell eingeführt, als Ludwig das Schloß im Jahre 1682 zu seiner ständigen Residenz machte? Was passierte während früherer Besuche in Versailles oder späterer Besuche in anderen Schlössern? Schuf der König selbst die Rituale, waren sie das Werk seiner Berater und Zeremonienmeister oder orientierten sie sich an Traditionen? Wurden sie aus politischen Gründen erfunden?

Wenn man bedenkt, wie wichtig diese täglichen Rituale für die Konstruktion des Bildes von Ludwig XIV. waren, sollten wir zunächst einmal zusammenfassen, was über sie bekannt ist. Fast alle Quellen datieren aus der späten Regierungszeit. Die umfassendste, lebendigste und am häufigsten zitierte Beschreibung dessen, was der Autor »die äußere Hülle des Lebens dieses Monarchen« *[l'écorce extérieure de la vie de ce monarque]* nannte, findet sich in den Memoiren des Herzogs von Saint-Simon. Dieses spezielle Kapitel wurde vermutlich erst in den 1740er Jahren geschrieben, stützt sich aber auf die Erinnerungen aus den 1690er Jahren, als Saint-Simon am Hofe Ludwigs lebte.[20] Eine ebenso wertvolle, aber weniger detaillierte Darstellung dieser Rituale gibt Ezechiel Spanheim, der Gesandte des Kurfürsten von Brandenburg, in einem 1690 verfaßten Bericht über den französischen Hof *[Relation de la cour de France]*. Daß Spanheim, der die gesamten achtziger Jahre hindurch Botschafter war, von irgendwelchen Veränderungen im Jahre 1682 nichts schreibt, ist natürlich aufschlußreich.

Saint-Simon und Spanheim beschreiben das System als Ganzes. Aus der Zeit vor 1690 ist das Quellenmaterial aber nur lückenhaft. Dangeau begann sein Tagebuch leider erst 1684. In den Memoiren des italienischen Adligen Primi Visconti für das Jahr 1674 findet sich eine kurze Beschreibung des *petit coucher*. Voller Erstaunen berichtet Visconti etwa, daß der König von seinen Kammerherren umgeben war, selbst wenn er auf seiner *chaise percée* saß.[21] 1671 veröffentlichte der Ex-Diplomat Antoine Courtin ein Handbuch der Etikette, das auch Instruktionen über das korrekte Benehmen in Versailles enthielt.²² Dem Botschafter des Herzogs von Savoyen fiel die Menschenmenge auf, die 1661 beim *lever* im Louvre zugegen war.²³ Obwohl es am Hof Heinrichs IV. und Ludwigs XIII. erheblich lockerer zugegangen sein dürfte als am spanischen Hof (s. S. 236), ist eine gewisse Förmlichkeit nicht zu übersehen.

Eine klare Schlußfolgerung bezüglich der Erfindung der Versailler Tradition läßt sich angesichts der Quellenlage nicht ziehen. Ein hypothetischer Schluß, der die bruchstückhaften Erkenntnisse zusammenfügt, könnte so aussehen: Das tägliche Leben des Königs war zwar schon vor Beginn der Alleinregierung in beträchtlichem Maße ritualisiert, doch wurden die Rituale dann, in Anlehnung an das spanische Modell, noch weiter verfeinert. Da Ludwig ein großer Freund von Tanz und Theater war und bei diesen Ritualen die Hauptrolle spielte, darf vermutet werden, daß die Veränderungen in der Choreographie auf Ludwig persönlich zurückgehen oder zumindest von ihm genau kontrolliert wurden. Die immer komplizierteren Inszenierungen des Versailler Alltags machten diese Rituale glanzvoller, aber auch steifer, was u. a. den Eindruck von einem perfekt funktionierenden Uhrwerk hervorrief.

Eine größere Veränderung im höfischen Leben läßt sich relativ genau datieren. Nachdem der Hof 1682 nach Versailles umgezogen war, öffnete der König dreimal wöchentlich seine Gemächer der Öffentlichkeit (d. h. den oberen Ständen) für »Divertissements« wie Karten- und Billardspiel, wobei »der König, die Königin und die ganze königliche Familie sich aus ihren Höhen herunterbegeben, um mit Teilnehmern der Versammlung zu spielen«.²⁴ Diese offizielle Beschreibung der *appartements* läßt vermuten, daß mit der neuen Institution die Zugänglichkeit des Monarchen demonstriert werden sollte, ein Thema, das, wie schon erwähnt, auf Medaillen und in den königlichen Memoiren eine wichtige Rolle spielte (s. S. 93 f.).

Der Organisator

Mitte der achtziger Jahre kam es zu weiteren Veränderungen in der Präsentation des Bildes von Ludwig, die vermutlich mit dem Tod Colberts und dem Aufstieg Louvois' in Zusammenhang gebracht werden können. Colbert und Louvois waren lange Zeit Rivalen gewesen, wobei jener vor allem die Innenpolitik, dieser die Außenpolitik dominiert hatte. Colberts Tod im Jahre 1683 bot Louvois die Gelegenheit, sein Imperium auf die Künste auszudehnen. Die Position des *surintendant des bâtiments* erbte Colberts vierter Sohn, der Marquis de Blainville, der ausgebildet worden war, diese Position von seinem Vater zu übernehmen. Der junge Mann hatte seine Pflichten jedoch vernachlässigt.[25] Der König gestattete daher Louvois, das Amt zu kaufen und so nicht nur die Kontrolle über die königlichen Bauten zu erlangen, sondern auch über die Gobelinmanufaktur und die Akademien. In seiner neuen Eigenschaft als Förderer der Königlichen Akademie für Malerei und Bildhauerkunst verlieh er auch schon bald Auszeichnungen an Künstler.[26]

Die Auswirkungen dieses Führungswechsels im Jahre 1683 werfen ein Licht auf die Funktionsweise des Patronagesystems jener Zeit. Es wäre nicht völlig abwegig, es mit der amerikanischen »Parteiwirtschaft« des neunzehnten und zwanzigsten Jahrhunderts zu vergleichen, die ihrerseits als Relikt einer frühmodernen Form von politischer Patronage betrachtet werden kann. Der Hauptunterschied ist der, daß das ältere System, in dem es keine politischen Parteien gab, willkürlicher war – vielleicht auch flexibler. Der »Mann an der Spitze« besaß die Freiheit, zu entscheiden, ob er bestimmte Amtsinhaber ersetzen wollte oder nicht.

Der Führungswechsel in der *surintendance* gefährdete die Position Lebruns, der, wie wir gesehen haben, ein Gefolgsmann Colberts war, während Louvois dessen Rivalen Mignard unterstützte. Lebrun verlor zwar nicht seine offiziellen Ämter, dafür aber an Einfluß. Ein anderer Colbert-Mann, der von Louvois beiseite gedrängt wurde, war Charles Perrault, der seine Stellung als Mitglied der Petite Académie und als *commis des bâtiments* verlor.[27] Der neue *contrôleur des bâtiments* – und Sekretär der Petite Académie –, der Sieur de La Chapelle, war ein

Protégé von Louvois. Zwischen ihm und Lebrun kam es zu Konflikten.[28] Andere ehemalige Schützlinge Colberts wurden aus ihren Ämtern gedrängt. Pierre de Carcavy verlor die Leitung der Académie des Sciences und der Königlichen Bibliothek, und André Le Nôtre mußte den Dienst quittieren.

Für Pierre Mignard war dagegen klar, daß seine Stunde endlich gekommen war. Er erhielt den Auftrag, die Petite Galerie in Versailles auszugestalten, wurde in den Adelsstand erhoben und im Jahre 1690, nach dem Tod Lebruns, zum *premier peintre du roi* ernannt. Der Bildhauer Pierre Puget, der zu Colberts Zeiten nach Konflikten mit dem Minister in Ungnade gefallen war, erhielt eine neue Chance. Ein anderer Protégé von Louvois, Jean Donneau de Visé, Herausgeber des *Mercure Galant*, kam in den Genuß einer königlichen Ehrenpension. Ebenfalls ein Parteigänger Louvois' war der Kunstkritiker Roger de Piles, der in die Niederlande entsandt wurde, nicht nur, um dort Gemälde für den König zu kaufen, sondern auch um Spionage zu betreiben. Von den Holländern enttarnt, hatte er im Gefängnis genügend Zeit, ein Buch zu schreiben.[29]

Wichtiger als die Personalveränderungen waren aber die Veränderungen in der Orientierung, genauer gesagt, in der Strategie, da das grundsätzliche Ziel der Verherrlichung Ludwigs unverändert blieb. In seinen acht Jahren als *Surintendant des bâtiments* trat Louvois mit einer Reihe glanzvoller Projekte hervor. Er verdoppelte die Ausgaben für Versailles.[30] Er plante die Errichtung von Gebäuden an der Place Vendôme, in denen die königliche Bibliothek und die Akademien untergebracht werden sollten. Wenngleich er die Fertigstellung des von Colbert und Lebrun initiierten Projekts eines Ludwig-Denkmals vor dem Louvre verhinderte, unterstützte er die sogenannte Statuenkampagne von 1685/86, also das Vorhaben, eine Serie von fast zwanzig Statuen des Königs, zumeist Reiterstandbildern, anfertigen zu lassen, die auf öffentlichen Plätzen in Paris und in mehreren Provinzstädten aufgestellt werden sollten: Aix, Angers, Arles, Besançon, Bordeaux, Caen, Dijon, Grenoble, Le Havre, Limoges, Lyon (Abb. 34), Marseille, Montpellier, Pau, Poitiers, Rennes, Tours und Troyes.[31] Einige dieser Statuen wurden nie errichtet (Besançon, Bordeaux), andere erst nach Ludwigs Tod (Montpellier, Rennes). Gleichwohl war

34. »Ludwig in den Provinzen«. *Maquette der Statue für die Place Royale in Lyon* von François Girardon, Wachs, um 1687
Yale University Art Gallery

es ein Unternehmen von imposanten Ausmaßen, das eher an römische Imperatoren wie Augustus erinnerte als an einen modernen Monarchen.

Die Enthüllung (vielleicht sollte man sagen »Weihung«) dieser Ehrenmonumente war selbst ein festlicher Anlaß. In Caen wurde die Statue 1685 am Geburtstag des Königs mit einer Parade, Ansprachen, Trompeten, Pauken, Glockengeläut und Artilleriesalut feierlich eingeweiht, und in einem Flugblatt sowie in der *Gazette* und im *Mercure Galant* wurden die Feierlichkeiten beschrieben.[32]

1686 berichtete der *Mercure Galant*, daß »man sich allerorts beeilt, Statuen für ihn zu errichten« *[on s'empresse en tous lieux à luy dresser des statues]*.[33] Es handelte sich zumeist um Reiterstatuen, manchmal aber auch um Standbilder. Am spektakulärsten war das von Martin Desjardins für die Place des Victoires geschaffene Denkmal, eine dreizehn Fuß hohe Figur des Königs im Krönungsornat, die einen Zerberus

Der Organisator

35. »Der siegreiche Ludwig«
Statue von Ludwig XIV. von Desjardins auf der Place des Victoire in Paris
Kupferstich von Nicolaus Arnoult, um 1686
Musée de la Ville de Paris, Musée Carnavalet, Paris

zertritt und von Victoria gekrönt wird, »einer großen geflügelten Frau hinter ihm, die einen Lorbeerkranz über das königliche Haupt hält«[34] (Abb. 35, 36, 37). Am Fuß der Statue befand sich die Widmung »Dem Unsterblichen Mann« [VIRO IMMORTALI], und der Marmorsockel trug eine Inschrift, auf der zehn bedeutende Taten Ludwigs verzeichnet waren. Vervollständigt wurde das Ganze durch vier Bronze-Gefangene, sechs Flachreliefs, die die glorreichsten Ereignisse der Regierungszeit darstellten, sowie vier Säulen mit Fackeln, die allabendlich angezündet wurden.[35]

Die Enthüllung dieser Statue wurde mit Paraden, Ansprachen, Salven, Musik und Feuerwerk entsprechend pompös gefeiert.[36] 1687, am Festtag des hl. Ludwig, wurde die Enthüllung der Königsstatue des Bildhauers Jean Girouard auf dem alten Marktplatz zu Poitiers gefeiert.[37] Im selben Jahr besichtigte Ludwig bei einem seiner seltenen Besuche in Paris die Statuen auf der Place des Victoires und der Place Vendôme, für die ursprünglich eine andere Statue geplant gewesen war. In seiner Begleitung befanden sich die beiden Bildhauer Desjardins und Girardon.[38]

Die Statuenkampagne ging ursprünglich auf eine Idee des Hofarchitekten Mansart zurück, und die spektakulärste Statue, die auf der Place des Victoires, wurde von einer Privatperson, dem Marschall Feuillade, in Auftrag gegeben (der Duc de Richelieu bestellte ebenfalls eine Statue für sein Schloß in Rueil). Ohne die Unterstützung von Louvois hätten diese Projekte indes keine Chance gehabt. Was die Statuen in der Provinz betrifft, so vermitteln die Inschriften den Eindruck, daß sie direkt vor Ort zum Zeichen einer spontanen Reverenz für den König in Auftrag gegeben wurden, und dieser Eindruck wird vom *Mercure Galant* bekräftigt. Von Grenoble beispielsweise heißt es, die Stadt habe ihre Ratsherren beauftragt, »Seine Majestät untertänigst zu ersuchen, eine Statue von ihm auf dem größten Platz errichten zu dürfen«.[39] Und »die Stadt Caen wollte nicht als letzte ihren Eifer unter Beweis stellen, indem sie zu Ehren Seiner Majestät eine Statue errichtet«. Auch Marseille wollte eine Statue haben.[40]

Allerdings läßt sich belegen, daß diese Loyalitätsbezeugungen keineswegs spontan waren. Stadtverwaltungen und Provinzstände wurden durch Intendanten, Provinzgouverneure und andere Beamte zu

36. »Der siegreiche Ludwig«. *Ansicht der Place des Victoires*
Anonymer Kupferstich, frühes 18. Jahrhundert
Cabinet des Estampes, Bibliothèque Nationale, Paris

dieser Geste ermutigt, wenn nicht gezwungen. In Caen etwa war es der *intendant* Barrillon, der die entsprechende Initiative ergriff, in Grenoble der *intendant* Lebret, in Le Havre der Duc de Saint-Aignan und in Rennes der Duc de Chaulnes. Diese Repräsentanten ihrerseits hätten ohne Instruktionen aus Paris diesen Vorschlag wohl kaum zur gleichen Zeit in verschiedenen Provinzen gemacht.[41] Selbst die Inschriften und andere Einzelheiten auf einigen Denkmälern zu Ehren Ludwigs wurden von der Zentralregierung festgelegt. In Arles wurde die von der dortigen Akademie formulierte Inschrift durch einen Text des Hofgeschichtsschreibers Pellisson ersetzt. In Dijon bestand Mansart auf Ergänzungen, die die dortigen Stände nicht geplant hatten. Im Falle Lyon intervenierte Pontchartrain (dem nach dem Tode Louvois' die Petite Académie unterstand), um den Text der Inschrift festzulegen.[42]

Das wachsende Interesse, das die Zentralregierung dem Bild des Königs in den Provinzen entgegenbrachte, verdient Aufmerksamkeit (s. u., S. 209). Es ist darauf hingewiesen worden, daß sich die Statuenkampagne auf die sogenannten *pays d'États* konzentrierte (Normandie,

37. »Der siegreiche Ludwig«. Ansicht der Place des Victoires
Frontispiz aus Northleigh, *Topographical Descriptions*, 1702
British Library, London

Bretagne, Artois, Burgund, Languedoc und Provence), jene Gebiete, die Frankreich als letzte einverleibt worden waren und die mehr von ihrer Unabhängigkeit bewahrten. Gleichzeitig wurden Provinzinstitutionen nach Pariser Vorbild gegründet, von der königlichen Akademie in Nîmes bis zum Opernhaus in Marseille (s. u., S. 207). Das neue Bewußtsein der Regierung für die Notwendigkeit, die öffentliche Meinung in den Provinzen zu pflegen, könnte eine Reaktion auf den bretonischen Bauernaufstand von 1675 gewesen sein, für den man die lokale Elite verantwortlich machte.

Louvois gedachte auch, den Ruhm des Königs durch grandiose Veröffentlichungsprojekte zu vermehren. Ein Teil dieser Schriften war mit der Académie des Sciences verbunden.[43] Unmittelbarer mit dem Bild Ludwigs XIV. hing ein anderes Projekt zusammen, das Louvois begann oder zumindest wiederbelebte: die »Medaillengeschichte«. Diese Geschichte war geplant als eine Präsentation der Regierungszeit in Buchform, mit Abbildungen von sämtlichen Medaillen, die zur Erinnerung an bestimmte Ereignisse geprägt worden waren, chronologisch aufgebaut und mit einem Begleittext versehen. Das Interesse des Ministers an diesem Projekt geht daraus hervor, daß die Petite Académie, in der die Medailleninschriften formuliert wurden, im Jahre 1683 vergrößert wurde und daß eines der neuen Mitglieder – neben Boileau und Racine – der Numismatiker Pierre Rainssant war, ein Protégé Louvois', dessen Beschreibung von Versailles bereits erwähnt worden ist.[44] In seinen letzten Jahren, nachdem es erneut zum Krieg gekommen war, verfolgte Louvois genau, wie darüber in der *Gazette* berichtet wurde; er kritisierte einige Artikel und korrigierte die Entwürfe anderer.[45]

Wie in der Epoche Colbert spielte Teamarbeit eine große Rolle. Trotzdem darf wohl vermutet werden, daß die Projekte dieser Zeit eher den Charakter des Ministers – grob, brutal, gelegentlich zu weit gehend – widerspiegeln als den des Monarchen. Die Hände gehörten Desjardins, Mignard, Rainssant usw., aber die Stimme gehörte Louvois.

Die Ereignisse

Ähnliche Akzente sind bei den Ereignissen dieser Zeit herauszuhören, obwohl es ein vergleichsweise friedliches Jahrzehnt war. Große, zur Verewigung bestimmte Ereignisse waren u. a. zwei militärische Aktionen zur See, zwei diplomatische Vorfälle, die Genesung des Königs von Krankheit und, an Bedeutung alle anderen überragend, die Aufhebung des Edikts von Nantes.

Bei den Marineaktionen handelte es sich um das Bombardement von Algier 1683 – eine Reaktion darauf, daß die zum Osmanischen Reich gehörende Stadt Piraten Unterschlupf gewährte – und von Genua 1684, einem unabhängigen Stadtstaat, dessen Regierung dem Bau von Galeeren für die spanische Flotte zugestimmt hatte. Die Art und Weise, wie diese Ereignisse auf Gedenkmedaillen festgehalten wurden, sagt einiges über die damalige offizielle Haltung. Eine Inschrift lautete »Algier vom Blitz getroffen« [ALGERIA FULMINATA, (Abb. 38)]; zwischen Ludwig und Jupiter wird also eine Parallele impliziert

38. *Algeria fulminata*, Vorder- und Rückseite der Medaille
Kupferstich aus *Médailles*, 1702
British Library, London

39. *Heidelberga fulminata*
Entwurf für eine Medaille aus »Projets de Devises de l'Académie avant 1694«
Feder und Tusche. Handschriftensammlung, British Library, London

Die Ereignisse

40. *Air*
Einer von vier bestickten Wandteppichen, wahrscheinlich 1683/84
Rogers Fund, The Metropolitan Museum of Art

41. »Genua verbessert«. *Genua emendata* von François Chéron
Rückseite der Medaille, 1684
Department of Coins and Medals, British Museum, London

(Abb. 39, 40), die an anderer Stelle deutlich benannt wird, beispielsweise in Lebruns Gemälden in Versailles. Eine andere Inschrift lautete »Afrika als Bittstellerin« [AFRICA SUPPLEX].[46]

Von den zwei Medaillen zum Bombardement von Genua trägt eine die Inschrift »Blitze werden gegen die Stolzen geschleudert« [VIBRATA IN SUPERBOS FULMINA], die andere »Genua verbessert« (oder auch gezüchtigt) [GENUA EMENDATA, Abb. 41][47] – die Sprache eines auf die Spitze getriebenen Paternalismus. Französische Hofmaler und -dichter präsentierten unabhängige Staaten wie die Republik Genua als Kinder, die für ihre Missetaten zu »bestrafen« waren.[48]

Um Salz in die Wunde zu streuen, zwang man den Dogen von Genua, persönlich in Paris zu erscheinen, um seine Entschuldigung vorzubringen beziehungsweise, wie die *Gazette* es nannte, sich Ludwig »zu unterwerfen« *[faire des soumissions au Roi]*, genau wie im Falle des algerischen Botschafters (und zuvor der Gesandten Spaniens und des Kirchenstaats). Der Doge traf mit vier Senatoren in Versailles ein und trug seine Entschuldigungsrede vor, bei der er jedesmal, wenn er den Namen des Königs aussprach, den Hut zog. Nachdem Ludwig

42. *Der Doge von Genua in Versailles* von Claude Hallé
Öl auf Leinwand, 1685
Musée Cantini, Marseille

die Entschuldigung edelmütig angenommen hatte und der Doge sich beim Hinausgehen dreimal tief verneigt hatte, wurden die Genuesen zum Essen gebeten, beschenkt und zu einer Besichtigung von Versailles eingeladen.[49] Ihre Huldigung wurde aber nicht nur in Zeitungen und Journalen dargestellt und verewigt, sondern auch auf einem Gemälde von Claude Hallé (Abb. 42), auf einem Gobelin und auf Medaillen, die Inschriften wie z. B. »Die Unterwerfung Genuas« [GENUA OBSEQUENS] trugen.[50]

Fast ebensogroßes Medieninteresse erregte die Gesandtschaft »der vom König von Siam entsandten Mandarine« (1686), zweifellos, weil sie Ludwigs Anspruch, der größte Monarch der ganzen Welt zu sein, bekräftigte. Vier Sonderausgaben des *Mercure Galant* waren diesem Besuch gewidmet sowie der Bewunderung, die die Besucher für den König ausdrückten. Es ist bezeichnend, daß die Siamesen die Gobelinmanufaktur besichtigten, die Königliche Akademie der Malerei und eine Reihe von Kunstwerken, wie etwa Lebruns *Geschichte von Alexander*. Die Gesandtschaft ihrerseits wurde auf Gemälden (Abb. 43), Flachreliefs und Medaillen festgehalten.[51]

43. »Die Welt huldigt Ludwig«
Audienz des Königs für die Siamesische Gesandtschaft
Aus dem *Almanach für das Jahr 1687*. Bibliothèque Nationale, Paris

Die Aufhebung des Edikts von Nantes

Was ihre Darstellung betrifft, so wurden freilich alle anderen Ereignisse dieser Zeit in den Schatten gestellt durch die Aufhebung des Edikts von Nantes. Der Beschluß des Königs, den Protestantismus zu verbieten, was zur Emigration von etwa 200000 Franzosen führte, ist von Historikern oft kritisiert worden. Hier soll nur die Bedeutung zustimmender Kommentare der zeitgenössischen Medien hervorgehoben werden. Einige verständnisvolle Äußerungen könnte man als Werk einer sich selbst feiernden Regierung bezeichnen, doch kamen positive Äußerungen auch von anderer Seite, etwa von den Jesuiten oder vom weltlichen Klerus. Ein genauerer Blick auf zeitgenössische Darstellungen wird uns daran erinnern, daß das Bild Ludwigs XIV. nicht, wie das Licht der Sonne, von einem einzigen Punkt ausgestrahlt wurde. Es war das gemeinschaftliche Produkt offizieller und inoffizieller Schriftsteller, Künstler und Auftraggeber.

Was die offiziellen Darstellungen jenes Ereignisses in den Zeitungen angeht, so widmete speziell der *Mercure Galant* diesem Thema viel Raum. Auf die Meldung waren die Leser schon vorbereitet, da frühere Berichte über die Konversion prominenter Protestanten den Eindruck erzeugt hatten, daß ihre »Partei« von ganz allein, ohne irgendwelche Zwangsmaßnahmen, schwächer werde.[52] Jeder Schritt in Richtung Aufhebung des Edikts wurde vom Applaus für den »Eifer« seiner Allerchristlichsten Majestät begleitet.[53] Als die Nachricht vom königlichen Edikt schließlich eintraf, mußte sie kaum noch kommentiert werden.[54] In den folgenden Nummern wurden aber viele Gedichte abgedruckt, die den König zur Vernichtung der »unverschämten« Ketzerei beglückwünschten.

> »*Destruire l'Hérésie insolente et rébelle,*
> *C'est l'unique Triomphe où prétend ce grand Roi.*
> *Quel autre peut donner une gloire plus belle?*«[55]
>
> *[Die unverschämte und rebellische Ketzerei zu vernichten,*
> *Das ist der einzigartige Triumph, dessen dieser große König sich rühmen darf.*
> *Wer sonst könnte schöneren Ruhm verstrahlen?]*

44. »Ludwig als Verteidiger des Glaubens«
Allegorie der Aufhebung des Edikts von Nantes
von Guy-Louis Vernansel, um 1685

Offizielle Darstellungen der Aufhebung fanden sich auch auf Medaillen mit Inschriften, die die Petite Académie formuliert hatte wie etwa »Die [wahre] Religion siegt« [RELIGIO VICTRIX], »Die Ketzerei ist vernichtet worden« [EXTINCTA HAERESIS], »Die zerstörten Tempel der Calvinisten« [TEMPLIS CALVINIANORUM EVERSIS] oder »Zwei Millionen Calvinisten in den Schoß der Kirche zurückgeführt« [VICIES CENTENA MILLIA CALVINIANORUM AD ECCLESIAM REVOCATA (Abb. 57)].[56] Desjardins Statue auf der Place des Victoires war auch mit einem Flachrelief zum Thema der Aufhebung versehen. Die Académie Royale de Peinture erklärte den »Triumph der Kirche« und »Die zermalmte Ketzerei« zu Themen für einen Bilderwettbewerb. Ein Gemälde von Guy-Louis Vernansel (der 1687 in die Akademie aufgenommen wurde) behandelt das zweite Thema (Abb. 44). Die Kirche erscheint, wie üblich, als Frau, die von Ludwig gestützt wird, während die Häretiker fliehen oder zu Boden stürzen. Philippe Quinault beendete eine zwanzigjährige Karriere als Librettist für Hofballette und Opern mit dem Epos *L'hérésie détruite*, während Charles Perrault eine Ode an die »jüngst Konvertierten« schrieb und sie sowie ihren »edelmütigen« Monarchen beglückwünschte.[57]

Die Aufhebung wurde verständlicherweise auch vom Klerus gefeiert, da einige seiner Vertreter den König zu dem Entschluß gedrängt hatten. Es ist sogar argumentiert worden, daß der Klerus in diesem Fall den König als »Instrument« für seine eigenen Zwecke benutzte.[58] Das berühmteste Herrscherlob im Zusammenhang mit dieser Entscheidung ist eine Predigt von Bossuet, gehalten bei der Beerdigung des ehemaligen Ministers Michel Le Tellier, worin Ludwig als »der neue Theodosius, der neue Marcion, der neue Karl der Große« bezeichnet wurde.[59] Besonders die Jesuiten nahmen sich des Themas an. Philibert Quartier, Professor am Jesuitenkolleg zu Paris, das seit kurzem den Namen Louis-le-Grand trug, lobte den Herrscher für seine Ausrottung der Ketzerei *[pro extincta haeresi]*. Thema des Kolleg-Balletts von 1685 war »Chlodwig«, also jener König, der das Christentum in Frankreich begründet hatte. Zwei Jahre später wählte der Jesuit Gabriel Le Jay den »Triumph der Religion« zum Thema seines Herrscherlobs, seiner Inschriften und Devisen.[60] Aus heutiger Sicht lassen sich ältere Ballette und Predigten als jesuitische Ermunterung der antiprotestantischen Kampagne interpretieren, z. B. *Constantin: le triomphe de la religion* (aufgeführt 1681, in dem Jahr, als Straßburg wieder dem Katholizismus zugeführt wurde) und *Ludovicus Pius* (»Ludwig der Fromme«) von 1683.[61]

Andere Reaktionen auf die Aufhebung, innerhalb und außerhalb Frankreichs, waren jedoch weniger verständnisvoll. Im nachhinein ist klar, daß diese Aktion dem Image des Königs mehr geschadet als genützt hat. Sein Bild sollte sich in den späteren Jahren der Regierungszeit noch weiter verdunkeln.

VIII. KAPITEL

Sonnenuntergang

*»Si l'affaire de Hochstet lui a été plus désavantageuse
qu'à ses Ennemis, en ce que ses Troupes ont été obligées
de leur céder le champ de Bataille,
ils ont perdus beaucoup plus de monde que lui.«*

*[Mag die Sache bei Höchstädt für ihn auch weniger vorteilhaft
verlaufen sein als für seine Feinde,
indem seine Truppen gezwungen waren,
ihnen das Schlachtfeld zu überlassen,
so haben sie doch erheblich mehr Leute als er verloren.]*

MERCURE GALANT,
im Oktober 1704 über die Schlacht bei Höchstädt

45. »der alternde Ludwig«. *Porträtbüste Ludwigs XIV.*
von Antoine Benoît, Wachs und andere Materialien, 1706
Château de Versailles

SONNENUNTERGANG

Ludwig XIV. war 1688 fünfzig Jahre alt. Er saß nun schon fünfundvierzig Jahre auf dem Thron, und seit siebenundzwanzig Jahren regierte er allein. Für damalige Begriffe war er ein alter Mann. Niemand hätte geglaubt, daß seine Regierungszeit noch über ein Vierteljahrhundert dauern würde. Der König, gesundheitlich etwas angeschlagen, hatte sich in den späten achtziger Jahren zwei Operationen unterziehen müssen. Die erste führte dazu, daß er die meisten Zähne verlor. Die zweite, schwerere Operation sollte ihn von einer Fistel kurieren – eine Krankheit, die in offiziellen Kreisen euphemistisch als »Unpäßlichkeit« bezeichnet wurde – Mademoiselle von Scudéry schrieb z. B. ein Madrigal über die »Unpäßlichkeit Seiner Majestät« – oder auch als »Unwohlsein« *[incommodité]*.[1] Die Krankheiten bewirkten, daß es in Ludwigs Leben viel ruhiger zuging. Nachdem er sich noch 1692 mit dem gesamten Hof zur Belagerung von Namur begeben hatte, zog er danach kein einziges Mal mehr ins Feld.

Durch die Gicht, die ihm immer mehr zu schaffen machte, wurde er zunehmend unbeweglicher. In seinen letzten Lebensjahren wurde er im Schloß und im Park von Versailles gelegentlich im Rollstuhl (seiner *roulette*) gesehen. Seiner Selbstdarstellung freilich schenkte er noch immer große Aufmerksamkeit. 1704 zog er sich eine Erkältung zu, weil er allzu ausgiebig darüber nachgedacht hatte, welche seiner verschiedenen Perücken er tragen sollte. Er begann aber schon, die Öffentlichkeit zu meiden.[2] 1705 wurde das öffentliche *coucher* abgeschafft, und Darstellungen seines gealterten Körpers wurden nach Rigauds berühmtem Porträt von 1701 (Abb. 1) und Benoîts Wachsbüste von 1706 (Abb. 45) immer seltener.

Auch in der Politik gab es einen Abwärtstrend. Die zweite Hälfte jener langen Zeit der Alleinregierung war weniger erfolgreich als die erste. Es war eine Periode des Weder-Krieg-noch-Frieden. Zu einer Zeit, da Frankreich die Große Allianz seiner Feinde nicht zu besiegen vermochte, muß Ludwigs stolze Devise NEC PLURIBUS IMPAR (Abb. 46) immer unpassender erschienen sein. Der Krieg der Augsburgischen Liga dauerte von 1688 bis 1697 und der Spanische Erbfolgekrieg von 1702 bis 1713. Diese Kriege waren kostspielig, sie stürzten den Staat in tiefe Schulden, und trotz einzelner Erfolge, vor allem im ersteren, trugen sie kaum zum Ruhm des Königs bei. Das war das

46. »Ludwigs Devise«. *Nec pluribus impar*
Rückseite der Medaille von Jean Warin, 1674
Cabinet des Médailles, Bibliothèque Nationale, Paris

Urteil von Zeitgenossen, von Franzosen und Ausländern, aber auch von späteren Historikern.

So könnte man die letzten fünfundzwanzig Jahre seiner Regierungszeit als königlichen »Sonnenuntergang« bezeichnen. Man wird daher noch genauer als zuvor nach den möglichen Widersprüchen zwischen dem Image des Königs und der Realität, wie sie von seinen Zeitgenossen wahrgenommen wurde, suchen müssen, um herauszufinden, wie die Imageproduzenten mit diesem Problem umgingen.

In dieser schwierigen Zeit konnte Ludwig nicht mehr auf den Rat und die Unterstützung von so fähigen Ministern wie Lionne, Le Tellier und Colbert zurückgreifen. Louvois, die letzte der großen Figuren, starb 1691. Beamte wie Villacerf (ein Mann des Colbert-Clans, der 1691 *surintendant des bâtiments* wurde, 1699 nach einem Finanzskandal aber den Dienst quittieren mußte) oder Pontchartrain (Nachfolger von Louvois als Chef der Akademien) waren nicht von diesem Kaliber. Der fähigste unter ihnen war wohl der Marquis de Torcy, ein Neffe des berühmten Colbert, der 1696 Staatssekretär für

Auswärtige Angelegenheiten wurde und es als eine seiner Aufgaben ansah, sich um das Image Ludwigs im Ausland zu kümmern, besonders zur Zeit des Spanischen Erbfolgekriegs.[3] Daß er Schriftstellern Gehälter zahlte und sich für Akademien interessierte – er gründete eine Akademie für Politik –, deutete auf eine bewußte Rückkehr zur Politik seines Onkels.

Auch die Künstler und Schriftsteller, die an diesem Image arbeiteten, waren nicht so bedeutende Figuren wie früher. Es gab keinen neuen Molière oder Racine, nur Dramatiker mit geringeren Gaben wie etwa La Chapelle. Dieser Talentmangel hat Historiker von einer »Krise der französischen Literatur« jener Zeit sprechen lassen.[4] Weder für Lully, der 1687 starb, noch für Lebrun, der 1690 starb, gab es richtigen Ersatz. Die neuen Dekorationen in Versailles, Marly und im Grand Trianon waren das Werk geringerer Talente wie z. B. René Antoine Houasse, einem früheren Protégé von Lebrun, Noël Coypel, Charles de Lafosse, Jean Jouvenet und François Desportes.[5] Der Bildhauer Girardon arbeitete zwar noch, stand aber um 1700 nicht mehr in der Gunst des Königs und war ohnehin schon über siebzig. Die Aufhebung des Edikts von Nantes führte zur Emigration einiger Künstler, wie z. B. Daniel Marot, der an den Hof Wilhelms von Oranien ging.

Noch immer wurden am Hof prächtige Schauspiele aufgeführt, bis sie, nach dem Tod des Dauphins und des Enkels Ludwigs XIV., des Herzogs von Burgund, aus Schicklichkeitsgründen eingestellt wurden, doch waren sie auch das Werk von eher kleineren Meistern wie dem Komponisten André Destouches und Michel-Richard de Lalande oder dem Dichter Antoine de Lamotte. Racine lebte bis 1699 und Boileau bis 1711, doch Racine schrieb zuletzt nicht mehr für das öffentliche Theater, während Boileau seine besten Werke bereits hervorgebracht hatte. Der begabteste Schriftsteller der jüngeren Generation, Jean de La Bruyère, pries gelegentlich den König und dessen Politik,[6] machte sich aber vor allem als Kritiker der höfischen Gesellschaft seiner Zeit einen Namen.

Es blieben der Architekt Jules Hardouin Mansart, der 1699 zum *Surintendant des bâtiments* ernannt wurde, der Bildhauer Antoine Coysevox, der 1702 zum Direktor der Königlichen Akademie berufen wurde, und der Porträtmaler Hyacinthe Rigaud, der im Jahr 1709 in den Adelsstand erhoben wurde. Diese drei Männer waren zwar begabte Künstler, aber kein Ersatz für jene Scharen von Talenten, die dem Sonnenkönig einst gedient hatten.

Die höfische und staatliche Kunstförderung – sich überschneidende, aber keineswegs identische Kategorien – wurde in zunehmendem Maße fragmentiert. Die »Satelliten-Höfe« der Herzöge von Burgund und Orléans entwickelten sich zu immer wichtigeren Zentren der Förderung von Malerei und Musik. Nach Louvois' Tod wurde die Leitung der königlichen Bauten und königlichen Akademien aufgeteilt, mit dem Ergebnis, daß die Petite Académie ihre einstige Verbindung zur Architektur verlor und sich noch stärker auf Medaillen und Inschriften konzentrierte.

Ohnehin wurde die Kunstförderung durch die finanziellen Schwierigkeiten des Staates auf natürliche Weise eingeschränkt. Die Periode 1689–1715 könnte man durchaus als eine Zeit großen Sparens bezeichnen. Das Einschmelzen des Versailler Tafelsilbers im Jahr 1689 ist nur das bekannteste Beispiel für die Auswirkung von Kriegen auf die Künste. Bauarbeiten und künstlerische Projekte in Versailles wurden zeitweilig eingestellt. Beim Tode von Louvois wurde die Umgestaltung der Place Vendôme auf Geheiß des Königs beendet. Pensionszahlungen wurden ebenso suspendiert wie die Aktivitäten der Hofdruckerei. Die Medaillengeschichte wurde verschoben, während die Akademie der Wissenschaften einige ihrer prestigeträchtigsten Projekte wie etwa die *Histoire des plantes* einstellen mußte.[7]

Militärische Aktionen

Die Ereignisse des zehnjährigen Krieges gegen die Augsburgische Liga wurden in Prosa und Lyrik gefeiert, freilich nicht so ausgiebig, wie es in den sechziger und siebziger Jahren üblich war. Thomas l'Herault de Lionnière veröffentlichte eine panegyrisch gehaltene Geschichte der militärischen Ereignisse von 1689. Boileau schrieb eine Ode auf die Einnahme von Namur, die auch auf Gemälden und Stichen abgebildet wurde.[8] Zum Gedenken an diese Ereignisse wurden

47. »Die Brandschatzung von Heidelberg«.
Heidelberga Deleta von Jérôme Roussel
Rückseite der Medaille, um 1600
Department of Coins and Medals, British Museum, London

außerdem nicht weniger als fünfundvierzig Medaillen geschlagen. Auf sechzehn dieser Medaillen werden Schlachten zu Lande oder zur See dargestellt, u. a. Fleurus (Flandern), Staffarda (Piemont), Leuze, Steenkerke, Pforzheim, Neerwinden, Marsaglia und Ter.[9] Zwanzig Medaillen feiern die Eroberung von Territorien oder die Einnahme von Städten wie z. B. Mons, Nizza, Namur, Charleroi und Barcelona – die berüchtigte, später konfiszierte Medaille auf die Brandschatzung von Heidelberg nicht mitgerechnet (Abb. 47).[10] Medaillen auf die Einnahme von Cartagena (Südamerika) und auf den Sieg über eine englische Flotte vor Kanadas Küste weisen den Betrachter auf die Dimensionen dieses »ersten Weltkriegs« hin, wie ein Historiker ihn kürzlich genannt hat.[11]

Ein Vergleich mit früheren Feldzügen läßt aber zugleich auf eine gewisse Entwertung der Medaillenwährung schließen. Man feierte relativ unbedeutende Ereignisse: die Rettung eines Getreidekonvois vor dem Feind, den Vormarsch des Dauphins auf die Schelde oder den gescheiterten feindlichen Versuch, Dünkirchen durch Artilleriebombardement zu zerstören [DUNKERCA ILLAESA] – was Addison zu der spöttischen Frage veranlaßte: »Was haben die Franzosen hier getan, dessen sie sich brüsten könnten?«[12] Sogar eine Medaille auf die Verteilung von Medaillen an französische Seeleute wurde geprägt.

Die Medaillen auf den Spanischen Erbfolgekrieg 1702–13 verraten durch beredte Erscheinungspausen, daß in Frankreich nicht alles zum besten stand: Zwölf Kriegsjahre brachten nur vierundzwanzig Medaillen hervor. Neben neun auf gewonnene Schlachten und elf auf die Einnahme feindlicher Festungen erscheinen zwei Medaillen zum Entsatz französischer Festungen (Toulon und Landrecies), ein verräterisches Eingeständnis, daß Frankreich sich gelegentlich in der Defensive befindet.[13] Zwei Medaillen beziehen sich nicht auf Siege oder Niederlagen, sondern lediglich auf die »Feldzüge« von 1712 und 1713.[14]

Die Namen der Siege (Luzara, Fridlingen, Ekeren usw.) klingen jedenfalls fremd, ja sogar hohl für jeden Betrachter, der sich der Ereignisse bei Höchstädt (1704), Ramillies (1706), Oudenarde (1708) und Malplaquet (1709) erinnert, bei denen die vom Duke of Marlborough und dem Prinzen Eugen von Savoyen befehligten Armeen die französischen Truppen schlugen. Malplaquet kostete den Feind zwar mehr Soldaten als die Franzosen, aber daß zu diesem Anlaß keine Medaille geprägt wurde, läßt die Vermutung zu, daß Ludwig das Ereignis nicht für gedenkenswert hielt. In der Nachfrage nach geflügelten Victoria-Figuren und Lorbeerkränzen war eine Flaute eingetreten.

Aufschlußreich ist auch, wie diese Schlachten in der zeitgenössischen offiziellen Presse dargestellt wurden. Die Privatbriefe des Königs belegen hinreichend, daß er sich der verheerenden Situation bewußt war.[15] Wir wissen, daß die Nachricht von der Niederlage der französischen Armee und der Gefangennahme ihres Kommandeurs, Marschall Tallard, in der Schlacht bei Blenheim-Höchstädt den Hof zutiefst schockierte. Madame de Maintenon schrieb in einem Brief kurz nach Eintreffen der Nachricht in Versailles von dem Schlag für den König *(la peine du Roi)* und der ruhigen, gefaßten Art, wie er die Nachricht aufnahm.[16] Der *Mercure Galant* bemühte sich, den Eindruck zu vermitteln, als sei Höchstädt keine richtige Niederlage gewesen, da der Feind mehr Soldaten verloren habe als die Franzosen, doch erkannten Zeitgenossen wie der Marquis de Surville die Verlogenheit dieser Argumentation und registrierten auch, daß die Regierung von der Niederlage abzulenken versuchte, indem sie sogleich ein *Te Deum* für eine gewonnene Seeschlacht in Auftrag gab.[17]

Und studiert man die *Gazette* von 1708, dem Jahr der Niederlage der Herzöge von Vendôme und Burgund in der Schlacht bei Oudenarde sowie des Verlustes von Lille, so könnte man meinen, es habe überhaupt keine Schlacht stattgefunden.[18] Die *Clef du Cabinet*, eine nichtoffizielle Monatsschrift, bemühte sich, Oudenarde nicht als Niederlage hinzustellen, während die *Gazette* den Krieg versteckte zwischen der Meldung aus Brüssel (im März), daß »die Menschen hierzulande außerordentlich unzufrieden sind über die Art und Weise, wie die Alliierten sie behandeln und das wirtschaftliche Leben ruinieren«, und dem Bericht aus Spanien (im Juli), daß die Franzosen Tortosa eingenommen hatten, was durch ein *Te Deum*, durch Freudenfeuer und andere öffentliche Festlichkeiten bejubelt wurde.[19] Der *Mercure Galant* bezeichnete das Ereignis mehr als »Kampf« denn als »Schlacht« und fügte hinzu, daß die Verluste der Alliierten »unendlich viel größer« gewesen seien und daß »wir gesiegt hätten, wenn es möglich gewesen wäre, die Barrieren zu überwinden«.[20] Oudenarde wurde also zu einem unbedeutenden Ereignis heruntergespielt, wenn nicht völlig ignoriert. In dieser schweren Zeit gab es nicht viel mehr zu feiern als die stoische Gelassenheit Ludwigs im Angesicht der Katastrophe oder – um den Ausdruck der Stoiker zu gebrauchen, den die Petite Académie 1715 auf einer Medaille verwendete – seine »Unerschütterlichkeit«.[21]

Torcy beschritt statt dessen einen anderen Weg, als er 1709 im Namen des Königs an die Bischöfe und Provinzgouverneure schrieb und die traditionellen Ruhmesformeln durch Hinweise auf Ludwigs Sorge um das Volk ersetzte. Ludwig wird jetzt nicht mehr als eine entrückte Figur präsentiert, sondern als der Vater seines Volkes, einzig besorgt um dessen »Ruhe«: »Meine Liebe zu meinem Volk ist so groß wie die zu meinen Kindern.«[22] Diese Sprache war nicht ganz neu; in der Grande Galerie wurde mitunter schon von der »väterlichen Sorge Seiner Majestät um das Wohl seiner Völker« gesprochen *[les soins paternels que Sa Majesté a pour le bien des ses peuples]*.[23] Dennoch war dieser neue Akzent bemerkenswert.

Innenpolitik

Nur sehr wenige nicht-militärische oder innenpolitische Ereignisse dieser längeren Phase in Ludwigs Regierungszeit wurden mit einer Medaille gewürdigt. Eine Ausnahme war die Genesung des Königs von seiner Fisteloperation 1687, ein Ereignis, das auch durch eine außerordentliche Versammlung der Académie Française gefeiert wurde, durch die Teilnahme des Monarchen an einem Diner im Pariser Hôtel de Ville sowie durch eine Lawine von Skulpturen (Abb. 48), Oden und Sonetten, die alle ausführlich in der Presse abgedruckt wurden.[24]

Medaillen wurden ebenfalls geprägt zur Gründung des Ordens des hl. Ludwig (1693), zur Hochzeit des Herzogs von Burgund (1697), zur Einweihung einer Statue des Königs (1699), zur Schaffung eines Handelsrates, zum Erlaß von Edikten gegen Luxus und Bettelei sowie zur Thronbesteigung Philipps von Anjou in Spanien (jeweils 1700). Bemerkenswert ist, daß dabei in zwei Fällen – sozusagen kreisförmig, wie an anderer Stelle bereits erwähnt – in dem einen Medium die Verherrlichung des Königs durch ein anderes Medium gefeiert wurde.

Die bedeutendsten innenpolitischen Ereignisse der späten Regierungszeit waren keine glücklichen – von der Hungersnot 1693, dem Aufstand der Protestanten in den Cevennen 1702 und dem strengen Winter 1709 bis zum Tod des Dauphins 1711 und des Herzogs und der Herzogin von Burgund im Jahre 1712.[25] In dieser Situation hatten die Medien kaum etwas anderes zu feiern als sich selbst. Es gab ein regelrechtes Kompensationsbedürfnis, oder, um es mit Zeitgenossen wie Surville auszudrücken, man suchte Ablenkung.

Die Gründung des Ordens des hl. Ludwig war Höhepunkt einer Identifizierung oder zumindest Gleichstellung beider Könige, die seit Ludwigs Kindheit üblich gewesen war (wie übrigens auch im Falle seines Vaters, Ludwigs XIII.). So wurde am 25. August 1648, dem Festtag des Heiligen, in der Jesuitenkirche Saint-Antoine vor dem zehnjährigen König eine Lobrede auf den hl. Ludwig gehalten. 1668 veröffentlichte der Gelehrte Charles Du Cange eine mittelalterliche Biographie des hl. Ludwig nebst Widmung an den König, in der die beiden Herrscher gleichgesetzt wurden. Es existieren mindestens

Innenpolitik

48. »Der genesende Ludwig«. *Allegorie der Genesung des Königs*
von Nicolas Coustou, Marmorrelief, 1693
Louvre, Paris

drei Darstellungen eines hl. Ludwig (datiert von ca. 1655, 1660 und 1675), der die Gesichtszüge Ludwigs XIV. trägt.[26]

Im Laufe der Regierungszeit wurde die Gleichsetzung institutionalisiert, und es bürgerte sich ein, am Festtag des Heiligen dem König zu huldigen. Zur Feier im Jahre 1669 wurde in St. Germain u. a. ein

Theaterstück von Molière aufgeführt.[27] Die Académie Française machte es sich zur Gewohnheit, den 25. August mit der Verleihung eines Preises in Form einer Medaille des Königs zu begehen sowie mit einer Ansprache, in der beide Ludwigs gepriesen wurden.[28] Motetten wurden komponiert, und 1703 wurde an diesem Tag dem König eine Medaille überreicht.[29] In Poitiers wurde zum Festtag des hl. Ludwig eine Statue des Königs eingeweiht. Die Gründung der »Damen des hl. Ludwig« (eines Stifts für arme Adelsfrauen in Saint-Cyr) durch Madame de Maintenon im Jahre 1686 entsprach, ebenso wie die Gründung des Ordens vom hl. Ludwig 1693, diesem allgemeinen Trend.[30] Das gleiche galt für die Kapelle von Versailles, zu der eine Kapelle gehörte, die dem hl. Ludwig geweiht und mit Szenen aus seinem Leben ausgemalt war.

Die Enthüllung von Girardons Kolossalstatue auf der Place Louis-le-Grand am 13. August 1699 wurde so pompös gefeiert wie ein bedeutender Sieg. Auf Befehl des Königs schuf René Houasse zwei Gemälde vom Transport der Statue zum Platz (Abb. 49, 50). Das Denkmal, das während der Französischen Revolution zerstört wurde, ist uns nicht nur (wie Desjardins' Statue auf der Place des Victoires) von Stichen her bekannt (Abb. 51), sondern auch von sechs erhaltenen Miniaturen – ein weiteres »Reklameinstrument« (Abb. 52).

Zur Einweihung des Denkmals ließ die Pariser Stadtverwaltung am Seineufer einen »Ruhmestempel« errichten, der auf einem Felsen stand (wie die Statue von Bernini), wodurch die Mühen auf dem Weg zum Ruhm veranschaulicht werden sollten (Abb. 53). Außerdem fand ein grandioses Feuerwerk statt, bei dem nicht nur Herkules, Alexander, Chlodwig und Karl der Große präsentiert wurden, also traditionelle Repräsentationsfiguren des Königs, sondern auch Perseus, Jason, Theseus, Cyrus, Theodosius, Fabius, Pompeius, Caesar, Philippe Auguste und Heinrich IV. Der Jesuit Menestrier, inzwischen 68 Jahre alt, kam aus der Versenkung, um die Feierlichkeiten in einer illustrierten Flugschrift festzuhalten.[31]

Menestrier war – inoffiziell – auch an einem anderen Projekt zur Verherrlichung Ludwigs beteiligt gewesen, der lange geplanten, hier schon öfter erwähnten Medaillengeschichte der Regierungszeit. Die Petite Académie begann gegen Mitte der achtziger Jahre mit der Ar-

Innenpolitik

49. *Transport des Reiterstandbilds Ludwigs XIV. im Jahre 1699:*
Die Statue verläßt das Kapuzinerkloster
von René Antoine Houasse, Öl auf Leinwand, um 1700
Musée de la Ville de Paris, Musée Carnavalet

SONNENUNTERGANG

50. *Transport des Reiterstandbilds Ludwigs XIV. im Jahre 1699:*
Die Statue trifft an der Place Vendôme ein
von René Antoine Houasse, Öl auf Leinwand, um 1700
Musée de la Ville de Paris, Musée Carnavalet

Innenpolitik

51. »Der Koloß«. *Reiterstandbild des Königs*
Anonymer Kupferstich der Statue von Girardon, um 1697
British Library, London

beit an diesem Unternehmen, kam aber zunächst nur langsam voran. 1689 veröffentlichte Menestrier, der der Akademie nicht angehörte, seine eigene Medaillengeschichte, die *Histoire du roi Louis le Grand par les médailles*. Das Buch enthielt Kupferstiche von 122 Medaillen auf in- und ausländische Ereignisse der Regierungszeit sowie von Jetons und eine Auswahl von panegyrischen Inschriften, Emblemen und Devisen. Die Veröffentlichung wurde von der Akademie als Verstoß gegen

52. »Eine Miniaturreproduktion«. *Ludwig XIV. zu Pferde*
Maquette für die Statue auf der Place Louis-le-Grand, 1691
The Metropolitan Museum of Art, New York

ihr Monopol betrachtet, was ihre Proteste gegen spätere Ausgaben des Buches deutlich zeigen.[32] Man erinnert sich daran, wie Antoine Furetière durch die Veröffentlichung seines *Dictionnaire* von 1684 der Académie Française um zehn Jahre zuvorkam. Teamwork ist nicht unbedingt effizienter als die Arbeit eines tatkräftigen einzelnen.

Konfrontiert mit Menestriers Herausforderung und aus der Verantwortung für die königlichen Bauten entlassen (1691), beeilte sich

Innenpolitik

53. *Der Ruhmestempel*. Kupferstich von Guérard in C.-F. Menestrier,
La statue equestre de Louis le Grand, 1699.
British Library, London

die Akademie, ihre Arbeit voranzutreiben. Ende 1695 war das Werk beim Jahr 1672 angekommen. 1699 erklärte der König ungeduldig, die offizielle Medaillengeschichte im Druck sehen zu wollen. 1702 – in einer Zwischenkriegszeit, als Geld für derart grandiose Unternehmen nicht mehr so schwer aufzutreiben war – wurde das Werk schließlich von der königlichen Druckerei in einem prachtvoll ausgestatteten Folioband veröffentlicht (Abb. 54). Die *Médailles sur les principaux événements de Louis le Grand* – wohl in Abgrenzung zu Menestrier taucht das Wort »Geschichte« nicht auf – präsentierten, chronologisch geordnet, Kupferstiche von 286 Medaillen. Die Entscheidung, gewisse Medaillen nicht in das Werk aufzunehmen, wurde auf höchster Ebene getroffen. Der Begleittext enthält nicht nur ikonographische Beschreibungen der Medaillen, sondern auch »historische Erklärungen« der jeweiligen Ereignisse. Das Werk lieferte also – was so viel Hofgeschichtsschreiber hervorzubringen beauftragt worden waren, aber nie produziert hatten – eine offizielle Geschichte der Regierungszeit. Dieses Handbuch hatte auf dem Schreibtisch eines jeden *intendant* zu stehen.

Der König beteiligte sich persönlich an der Überarbeitung des Buches für die zweite Auflage, die Abbildungen von 318 Medaillen enthielt, bekam das Ergebnis aber nicht mehr zu sehen. Der Band erschien 1723, acht Jahre nach Ludwigs Tod. Die letzten beiden Medaillen in diesem Band sind denn auch Gedenkmedaillen auf den Tod des Königs.

Die Schlußszenen

Der Tod Ludwigs XIV. wurde bis zuletzt bühnenmäßig inszeniert, einschließlich mehrerer Sterbebettszenen, bei denen sich der König von seinen Höflingen verabschiedete und seinem fünfjährigen Enkel und Nachfolger Ratschläge erteilte. Bekannt geworden ist sein Ausspruch: »Ich habe den Krieg zu sehr geliebt, ahmen Sie mich darin nicht nach, noch in den zu großen Ausgaben, die ich gemacht habe« *[J'ai trop aimé la guerre: ne m'imitez pas en cela, non plus que dans les trop grandes dépenses que j'ai faites]*.[33]

Die offiziellen Darstellungen des königlichen Begräbnisses vermit-

Die Schlußszenen

54. »Die Verherrlichung Ludwigs wird verherrlicht«
Frontispiz zu *Médailles...*, 1702
Kupferstich von Louis Simonneau nach einer Zeichnung von Noël Coypel
British Library, London

teln einen Eindruck von Glanz und Pracht. Die Zeremonie dürfte um so eindrucksvoller gewesen sein, als seit 1643 kein französischer König mehr bestattet worden war. Zeitgenössische Beobachter berichten jedoch, daß die Stimmung der Öffentlichkeit eher von Erleichterung als von Freude geprägt war.[34]

Mehr als fünfzig Trauerreden wurden veröffentlicht.[35] Den Predigern bot sich die einzigartige Gelegenheit, eine Zusammenfassung von Ludwigs Herrschaft zu geben, ohne vom König gehört zu werden. Einige Prediger zogen es vor, sich mit dem Tod des Königs auseinanderzusetzen, bezeichneten ihn als einen im christlichen Sinne guten Tod und auch als ein »großartiges Schauspiel« von Mut und Standhaftigkeit.[36] Andere sprachen mehr über Ludwigs Leben und Regierung. Sie kritisierten seine Moral, besonders die des jungen Königs, der ein »Sklave seiner Wünsche« gewesen sei. Gesprochen wurde auch von dem »Schmerz und dem Elend, das durch allzu viele Kriege über Frankreich gebracht wurde« *[les maux et les misères que de trop fréquentes guerres ont attirés sur la France].*[37]

Dennoch lag ein triumphaler Grundton in diesen Predigten, und noch einmal wurde von den Kanzeln herab an die Siege in Flandern und an die Demütigungen Algiers und Genuas erinnert. Auch Ludwigs Liebe zu den Künsten fand Erwähnung, und daß der religiöse Eifer des verstorbenen Königs und seine karitativen Werke – besonders die Gründung der *Invalides* und von St. Cyr – ausgiebig gepriesen wurden, versteht sich von selbst.

Ein letztes Bild des Königs wurde in seinem Testament projiziert, das 1714 in Marly aufgesetzt worden war, und in einem wenige Tage vor seinem Tod geschriebenen Brief, der dem Dauphin an dessen siebzehntem Geburtstag, also 1727, ausgehändigt werden sollte.[38] Darin empfahl er dem künftigen Ludwig XV., niemals mit Rom zu brechen, den Frieden dem Krieg vorzuziehen und für niedrige Steuern zu sorgen. Sind diese Worte als Eingeständnis eigener Fehler zu interpretieren oder als letzter Versuch, einen guten Eindruck auf die Nachwelt zu machen?

War es das letztere, dann dürfte ihm das nicht gelungen sein. Auf Ludwigs Tod folgte ein Schwall respektloser Äußerungen über seine Regierung (s. u., Kap. 10). Die Stimmung im Reich scheint von einer

Die Schlußszenen

55. »Ludwig wird abgehängt«
Detail aus *Enseigne de Gersaint* von Antoine Watteau, Ladenschild, 1721
Schloß Charlottenburg, Berlin

Ablehnung seiner Person geprägt gewesen zu sein – Watteaus berühmter Kunsthändler, der ein Porträt von Ludwig in den Keller schafft, weil es mittlerweile nicht mehr gefragt ist (Abb. 55), bringt das sehr schön zum Ausdruck.[39]

IX. KAPITEL

Die Krise der Repräsentationen

*»Le changement des temps et des affaires
peut obliger à supprimer ou à corriger.«*

*[Der Wechsel der Zeiten und der Geschäfte
kann einen dazu nötigen,
etwas zu unterdrücken oder zu korrigieren.]*

BIGNON

56. »Eine historische Studie«
Frontispiz zu Titmarsh (W. M. Thackeray), *The Paris Sketchbook*, 1840
British Library, London

Wie wir schon mehrfach gesehen haben, bestanden deutliche Widersprüche zwischen dem offiziellen Bild des Königs und der alltäglichen Realität, wie sie von sogar relativ wohlwollenden Zeitgenossen wahrgenommen wurden. Diese Widersprüche waren zwar nicht beschränkt auf diesen Herrscher, sie erschwerten aber die Aufgabe der Künstler, Schriftsteller und all jener, denen die Ausgestaltung des offiziellen Bildes vom König oblag.

Beispielsweise war Ludwig kein hochgewachsener Mann. Er maß nur etwa 1,60 m. Die Diskrepanz zwischen seiner tatsächlichen Körpergröße und seiner »gesellschaftlichen« Größe mußte auf unterschiedlichste Weise vertuscht werden. Sein Sohn, der Grand Dauphin, war zwar größer, »wurde aber auf Gemälden und Stichen gewöhnlich so plaziert, daß dieser Umstand nicht auffiel«.[1] Perücke und Absatzschuhe (Abb. 1, 56) verhalfen Ludwig zu einer eindrucksvolleren Statur. Die Perücke verbarg außerdem, daß dem König aufgrund einer Krankheit (1659) ein Großteil seiner Haare ausgefallen war. Auch auf seinen Bildnissen wurde meist eine geschönte Erscheinung vorgeführt, obwohl Ludwig nichts dagegen hatte, sich als alternder, ja sogar zahnloser Mann porträtieren zu lassen.

Noch eine andere Diskrepanz muß erwähnt werden. Manchmal ergaben sich offenkundige Widersprüche zwischen den offiziellen Darstellungen der Taten des Königs und Meldungen, die aus anderen Quellen stammten (vgl. S. 154f.). Der Mythos vom unbesiegbaren Helden war mit den französischen Niederlagen ganz offensichtlich nicht zu vereinbaren, und es ist bezeichnend, welche Haltung die offiziellen Medien zu solchen Ereignissen einnahmen. Bestimmte Ereignisse wurden zu ihrer Zeit gefeiert und später verschwiegen, wie etwa die berüchtigte Brandschatzung Heidelbergs durch französische Truppen. Der Abbé Bignon (der offizielle Zensor und spätere Direktor aller französischen Akademien) formulierte es diplomatisch: »Veränderungen der politischen Situation können dazu führen, daß Nachrichten unterdrückt oder korrigiert werden müssen.«[2]

Es gibt aber auch Beispiele für das Gegenteil von Unterdrückung, anders gesagt, für die Verherrlichung von Ereignissen, die gar nicht stattgefunden hatten, also von dem, was der amerikanische Historiker Daniel Boorstin »Pseudoereignisse« genannt hat.[3] Um das Jahr 1670 fertigte Sébastien Le Clerc einen Kupferstich an, auf dem ein Besuch Ludwigs in der Akademie der Wissenschaften dargestellt wird (vgl. Abb. 18), der zu dieser Zeit gar nicht stattgefunden hatte.[4]

Diese Beispiele verweisen auf immer wieder vorkommende, ja geradezu »normale« Probleme in der offiziellen Repräsentation von Herrschern. In der zweiten Hälfte des siebzehnten Jahrhunderts kam freilich ein anderes Problem bzw. Problemfeld hinzu. Ich bezeichne es, vielleicht etwas theatralisch, als »Krise der Repräsentationen« im siebzehnten Jahrhundert und unterscheide dabei zwei Gesichtspunkte, den Bedeutungsverlust der Antike und den Verfall der Analogien.

Der Bedeutungsverlust des Kulturmodells Antike im Frankreich des siebzehnten Jahrhunderts wird meist unter der Rubrik des Streits *[querelle]* zwischen den Alten und den Modernen diskutiert oder, wie Jonathan Swift es genannt hat, als »Battle of the Books«. Ihren Höhepunkt fand diese Debatte gegen Ende der 1680er Jahre. Boileau und La Fontaine verteidigten die Klassiker, während die Gebrüder Perrault und Fontenelle Partei für die Modernen ergriffen.[5] Hauptthema war dabei die Frage, ob die antiken Autoren, speziell Vergil und Horaz, ihren modernen Kollegen überlegen seien. Natürlich ging es in dieser Diskussion bald auch um die Frage, ob die moderne Kultur – inklusive Naturwissenschaften – derjenigen der Antike überlegen sei. Ebenfalls diskutiert wurde die Frage, ob es vertretbar sei, postantike Helden (wie z. B. Chlodwig oder Karl den Großen) zu Protagonisten von Gedichten und Bühnenstücken zu machen, Inschriften auf Denkmälern in moderner Sprache abzufassen, moderne Waffen (Musketen, Kanonenkugeln) auf diesen Monumenten zu zeigen und zeitgenössische Figuren wie den König in moderner Kleidung darzustellen.[6] Die Modernen »gewannen« die Schlacht insofern, als der Anführer der anderen Seite, Boileau, sich schließlich für überzeugt erklärte.

Diese Debatte war keine rein literarische Angelegenheit. Die Teilnehmer waren sich der politischen Implikationen durchaus bewußt. Wenn das Zeitalter Ludwigs des Großen dem Augusteischen überlegen war, dann stand Ludwig auch über Augustus. Charles Perrault ging so weit, Alexander für dessen »grenzenlosen Stolz« zu kritisieren und Augustus für dessen »Grausamkeit«.[7] Eine scheinbar ästhetisch begründete Entscheidung, den Louvre mit einer neuen »französischen« Säulenordnung statt der traditionellen dorischen, ionischen oder korinthischen auszustatten, hatte politische Implikationen. Es war eine politische Botschaft.

Auf den ersten Blick war der Sieg der Modernen ebenfalls ein Sieg für Ludwig XIV. Schließlich waren die prominentesten Befürworter dieser Richtung Günstlinge Colberts.[8] Gleichwohl war die Präsentation des Monarchen, wie schon erwähnt, derart eng mit dem Prestige der antiken Tradition verknüpft, daß jede Abkehr von dieser Tradition Künstler und Schriftsteller in Schwierigkeiten stürzte, Schwierigkeiten, die Boileau beispielsweise zu einem der Hauptthemen seines *Vierten Briefs* anläßlich des Feldzugs von 1672 machte.

Das zweite Problem ist der Verfall der Analogien und der sogenannten organischen Entsprechungen in einer Zeit, als abendländische Gelehrte sich anschickten, die Welt als ein gewaltiges Räderwerk aufzufassen. Wissenschafts-, Philosophie- und Literaturhistorikern ist dieses Problem vertraut.[9] Tatsächlich wird es seit den 1930er Jahren diskutiert,[10] auch von einigen Kunsthistorikern.[11] Soviel ich weiß, ist diese Diskussion bei Analysen von Herrscherbildern aber noch nicht berücksichtigt worden.

Die Mythen von mittelalterlichen und frühmodernen Herrschern gründeten in beträchtlichem Maße auf einer traditionellen Weltsicht oder Mentalität. Wird ein Herrscher jener Zeit etwa als Herkules dargestellt, dann war das viel mehr als eine Metapher, die besagt, daß er stark ist oder gar, daß er die Probleme seines Königreichs ebenso mühelos lösen wird, wie Herkules seine Aufgaben löste. Der Bezug, oder die »Korrespondenz«, wie es manchmal hieß, war noch stärker, wie etwa bei der Gleichsetzung von Staat und Schiff (vgl. Abb. 20), von König und Vater, von Gemeinwesen und menschlichem Körper oder Mikrokosmos und Makrokosmos.[12] Der Herrscher wurde in einer Weise mit Herkules identifiziert, als würde sich die Aura des Halbgottes auf ihn übertragen.

Diese Analogien wurden nicht als menschliche Konstruktionen betrachtet, sondern als objektiv gegebene Parallelen, als Realität, von der bei politischen Debatten ausgegangen wurde. Das Gebot »Du sollst deinen Vater und deine Mutter ehren« bedeutete dann, daß Widerstand gegenüber Königen verboten war.¹³ Wir könnten daher von einer »mystischen Mentalität« sprechen, die dem Begriff der »mystischen Teilhabe« *[participation mystique]* nicht unähnlich ist, den der französische Philosoph und Anthropologe Lucien Lévy-Bruhl Anfang des zwanzigsten Jahrhunderts eingeführt hat, allerdings ohne seinen Zusatz »primitiv« zu verwenden. Mit dem Wort »mystisch« bezeichnete Lévy-Bruhl unsichtbare Beziehungen oder Gleichsetzungen wie die zwischen Zwillingen oder Vögeln.¹⁴

Ein gutes Beispiel für diese Mentalität ist die Vorstellung von der mystischen Vermählung zwischen dem König und seinem Reich. Diese Vorstellung fand im französischen Krönungsritual (vgl. Kap. 3) und auch in der venezianischen Vermählung mit dem Meer ihren Ausdruck. Während eines Konflikts mit seinem Parlament berief sich auch der englische König Jakob I. wie selbstverständlich auf diese Vorstellung: »Ich bin der Ehemann, und die ganze Insel ist meine gesetzlich angetraute Frau.« Die Analogie zwischen König und Sonne ist ebenfalls »mystisch« in dem Sinne, daß sie der Beobachtung nicht zugänglich ist, dabei aber die wichtige Aufgabe erfüllt, die politische Ordnung als naturgegeben hinzustellen bzw. sie als genauso unabänderlich und unanfechtbar wie die Natur erscheinen zu lassen.

Im siebzehnten Jahrhundert jedoch fand in Teilen Westeuropas – zumindest in Frankreich, England, Holland und in Norditalien – eine intellektuelle Revolution statt, die die Grundlagen dieser mystischen Mentalität ins Wanken brachte. Zu dieser Revolution gehören die Namen Descartes und Galileo, Locke und Newton, aber zahlreiche weniger berühmte Figuren haben ebenfalls daran mitgewirkt.

Hier ist nicht der Ort für eine detaillierte Darstellung der Ursprünge oder Auswirkungen dieser geistigen Revolution, ihres Einflusses auf wirtschaftliche und gesellschaftliche Veränderungen (beispielsweise den Übergang vom Feudalismus zum Kapitalismus) oder ihres Verhältnisses zu früheren geistigen Bewegungen wie etwa dem Nominalismus des Wilhelm von Ockham, eines Philosophen aus dem vierzehnten Jahrhundert. Ein wesentliches Resultat dieser Revolution war jedenfalls das »Verschwinden der Magie«, in dem Sinne, daß sich unter den Angehörigen der Elite immer mehr Zweifel an der Wirksamkeit der Magie regte – ein Teil der allgemeinen Tendenz zur Säkularisierung oder »Entzauberung der Welt«, wie Max Weber es genannt hat.[15]

Die neue Mentalität betrachtet die Welt eher als Maschine denn als Organismus oder »Tier«. Der neue Kosmos war das Descartessche »Billardkugeluniversum«, in dem sich nichts bewegt, wenn es nicht von etwas anderem angestoßen wird, und Gott setzt das Ganze, wie Pascal sagt, mit einer Fingerbewegung in Gang.

Ebenso bedeutsam an dieser neuen Mentalität war der veränderte Status der Analogie: statt objektiver Gleichsetzung nun die subjektive Metapher. Der Symbolismus verlor seine Unbefangenheit. Mit dieser Veränderung ging eine immer stärkere Abwertung dessen einher, was »bloße« Metapher, »bloßes« Symbol und Ritual genannt wurde. Aus diesem Grund könnte man diese intellektuelle Revolution als »Aufstieg der Nüchternheit« bezeichnen, obwohl es genauer wäre, von einem zunehmenden Bewußtsein für den Unterschied zwischen wörtlicher und symbolischer Bedeutung zu reden.[16] Herkules wird nun reduziert auf einen Ausdruck von Stärke, ein Löwe auf einen Ausdruck von Mut – so als könnten Betrachter und Leser mit abstrakten Eigenschaften leichter umgehen als mit Mythen.

Kurzum, eine konkretere Form des Denkens, wohlgemerkt »Form«, wurde durch eine abstraktere ersetzt. Ich möchte die Bedeutung des Empirismus im siebzehnten Jahrhundert, das Interesse an den konkreten Erscheinungen der materiellen Welt keineswegs leugnen. Entscheidend ist, daß an die Stelle der Gleichsetzungen des mittelalterlichen und frühneuzeitlichen Denkens eher abstrakte Kategorien traten. Mit diesen Veränderungen entwickelte sich der Glaube an die Vernunft und an das, was man »Kulturrelativismus« nennen könnte, an die Vorstellung also, daß bestimmte gesellschaftliche und kulturelle Verhältnisse nicht gottgegeben oder notwendig, sondern bedingt sind. Sie unterscheiden sich von Ort zu Ort und lassen sich von Zeit zu Zeit ändern.

Möglicherweise hatte um 1700 nur eine Minderheit von abendländischen Denkern ihr Weltbild in dieser Weise verändert, doch die Konsequenzen dieser Veränderung waren tiefgreifend, sie reichten vom Rückgang der Hexenverfolgung bis zur Ablehnung religiöser Prozessionen als Methode der Pestbekämpfung. Die Bedeutung des Rituals wurde neu definiert, vor allem in einer während der Regierungszeit Ludwigs XIV. erschienenen Untersuchung des französischen Benediktiners Claude de Vert, der eine sozusagen wörtliche Interpretation des Rituals vorschlug, ein gutes Beispiel für die oben erwähnte »Nüchternheit«.

Weshalb wurden z. B. während der Messe Kerzen auf den Altar gestellt? Gemäß traditioneller Auffassung, wie sie im dreizehnten Jahrhundert von Durandus formuliert wurde, sind die Kerzen Sinnbild dafür, daß Christus das Licht der Welt ist. Claude de Vert dagegen weist »mystische« Erklärungen zurück und fordert historische. Seiner Darstellung zufolge waren die Kerzen notwendig in jener Zeit, als die Messe im Dunkel der römischen Katakomben gefeiert wurde, und der Brauch hatte sich gehalten, obwohl er nicht länger notwendig sei – moderne Soziologen nennen so etwas »Kulturretardierung«.[17]

Die intellektuelle Revolution hatte sowohl tiefgreifende politische wie religiöse Auswirkungen. Herrscher verloren einen Großteil dessen, was Pierre Bourdieu als ihr »symbolisches Kapital« bezeichnen würde.[18] Diese Auswirkungen zeigen sich am deutlichsten in Lockes berühmter Kritik der Gleichsetzung von Königen und Vätern, einer Analogie, die in *Patriarcha* noch als gültig vorausgesetzt wurde, jenem Buch von Sir Robert Filmer, das Locke zu demontieren suchte.[19] Kurzum, Könige verloren ihre symbolischen Kleider, wurden entmythologisiert und entmystifiziert.

Es wäre daher nicht abwegig, auf diese Zeit den berühmten Habermasschen Begriff der »Legitimationskrise« anzuwenden. Das soll nicht heißen, daß Mitte des siebzehnten Jahrhunderts europäische Herrscher ihre Legitimation verloren, auch wenn Karl I. zu eben dieser Zeit seinen Kopf verlor. Ich behaupte aber, daß eine wichtige Legitimationsweise ihre Wirksamkeit verlor.

Was hat das alles mit dem Bild von Ludwig XIV. zu tun? Wie wir gesehen haben, wurde Ludwig, wie andere Herrscher auch – und vielleicht mehr noch als andere Herrscher der damaligen Zeit –, in einer paternalistisch-patriarchalischen Sprache als Vater seines Volkes bezeichnet. Er wurde porträtiert als hl. Ludwig, Herkules, Apoll, als die Sonne. Er wurde als geheiligter Herrscher angesehen, und seiner königlichen Berührung wurde eine wundersam heilende Kraft zugeschrieben.

Eine solche Kraft ließ sich mit dem mechanischen Universum von Descartes und Galilei offensichtlich nicht vereinbaren. Sie wurde in Montesquieus *Perserbriefen* verspottet, die einige Jahre nach Ludwigs Tod erschienen, in denen der persische Besucher den französischen König als »großen Zauberer« beschreibt.[20] Das Problem des Königs war, daß er ein geheiligter König in einer zunehmend säkularisierten Welt war. Er wurde mit der Sonne identifiziert zu einer Zeit, in der die Logik der Identifikation bzw. Gleichsetzung in Frage stand. In den königlichen Memoiren heißt es, die Sonne sei ein angemessenes Bild für den Monarchen, weil sie der »edelste« Himmelskörper sei. Galilei hatte sich zu dieser Zeit bereits mit schlagkräftigen Argumenten gegen die Verwendung von moralischen Begriffen wie »edel« oder »vollkommen« im Zusammenhang mit unbelebter Natur ausgesprochen.

Die intellektuelle Revolution war in höfischen Kreisen nicht unbekannt. Schließlich war La Mothe Le Vayer, einer der führenden Kulturrelativisten, Hauslehrer des Königs gewesen. Furetière, der in seinem berühmten *Dictionnaire* eine reduzierte Definition von Symbolen gab, schrieb auch Gedichte zu Ehren des Königs. Die Akademie der Wissenschaften war 1666 als Teil jenes übergreifenden Projekts gegründet worden, das den König als großen Mäzen der Forschung präsentierte. Die Gebrüder Perrault hatten sowohl mit der neuen Wissenschaft zu tun als auch mit der Produktion des offiziellen Bildes von Ludwig XIV. Charles Perrault betrachtete manche klassischen Mythen als Fabeln, die nur für Kinder geeignet seien.[21] Bernard de Fontenelle war nicht nur Librettist von Opern, deren klassisch-mythologische Stoffe zur Verherrlichung des Königs dienten, sondern auch der Verfasser von Essays, der die Macht der Mythen unterminierte, indem er sie auf Allegorien reduzierte. Diese Schrift, *L'Origine des Fables*, erschien nach dem Tod Ludwigs XIV., war aber offenbar schon vorher geschrieben worden.

Was war zu tun? Man konnte natürlich weitermachen, als wäre nichts passiert. Bossuet beschrieb die Monarchie weiterhin als geheiligte, fürsorgliche Institution, und Ludwig fuhr fort, Kranken die

Hand aufzulegen; am Ostersamstag 1697 waren es mehr als 2000 und vier Jahre später 1800 Personen.[22] In Versailles ähnelte das *lever du roi* (»Königsaufgang«) weiterhin dem Sonnenaufgang. Die andere Möglichkeit bestand darin, die Lehren Descartes' zu verbieten, wie es an den französischen Universitäten auch geschah – eine Entscheidung, die der König offenbar persönlich traf.[23]

Aber es gab noch andere Reaktionen auf die Krise der Repräsentationen. Zu Ludwigs Zeiten wurde bemerkt, daß der König beim Handauflegen eine leicht veränderte Formel sprach. Seine Vorgänger sollen »*Le roi te touche, Dieu te guérit*« gesagt haben [Der König berührt dich, Gott heilt dich]. Die neue, vorsichtigere Formel lautete *Le roi te touche, Dieu te guérisse* [..., Gott möge dich heilen].[24]

Seit etwa 1680, wenn nicht schon früher, griffen Ludwig und seine Berater zu einer neuen Strategie.[25] Wenn das Sonnenemblem auch nicht aufgegeben wurde, so verlor es doch jene Bedeutung, die es zur Zeit der Ballette der fünfziger und sechziger Jahre gehabt hatte. Verweise auf Alexander und Augustus wurden seltener. 1679 ersetzte man das ursprüngliche mythologische Programm für die Grande Galerie, in dessen Mittelpunkt Herkules stand, durch Darstellungen der Taten des Königs. Die Medaillen, die um diese Zeit in steigender Zahl produziert wurden (S. 268 f.), präsentierten den König eher direkt als allegorisch. Die Ablehnung der klassischen Mythologie um 1680 war also doch recht deutlich spürbar.

Der neue Mythos von Ludwig stützte sich auf eine neue Rhetorik, eher modern als klassisch und eher wörtlich als allegorisch.[26] Die Inschriften älterer Medaillen auf Ludwigs Taten orientierten sich noch an dem Vorbild römischer Kaiser. Jetzt hingegen finden wir Beispiele für Statistik: Zweiundzwanzig der zwischen 1672 und 1700 geschlagenen Medaillen sind mit statistischen Angaben versehen. »Zwanzig Städte am Rhein innerhalb eines Monats vom Dauphin eingenommen« [VIGINTI URBES AD RHENUM A DELPHINO UNO MENSE SUBIACTAE] (1688), achtzig Städte erobert (1675), dreihundert Kirchen erbaut (1686), siebentausend Gefangene gemacht (1695), sechzigtausend Seeleute angeworben (1680) und »Zwei Millionen Calvinisten in den Schoß der Kirche zurückgeführt« [VICIES CENTENA MILLIA CALVINIANORUM AD ECCLESIAM REVOCATA, 1685 (Abb. 57)] – Formulierun-

57. *Vicies Centena Millia Calvinianorum ad Ecclesiam Revocata*
Vorderseite der Medaille, 1685
Cabinet des Médailles, Bibliothèque Nationale, Paris

gen, die an moderne Zeitungsschlagzeilen erinnern.²⁷ Immerhin war dies das Zeitalter Colberts und Vaubans, die, unter anderem, begeisterte Sammler statistischer Daten waren.²⁸

Dieser Trend war nicht nur in Frankreich zu beobachten. Auch die Engländer hatten mit William Petty, Gregory King und John Graunt ihre Experten für Statistik oder »politische Arithmetik«, wie sie im siebzehnten Jahrhundert hieß. Und im frühen achtzehnten Jahrhundert bemerkte Sir Robert Walpole einmal, daß bei Debatten im House of Commons »arithmetische Figuren« sehr viel ernster genommen würden als »rhetorische Figuren«.

Es ließe sich auch argumentieren, daß die außerordentliche Mühe, die die französische Regierung auf die Repräsentation Ludwigs XIV. verwandte, die Fülle von Medaillen, Reiterstandbildern, Gobelins usw. – vor allem in der zweiten Hälfte seiner Regierungszeit –, die Reaktion auf eine Krise war, genauer gesagt, auf eine Reihe von Krisen. In erster Linie ist damit die politische Krise der Fronde-Unruhen gemeint, die mit der sogenannten allgemeinen Krise zusammenfielen, zumindest aber mit einer Reihe europäischer Aufstände, die 1648 –

wie 1848 – zu einem Revolutionsjahr machten. Zweitens sind da die politischen Schwierigkeiten der späten Regierungszeit, in der die französischen Armeen weniger erfolgreich und die finanziellen Probleme größer waren als vorher. Drittens haben auch die immer größeren Investitionen in das heroische Bild des Königs sowie gewisse Änderungen dieses Bildes etwas mit der Krise der Repräsentationen zu tun. Wie Harold Lasswell, ein bedeutender Kommunikationstheoretiker, bemerkt hat: »Eine fest etablierte Ideologie... braucht kaum planvolle Propaganda, um sich selbst fortzusetzen... Sobald aber daran gedacht wird, auf welche Art und Weise man Überzeugung verbreiten kann, ist die Überzeugung bereits erlahmt.«[29]

X. KAPITEL
Die Kehrseite der Medaille

»*Le grand-père est un fanfaron,*
Le fils un imbécile,
Le petit-fils un grand poltron,
Oh! La belle famille!

[Der Großvater ist ein Prahlhans,
Der Sohn ist ein Idiot,
Der Enkel ein großer Hasenfuß,
Oh! Welch' schöne Familie!]

ANONYM, *um 1708*

DIE KEHRSEITE DER MEDAILLE

58. »Ludwig der Usurpator«
L'habit usurpé, anonymer holländischer Kupferstich,
frühes 18. Jahrhundert, Privatbesitz

Von Ludwig XIV. fand indes nicht nur das heroische Bild Verbreitung. Es gab auch eine »Kehrseite der Medaille«, wie es in einem gegen Ende der Regierungszeit entstandenen Gedicht hieß.¹ Eine Fülle von Gegenbildern des Sonnenkönigs ist erhalten, die erheblich weniger schmeichelhaft sind als die offiziellen.² Ludwig wurde gelegentlich – speziell von dem holländischen Künstler Romeyn de Hooghe – nicht als Apoll, sondern als Phaeton dargestellt, der den Sonnenwagen nicht mehr zu lenken vermag. Für einige kritische Geister war er nicht Augustus, sondern Nero, für bibelfeste Protestanten nicht Salomon oder David, sondern Herodes oder Pharao. Wie die offiziellen Lobpreisungen, bestanden auch die Gegenbilder meist aus Klischees. Aber in einzelnen Fällen wurden hier auch phantasievolle Variationen auf gängige Themen hervorgebracht.³

So geeignet der Begriff »Kehrseite der Medaille« für einen Korpus von Texten und Bildern sein mag, in dem Parodie und Inversion eine so dominierende Rolle spielen, für eine seriöse Analyse ist er natürlich zu vage. Zu unterscheiden sind mindestens zwei Arten von Abweichungen von der offiziellen Darstellung.

Die erste wurde von einzelnen ausgedrückt, die sich als loyale Untertanen begriffen – oder jedenfalls als solche auftraten –, sich aber über den Hof mokierten, wie Bussy Rabutin, oder dem König gute, wenn auch unerwünschte Ratschläge erteilten, wie der Erzbischof Fénelon. Die zweite kam von erklärten Gegnern des Königs und seines Regimes, von denen viele zu einer Zeit schrieben, als ihre Heimat – England, die holländische Republik, das heilige Römische Reich – sich mit Frankreich im Krieg befand. Die hugenottische Kritik am König begann in der ersten Art und wurde allmählich zur zweiten. Verbreitung fanden diese Gegenbilder in Form von Gemälden, Medaillen, Stichen, Gedichten und verschiedensten Prosatexten (nicht nur auf französisch, sondern auch auf lateinisch, holländisch, deutsch, englisch und italienisch). Angriffsziel war nicht nur Ludwig. Im Laufe seiner Regierungszeit richteten die Satiriker ihre Attacken auch gegen Anna von Österreich, Mazarin, Colbert, Louvois, Madame de Maintenon, auf den Herzog von Burgund, den Beichtvater des Königs, Père La Chaise, und auf einige seiner erfolgloseren Generäle wie etwa Villeroi. Diese Texte sind in Form, Stil und Ton höchst unterschiedlich. Einige sind schlichte Anprangerungen des »französischen Tyrannen«, des »französischen Machiavelli« *[Machiavellus Gallicus]*, des »französischen Attila«, des »französischen Nero« *[Nero Gallicanus]* und so weiter. Das reichhaltige satirische Repertoire der damaligen Zeit wurde aber ebenfalls genutzt, und besonders gern wurde auf das Mittel der Parodie zurückgegriffen.

Ein Beispiel ist die *Vaterunser*-Parodie, sehr beliebt in der Popularkultur des frühneuzeitlichen Europa: »Vater unser, der Du bist in Marly, dein Name wird nicht geheiligt, dein Reich steht vor dem Ende, dein Wille geschieht nicht mehr...« *[Notre père, qui êtes à Marly, votre nom n'est plus glorieux, votre règne est sur sa fin, votre volonté n'est plus faite...].*[4] Im Zeitalter der Romane einer Mademoiselle de Scudéry und Madame de Lafayette wurden selbstverständlich auch Romane parodiert. Eine Ritterromanparodie beschrieb den Kampf zwischen dem »großen Ritter Nasonius« (d. h. Wilhelm von Oranien) und dem »mächtigen Riesen Galieno«, »der von manchen auch Grandissimo genannt wird«.[5]

Ein beliebtes Genre waren auch die Testamentparodie, z. B. »Ludwig des Grossen Testament«, und die politischen Testamente, die Mazarin, Colbert und Louvois zugeschrieben wurden. Daneben wurden diplomatische Berichte parodiert, wie in der *Relation de la Cour de France*, Katechismen, Bekenntnisse *(Confessio regis gallicae Ludovici XIV)*, Hochzeiten *(The French King's Wedding)*, es wurden die Tabletten beschrieben, die Ludwig einnehmen sollte, um seine Eroberungen zu erbrechen, und besonders im Jahr 1715 waren Epitaphe beliebt. Mehr als einmal dienen Träume als Handlungsrahmen, wenn z. B. dem schlafenden Ludwig der Geist Mazarins und Madame de Maintenon der Geist Scarrons, ihres ersten Ehemannes, erscheint (Abb. 62).

Diese Stücke schwanken im Ton zwischen Moralisieren und Zynismus und stilistisch zwischen der kultivierten Eleganz der *Conquêtes amoureuses du Grand Alcandre* und den charivaresken Derbheiten von *The French King's Wedding*, einer Schrift, in der »Das komische Liebeswerben und Miauen sowie die überraschende Vermählung von Ludwig XIV. mit Madame de Maintenon, seiner jüngsten Staatshure«, geschildert wird. Die literarische Taktik variiert zwischen direkten Angriffen und schmeichlerischer Einweihung in »geheime Historien«.

Die Leitmotive dieses Gegenorchesters, das nicht immer mit gestimmten Instrumenten spielte, waren der Ehrgeiz des Königs, sein mangelndes moralisches und religiöses Gewissen, seine Tyrannei, seine Eitelkeit sowie seine militärischen, sexuellen und geistigen Schwächen. Aus diesen sechs Themen läßt sich, analog zu dem in den vorangegangenen Kapiteln präsentierten positiven Bild, ein Gegenbild Ludwigs zusammenfügen.

1. Die Kritiker Ludwigs XIV. bezogen sich häufig auf das, was einer von ihnen den »unersättlichen Appetit seines Ehrgeizes« genannt hat.[6] Die allgemeine moralische Kritik wurde mit einer spezifischen politischen Behauptung verknüpft, die 1667 in der berühmten Flugschrift *Le Bouclier d'État* [Der Schild des Staates] formuliert und häufig wiederholt worden war. Es hieß, Ludwig habe einen »gigantischen Plan«, sich zum »Herren über Europa« zu machen und auf diesem Wege »eine Universalmonarchie« zu errichten. Die Kritiker wandten sich ebenso leidenschaftlich gegen dieses Ziel wie gegen die Mittel, die dabei eingesetzt werden sollten. Die Ereignisse der Regierungszeit, so schrieb ein Pamphletist, seien »sprechende Bücher, in denen überall in Druckbuchstaben zu lesen steht LUDWIG DER GROSSE OPFERT ALLES SEINEM EHRGEIZ UND INTERESSE«.[7] Man beachte die Parodie auf die Großbuchstaben, in denen der Name des Königs in offiziellen Publikationen gedruckt wurde (s. o., S. 55). Die lebhafteste Darstellung der Ambitionen des Königs findet sich auf einem Druck, der Ludwig in gestohlenen Kleidern zeigt (*L'habit usurpé*; vgl. Abb. 58).

2. Häufig kritisiert wurde Ludwigs Skrupellosigkeit, die mit der Lehre von der »Staatsräson« und den Gedanken Machiavellis in Verbindung gebracht wurde, die er angeblich bei Kardinal Mazarin gelernt hatte: »All Machiavilian Policys I have tried / And all Religious Obstacles defy'd« [Jeden Machiavellschen Gedanken habe ich probiert und alle religiösen Hindernisse besiegt].[8] Machiavelli hatte den Fürsten Vertrauensbruch empfohlen; Ludwig wurde »Meineid«,

»Verrat« und »Betrug« vorgeworfen, und die Aufhebung des Edikts von Nantes wurde als Vertrauensbruch gegenüber den Hugenotten bezeichnet.⁹ Vorgeworfen wurde ihm auch, »die Ländereien und Domänen seiner friedlichen christlichen Nachbarn überfallen, gebrandschatzt, verwüstet, ausgeraubt, geplündert und entvölkert« und so gegen das Völkerrecht verstoßen zu haben, besonders aber die »Grausamkeit und Barbarei« des französischen Einfalls in der Pfalz (s. o., S. 153).¹⁰ Dieses Ereignis wurde als »O mehr als türckische, tatarische, barbarische Grausamkeit!« bezeichnet oder, um den Titel eines deutschen Flugblatts zu zitieren, als »französische Ratio Status«.¹¹

3. Ein anderer üblicher Vorwurf galt Ludwigs Tyrannei und wurde z. B. 1689 in einer der berühmtesten Flugschriften erhoben – »*Les soupirs de la France esclave*« [Die Seufzer des versklavten Frankreich] – aber auch andernorts immer wieder geäußert, so etwa in dem englischen Pamphlet *The French Tyrant* von 1702. Die absolute, despotische Macht des Königs wurde kontrastiert mit der Beseitigung der Freiheiten der Hugenotten, des Adels, der *Parlaments*, der Städte und schließlich der Freiheit des Volkes. Ludwig wurde präsentiert als der »große Darsteller von Gottlosigkeit, Grausamkeit, Unterdrückung und Tyrannei auf der Weltbühne«¹², aber auch als »König der Steuern«, »König der Steuereinnehmer« etc. *[le roi des impôts, le roi des maltôtiers]* bezeichnet.

4. Ein vierter Anklagepunkt betraf Ludwigs Gottlosigkeit. In einem Pamphlet wird ihm – eine Anspielung auf den Bühnen-Machiavelli – der Ausspruch in den Mund gelegt: »Die Religion ist in Unseren Augen nichts als Schwindel.«¹³ Die Gottlosigkeit des Königs zeigte sich natürlich exemplarisch in seiner Behandlung der Hugenotten, »des Spielzeugs / Meiner Dragoner«.¹⁴ Sie zeigte sich auch, wie Ludwigs Gegner meinten, in seiner Allianz mit einem unchristlichen Staat, dem Osmanischen Reich. Eine satirische Medaille präsentierte Ludwig gemeinsam mit dem osmanischen Sultan Suleiman III., »Mezomorto« Dey von Algier und Jakob II. Darunter standen die Worte »GEGEN DIE CHRISTENHEIT« (Abb. 59). Auf der Rückseite war, zu der Inschrift »DER FÜNFTE IM BUNDE« [IN FOEDERE QUINTUS], der Teufel dargestellt. Ein weiterer spöttischer Hinweis auf diese Allianz war der Titel der Flugschriften *The Most Christian Turk* (1690) bzw. *Der Koran*

59. »Ludwig gegen Christus«. *Contra Christi Animum*
Kupferstich der Rückseite der Medaille, aus der gefälschten Version von
Menestriers *Histoire du roi*, 1691
British Library, London

von Ludwig XIV. (1695). Als Beispiel für Ludwigs Gottlosigkeit wurde auch der blasphemische, heidnische Kult um den Sonnenkönig angesehen.

5. Dieser Kult gab den feindlichen Imageproduzenten auch die Möglichkeit, auf die »ungeheure Eitelkeit« des Königs hinzuweisen *[un amour propre d'une grandeur immense]*.[15] Eine deutsche Flugschrift zu diesem Thema erschien unter dem Titel *Eigenlob stinckt gern*. Illustriert wurde der Vorwurf durch Hinweise auf die »maßlosen Lobpreisungen« der »Schmeichler« in Gedichten, Opern etc., die, »indem sie ihn mit der Sonne vergleichen, seinen Ehrgeiz anstacheln«.[16] Auch der Bau von Versailles, für den, ebenfalls aus Eitelkeit, riesige Summen ausgegeben wurden, fand Erwähnung sowie die zu Ehren des Königs errichteten Statuen, besonders das Denkmal auf der Place des Victoires.

6. Demgegenüber stellten Ludwigs Kritiker die zahlreichen Schwächen dieses bloßen Sterblichen in den Vordergrund. Der Vorwurf intellektueller Mittelmäßigkeit, den Spanheim und Saint-Simon

DIE KEHRSEITE DER MEDAILLE

60. »Ludwig als Frauenheld«
Ludwig zieht sich mit seinem Harem zurück, anonymer Kupferstich, 1693
Department of Prints and Drawings, British Museum, London

61. *Venit, Vidit sed non Vicit*
Rückseite der Medaille, 1693
Department of Coins and Medals, British Museum, London

erhoben hatten, war nicht zur Veröffentlichung gedacht. Daß Swift von der »üblen Krankheit« des Königs schrieb, d. h. von der Fistel, war für die damalige Zeit eher unüblich.[17] Die Schwächen des Königs, auf die sich die Pamphletisten konzentrierten, waren vielmehr seine militärischen und erotischen Unternehmungen. Beides wurde eng miteinander verknüpft, wie in dem höhnischen Wortspiel *Bella fugis, bellas sequeris* (Vor den Kriegen läufst du davon, doch den Schönen läufst du hinterher).[18] Schöne Beispiele dafür sind eine Darstellung von Ludwig mit seinem »Harem« (Abb. 60) und eine Medaille, die Ludwig in einem Streitwagen zeigt, den vier Frauen von der Front (irgendwo in den Niederlanden) in Richtung Versailles ziehen. In scharfem Gegensatz zum offiziellen Image des heldenhaften Königs wurde Ludwig als kampfesscheuer Feigling präsentiert. Er wurde wegen seiner Niederlagen verspottet, wie die Inschrift auf der Medaille mit den vier Frauen verkündet – VENIT, VIDIT SED NON VICIT (Abb. 61), eine Anspielung nicht nur auf Caesar, sondern auch auf die bei dem *carrousel* von 1662 für Ludwig entworfene *impresa* UT VIDI VICI.

Die Vorstellung, daß Ludwig im Bett besser war als auf dem

62. »Angriff auf Maintenon«
Frontispiz zu *Scarron apparu à Madame de Maintenon*, 1694
British Library, London

63. »Ludwig wird gedemütigt«. Frontispiz zu *Nouvelles Amours de Louis le Grand*, 1696
British Library, London

Schlachtfeld, ist auch das zentrale Thema der *Amourous Conquests*. Die Handlung spielt wiederum in den Niederlanden, und der Name des Helden, »Le Grand Alcandre«, ist eine bissige Anspielung auf das Kompliment, das Mademoiselle de Scudéry dem König in einem Roman (s. o., S. 47) gemacht hatte. Krieg ist eine Metapher für Sex. Die Geschichte konzentriert sich auf vier Mätressen des Königs, La Vallière – bezeichnet als »d'une médiocre beauté« –, Montespan – die noch andere Liebhaber hat –, Fontanges und schließlich Maintenon (Abb. 62), »*qui fait maintenant la prude*« [die jetzt die Prüde spielt].[19] Die Schlußfolgerung ist die, daß »der Große Alcandre, obwohl er über den anderen steht, sich in Humor und Temperament nicht von den einfachen Leuten unterschied«.[20] Heutzutage mag dies einigermaßen dünn erscheinen, aber im Kontext der offiziellen Kampagne, den König als Helden zu präsentieren, wirkte eine solche Behauptung subversiv.

Der militärischen Metapher begegnen wir erneut in *Nouvelles Amours de Louis le Grand*, wo Ludwig auf den Knien vor seiner letzten Eroberung, Madame de St. Tron, gezeigt wird (Abb. 63). Als der König von seinen jüngsten Niederlagen auf dem Schlachtfeld hört, bekennt er, daß er mehr für Venus übrig habe als für Mars, während Madame de Maintenon ziemlich scharf erklärt: »Euer Majestät werden auch in Meudon, in Marly oder in Versailles keine Schlachten gewinnen.«[21] Wiederum dient Krieg als Metapher für Sex. In dem englischen Pamphlet *The French King's Wedding* wird Sex dagegen als Metapher für Krieg verwendet. Ludwig wird hier – im Jahr von Oudenarde – nicht als Frauenheld präsentiert, sondern als impotenter Tattergreis, als »alter vertrottelter Monarch«, der weder an der sexuellen noch an der militärischen Front Erfolg hat:

> »*The Plagues of War and Wife consent,*
> *To send the King a Packing;*
> *You cannot give your Spouse Content,*
> *For she'll be always lacking.*«
>
> *[Krieg und Weib, die beiden Plagen,*
> *Beschließen, den König fortzujagen;*
> *Du kannst deine Frau nicht zufriedenstellen,*
> *Denn sie wird stets Mangel leiden.]*

Daß die Maintenon als »Weib« [Ehefrau] bezeichnet wird, zeigt, daß die zweite Ehe des Königs um 1684 bereits ein offenes Geheimnis war.

Wie im Falle der offiziellen Bilder vom König lohnt es sich zu untersuchen, wie bestimmte Ereignisse von seinen Gegnern dargestellt, ja manipuliert wurden. Daß Medaillen zur Erinnerung an die französischen Niederlagen bei Höchstädt, Oudenarde, Ramillies usw. geschlagen wurden, versteht sich von selbst. 1711 wurde in Utrecht sogar eine Medaillengeschichte der Kriegsjahre von 1708/09 publiziert.[22] Als die Franzosen 1695 Namur verloren, feierte der englische Dichter Matthew Prior das Ereignis mit einer Parodie auf Boileaus Gedicht, das drei Jahre zuvor die Einnahme der Stadt gepriesen hatte.

Lohnender ist es, die Bilder von weniger eindeutigen Ereignissen bzw. Nicht-Ereignissen zu untersuchen, angefangen bei dem bekannten Bild von den vier Frauen, die Ludwig vom Schlachtfeld wegziehen. Inspiriert wurde diese Darstellung offenkundig durch die Tatsache, daß Ludwig sich während des Devolutionskrieges nicht nur von der Königin, sondern auch von La Vallière und Montespan nach Holland ins Feld begleiten ließ.[23]

Ein bezeichnendes Beispiel für die manipulative Behandlung von Ereignissen ist auch die Präsentation Ludwigs als Verbündeter des Großen Türken. 1681 befand sich Kaiser Leopold in einer schwierigen Lage. Ludwig XIV. hatte Straßburg eingenommen, die Ungarn erhoben sich gegen die kaiserliche Herrschaft, und die Türken nutzten die Situation aus, indem sie in Belgrad eine Armee aufstellten und in das Heilige Römische Reich einfielen. Ludwig schloß allerdings kein Bündnis mit den Türken. Andererseits kam er, trotz eines päpstlichen Appells, dem Kaiser während der türkischen Belagerung Wiens nicht zur Hilfe. Es ist dieses Nicht-Ereignis, das dem Bild von Ludwigs teuflischer Allianz zugrunde liegt.[24]

Was die Aufhebung des Edikts von Nantes betraf, so mußte in diesem Fall nichts erfunden werden. Das Ereignis selbst war ein Geschenk für die holländischen, englischen und deutschen Pamphletisten. Sie brauchten die »grausamste und gewalttätigste Verfolgung, die es je in Frankreich gegeben hat« nur zu beschreiben und zu verurteilen, und sie taten es auf Medaillen, in Drucken und Flugschriften mit großer Begeisterung.[25]

Wie schon gezeigt, hatten auch die offiziellen Medien diese Ereignisse gefeiert; der enge Bezug zwischen diesen beiden gegensätzlichen Bildern von Ludwig – hier Held, da Schurke – verdient daher noch ein paar Anmerkungen.

Offizielle Tabuthemen, also vor allem die Mätressen des Königs und seine heimliche zweite Vermählung, wurden von seinen Gegnern hervorgehoben. Von diesem offensichtlichen Unterschied einmal abgesehen, griffen die beiden gegnerischen Gruppen von Künstlern und Schriftstellern immer wieder zu den gleichen Themen und reproduzierten, nur sozusagen seitenverkehrt, die Arbeiten der jeweils anderen Seite. Die Gegenbilder sind, wie wir gesehen haben, stark parodistisch geprägt. Sie imitieren die Formen einiger offizieller Medien, wie etwa Medaillen und Inschriften, während sie den Inhalt verkehren.[26] Sie sprechen von »Sonnenuntergang« oder »Sonnenwende«.[27] Für sie war Ludwig nicht die Sonne, sondern »der vergoldete Meteor«.[28] Sie verglichen den König nicht mit Apoll, sondern mit Phaeton,[29] nicht mit Konstantin, sondern mit Julian Apostata.[30] Ludwig verwendete die stolze Devise NEC PLURIBUS IMPAR [etwa: »unerreichbar für viele«]. Daß er im Zeitalter der Großen Allianz bezeichnet wurde als der »Franzose, der bereits für viele erreichbar ist« *[Gallus iam pluribus impar]*, war unausweichlich.

Die Pamphletisten bezeichnen den König regelmäßig als feige und nicht mutig, prahlerisch und nicht grandios, »ungerecht« und nicht »gerecht«, und so weiter. Sein offizieller Titel »Ludwig der Große« provozierte eine Fülle scharfer Entgegnungen. Er war »Petit« und nicht »Grand« oder »so unverschämt groß gewachsen« oder »groß nur in seinem Ehrgeiz«.[31]

Eine ständige Aufforderung zur Parodie war auch der offizielle Titel des »Allerchristlichsten Königs«. In den Titeln von Flugblättern wurde daraus »Der Allerchristlichste Mars«, »Der Allerchristlichste Türke«, »Der Allerchristlichste muß christlich werden« *[Christianissimus christiandus]* oder »Das antichristliche Bombardement des Allerchristlichsten Königs«.[32]

Die Förderung der Wissenschaften und Künste durch den König wurde von den Pamphletisten nicht ignoriert, aber eben nicht gerühmt, sondern verurteilt. Die Gemälde von Versailles galten als Beispiele für die Arroganz des Königs, die Akademien als Instrumente der Despotie, während die königlichen Ehrenpensionen für Schriftsteller und selbst der Bau des Observatoriums als Taktik interpretiert wurden, die Gelehrten von der Politik und von Kritik an der Regierung abzulenken.[33] Der Louvre wurde mit dem Palast Neros, dem Goldenen Haus, verglichen, und immer wieder stößt man auf den Vorwurf ausschweifender Lebensführung.[34]

Die Kritiker wiesen häufig auf das hin, was man den königlichen Persönlichkeitskult nennen könnte, und sahen darin einen Ausdruck von Schmeichelei, Eitelkeit, Blasphemie und Gottlosigkeit. »Dergestalt ist das Gemüt der Schmeichler dieses Königs, daß sie seinen Ehrgeiz mehr und mehr angestachelt haben, indem sie ihn mit der Sonne vergleichen... als wollten sie ihn als Götzenbild errichten, vor dem alle Welt niederknien muß... Diese Parasiten streben danach, ihn vermittels glorreicher Namen weiß und glänzend erscheinen zu lassen, in einer Art, die fast, wenn nicht überhaupt, den Gipfel der Blasphemie erreicht.«[35]

Der Kult um Ludwig war das Hauptthema mehrerer Flugschriften wie »Eigenlob stinckt gern«, »Extract etzlichen Flosculorum« und »Laus Ludovici Delusa« (Das trügerische Lob Ludwigs). Das *Extract* attackiert die Schmeicheleien des Hofhistorikers Périgny, während *Eigenlob* eine Kritik der *Parallèle* (1685) von Charles-Claude de Vertron ist, einem anderen Hofgeschichtsschreiber, der Ludwig auf eine Stufe mit anderen Herrschern des Beinamens »der Große« stellte, von Alexander bis zu Karl. Matthew Prior schließlich schrieb gleichermaßen gegen Boileau als auch gegen den König:

> *»Pindar, that Eagle mounts the Skies;*
> *While Virtue leads the noble Way:*
> *Too like a Vulture Boileau flies,*
> *Where sordid Interest shows the Prey.*
> *Since hir'd for Life, thy Servile Muse must sing*
> *Successive Conquests and a glorious King;*
> *Must of a Man Immortal vainly boast;*
> *And bring him laurels what so'er they cost.«*[36]

*[Pindar, der Adler, hebt sich in die Lüfte,
Während die Tugend fährt auf edlem Pfad:
Auch gleich dem Geier fliegt Boileau,
Und schnöder Vorteil weist ihm seine Beute;
Die dienstbare Muse, auf Lebenszeit gedungen, muß
Ständig Eroberungen und einen ruhmbedeckten König preisen,
Muß eitel einem Unsterblichen schmeicheln;
Und Lorbeer ihm verschaffen, wieviel es auch kosten mag.]*

Auch das Ludwig-Denkmal auf der Place des Victoires war eine Gelegenheit, die sich die Kritiker nicht entgehen ließen. Drei Jahre nach seiner Errichtung wurde in den *Soupirs* (1689) erklärt, daß Ludwig »Statuen errichten ließ, auf deren Sockel gotteslästerliche Worte zu seinen Ehren geschrieben stehen«, wobei eine Fußnote auf die Inschrift VIRO IMMORTALI verwies (die Behandlung eines einzigen Beispiels im Plural ist eine bekannte rhetorische Technik).[37] Ein englisches Flugblatt beschrieb die Statue als »Bekrönt mit Strahlen und Sternen, wie die alten Römer es mit ihrem Gott Jupiter getan haben... An einem Ort sind die Figuren von Europa, Asien, Afrika und Amerika versammelt, und sie knien ihm zu Füßen, als gebe er der ganzen Welt die Gesetze.«[38] In einem anderen Pamphlet hieß es, daß »die Franzosen... an diesem Tag der Gottheit Ludwigs des Großen Weihrauch darbringen, und unter seiner Statue, deren Haupt einen Ruhmeskranz trägt, stehen die blasphemischen Worte *Numini Ludovici Magni* geschrieben... Sie bringen ihre Opfergaben diesem unsterblichen Mann, *viro immortali*.«[39] Eine deutsche »Beschreibung der Ruhm-süch- und Hochmüthigen Ehren-Seule«, veröffentlicht im Jahre 1690, ist ausschließlich diesem Denkmal gewidmet.[40] 1715 erschien ein Gedicht gegen den verstorbenen König, in dem es über die Statue hieß:

> *»Cet homme qu'une indigne et basse flatterie
> Sur un piédestal criminel
> Expose à tous les yeux comme étant immortel.«*
>
> *[Jener Mensch, den unwürdige niederträcht'ge Schmeichler
> Auf ein verbrecherisch' Podest erhoben haben
> Wo er vor aller Augen als unsterblich dargeboten wird.]*

Selbst der Lorbeerkranz wurde gegen Ludwig verwendet. Ein Dichter verspottet das Zögern Victorias, die im Begriff ist, den König zu krönen, während eine parodistische Medaille eine Victoria zeigt, die den Lorbeerkranz wegnimmt – ein schönes Beispiel dessen, was der Russe Michail Bachtin »Entkrönung« genannt hat.[41] Die Bildparodie dürfte die wirksamste Methode gewesen sein, das offizielle Image zu unterminieren. Ein Kupferstich, der 1694 in Paris zirkulierte, zeigte statt der vier Figuren an den Ecken des Sockels vier Frauen, die den in Ketten liegenden König hielten – La Vallière, Fontanges, Montespan und Maintenon.[42]

Die Chronologie dieser Attacken ist bemerkenswert. Ein exaktes Verzeichnis aufzustellen, ist kaum möglich, selbst bei den Pamphleten, da es schwierig ist, das Genre zu definieren – wann wird aus einem Text, der abfällige Bemerkungen enthält, ein Angriff? Wir können lediglich ein Korpus von fünfundsiebzig Texten untersuchen (siehe Anhang, S. 272), die sich mit Ludwig beschäftigen. Vier Texte (einschließlich des berühmten *Bouclier d'État*) datieren aus den sechziger Jahren, dem Jahrzehnt des Devolutionskrieges. Sechs Texte stammen aus den siebziger Jahren, der Dekade des Holländischen Krieges. Aus dem Bächlein wurde erst in den achtziger Jahren ein Fluß von sechzehn Texten, u. a. den berühmten *Soupirs de la France esclave* und anderen kritischen Stimmen anläßlich der Aufhebung des Edikts von Nantes. Aus dem Fluß wurde in den neunziger Jahren ein Strom von fünfunddreißig Texten – sechs allein im Jahr 1690 –, der danach wiederum auszutrocknen beginnt – aus der Zeit zwischen 1700 und 1715 liegen nur vierzehn Texte vor.

Wer war verantwortlich für dieses inoffizielle Bild vom König? Über die Organisation und Verteilung dieses Korpus von Texten und Bildern wissen wir viel zu wenig. Der Angabe des Erscheinungsortes, sofern erwähnt, ist nicht immer zu trauen. Manchmal heißt es da »Vrystadt« oder »Villefranche«, ein beliebter Scherz der Untergrunddrucker jener Zeit. Auf den Titelseiten französischer Schriften findet sich am häufigsten der Ortsname »Köln«, und am häufigsten heißt der Drucker »Pierre du Marteau«, der vielleicht gar nicht existiert und gewiß nicht alle Bücher gedruckt hat, die ihm im Laufe von mehr als hundert Jahren zugeschrieben wurden.[43]

Bibliographen mit detektivischem Spürsinn sind typographischen Besonderheiten nachgegangen und auf die Druckerfamilie Elsevier in Leiden und Amsterdam gestoßen. Vermutlich wurde ein Großteil der französischsprachigen Pamphlete in der holländischen Republik gedruckt und nach Frankreich geschmuggelt. Die Holländer hatten bereits eine Tradition, fremdsprachige Bücher für den Export zu drucken, und die Hugenotten, die in den 1680er Jahren in die Niederlande geflohen waren, schlugen sich nicht selten als Schriftsteller oder Buchhändler durch. Es ist denkbar, daß einige von ihnen an dieser klandestinen Kommunikation maßgeblich beteiligt waren. Der große Coup der Untergrunddrucker war eine 1691 herausgegebene Imitation von Menestriers Medaillengeschichte (s. o., S. 158 ff.), in die zusätzlich fünf Abbildungen von satirischen Medaillen hineingeschmuggelt wurden; die entsprechende Anmerkung lautete: »Die fünf folgenden Tafeln mit Abbildungen von Medaillen sind für die *Geschichte Ludwigs des Großen* nicht weniger bedeutsam als die auf den vorangegangenen Seiten dargestellten; Pater Menestrier hatte freilich seine Gründe, sie nicht in sein Werk aufzunehmen.«[44] (S. 187)

Die Urheber dieser Gegenbilder sind im allgemeinen ebenso anonym oder pseudonym wie die Drucker, doch immerhin lassen sich einige Schriftsteller und Künstler identifizieren. Der führende unter ihnen war Romeyn de Hooghe, ein berühmter holländischer Kupferstecher, der aber auch als Maler, Bildhauer, Medailleur und Schriftsteller tätig war. Sein »Karikaturenfeldzug« gegen Ludwig begann mit dem Krieg von 1672 und dauerte bis zu seinem Tod im Jahre 1708. Bilder der »Grausamkeit gegen die französischen Protestanten« von 1685 gehören ebenso dazu wie Darstellungen von Ludwig als Phaeton oder als verkrüppelter Apoll.[45] Zu den engagierten Gegnern Ludwigs XIV. zählte auch Nicolas Chevalier, ein hugenottischer Pfarrer, der Frankreich nach der Aufhebung des Edikts von Nantes verließ, in der holländischen Republik als Buchhändler und Medailleur tätig wurde und eine Medaillengeschichte der Kriegsjahre 1708/09 herausgab.[46]

Andere Künstler haben anscheinend für jeden gearbeitet, der sie

64. »Ludwig als Satyr«
Ludwig und Madame de Montespan bei einem Festgelage von Joseph Werner
Öl auf Leinwand, um 1670. Zürich, Sammlung Von Muralt

bezahlte. Dem Schweizer Künstler Joseph Werner, der den jungen Ludwig als Apoll malte, sind wir schon in den sechziger Jahren am Hof begegnet (s. S. 85). Nachdem es ihm nicht gelungen war, in Frankreich Karriere zu machen, zog er nach Deutschland und malte den alternden Ludwig als Satyr in einem Bacchanal (Abb. 64). Ist dieser Weg von der Verherrlichung zur Satire nun als Ausdruck persönlicher Enttäuschung oder bloß als Ergebnis eines Wechsels des Auftraggebers zu interpretieren?[47] Und was sollen wir von Nicolas Larmessin halten? Dieser Kupferstecher und Buchhändler ist vor allem für seine Frontispize für den *Almanach Royal* bekannt, der ein wichtiger Beitrag zur Verherrlichung des Königs war. 1704 wurde Larmessin jedoch unter der Anklage, eine Karikatur vom König und Madame de Maintenon angefertigt oder verkauft zu haben, in die Bastille geworfen.[48]

Die Autoren, denen die Pamphlete zugeschrieben werden, sind eine ähnlich bunte Schar aus engagierten Kritikern und käuflichen Geistern. Zu ihnen gehören einige seinerzeit bekannte Namen. *Bouclier d'État* war das Werk von Franz Paul von Lisola, einem Advokaten aus der Franche-Comté, der dann als Diplomat in den Dienst Kaiser Leopolds trat.[49] *Machiavellus Gallicus* wird gemeinhin Johan Joachim Becher zugeschrieben, der als Alchimist und Ökonom ebenfalls in Leopolds Diensten stand.[50] Die *Soupirs de la France esclave* war vermutlich das Werk des hugenottischen Pfarrers Pierre Jurieu.[51]

Der berühmteste Name ist aber noch nicht gefallen. Verfasser des Pamphlets *Mars christianissimus* ist nach allgemeiner Auffassung Gottfried Wilhelm Leibniz. Eine Kritik an Ludwig XIV., das scheint weit entfernt zu sein von den philosophischen und mathematischen Studien, für die Leibniz berühmt ist, aber immerhin verbrachte er einen Großteil seines Lebens im Dienste zweier deutscher Fürsten, des Kurfürsten von Mainz und des Herzogs von Braunschweig, und er entwickelte sogar den Plan, Ludwig eine Invasion Ägyptens vorzuschlagen, um ihn von Deutschland abzulenken.

Andere Autoren, die ihre Stimme gegen Ludwig erhoben, waren professionelle Schriftsteller, zu ihrer Zeit eher berüchtigt als berühmt. Eine der schillerndsten Figuren war der Mailänder Gregorio Leti, der zum Calvinismus übergetreten war und anti-papistische

Flugschriften verfaßt hatte, nach Frankreich kam und 1680 eine Lobrede auf Ludwig XIV. schrieb und ihn fünf Jahre später zu attackieren begann. Die berühmten *Conquêtes amoureuses* werden üblicherweise Courtilz de Sandras zugeschrieben, einem französischen Adligen, der wohl ebenfalls auf beiden Seiten gestanden hat.[52] *Christianissimus christiandus* stammte aus der Feder des Engländers Marchmont Needham, eines wetterwendischen Journalisten.

Drei große Gestalten der englischen Literatur, Jonathan Swift, Matthew Prior und Joseph Addison, trugen ihren Teil zum Gegenbild des Königs bei. Swift sprach in einem Gedicht, in dem er die Expedition Wilhelms III. nach Irland pries, wenig schmeichelhaft von dem »ruhelosen Tyrannen«. Prior, der zu jener Zeit im diplomatischen Dienst stand, ließ seine »Ballade« über die Einnahme von Namur unter den Mitgliedern der britischen Regierung zirkulieren. Dichtung und Diplomatie waren eine Fortsetzung des Krieges mit anderen Mitteln. Was Addison angeht, so ließ er in seine scheinbar harmlosen *Dialogues on Medals* einige scharfe Bemerkungen über Ludwig einfließen und folgte auch einer offiziellen Einladung, ein Gedicht auf die Schlacht von Höchstädt-Blenheim zu schreiben.[53]

Die Propagandakampagne von Ludwigs Gegnern war natürlich sehr viel schlechter koordiniert als die Kampagne seiner Anhänger. Journalisten in London, Medailleure in Nürnberg, hugenottische Exilanten in der holländischen Republik und französische Kritiker konnten nicht ohne weiteres miteinander Kontakt halten. Ironischerweise war es das offizielle Bild des Königs, das den Zusammenhalt ihrer Attacken darstellte.

Die wichtigste und schwierigste Frage habe ich bis zuletzt aufgehoben. Wie wirksam war die Kampagne? Wer las die Flugschriften oder betrachtete die Medaillen? Und was hielt man von der Kritik? Der Rezeption der kritischen Bilder von Ludwig ebenso wie der Reaktion auf die offiziellen Darstellungen des Sonnenkönigs ist das anschließende Kapitel gewidmet.

XI. KAPITEL
Die Rezeption Ludwigs XIV.

»*Étudiez la cour et connoissiez la ville.*«

[Studieren Sie den Hof und lernen Sie die Stadt kennen.]

BOILEAU

DIE REZEPTION LUDWIGS XIV.

65. »Der silberne Thron«
Kupferstich des Königsthrons, aus *Mercure Galant*, Dezember 1686
Bibliothèque Nationale, Paris

Das einheimische Publikum

Bis jetzt hat sich diese Studie, ebenso wie ältere Untersuchungen zur Präsentation Ludwigs XIV., mehr mit der Produktion als mit dem Konsum, mehr mit dem entstandenen Bild als mit seiner Rezeption beschäftigt. Wie Literatur- und Kunsthistoriker aber mittlerweile erkannt haben, muß eine kommunikationstheoretische Untersuchung, die sich nicht mit der Rezeption der Botschaft, der Zusammensetzung des Publikums und dessen Reaktionen beschäftigt, unvollständig bleiben.[1]

Wir müssen also nicht nur fragen, »wer was sagt«, sondern auch »zu wem« und »mit welchem Ergebnis«, und wir müssen diese Formel soweit differenzieren, daß auch die Mechanismen des Interpretierens und Sichaneignens von Botschaften für andere als die ursprünglich gedachten Zwecke darin Platz finden. Im Falle Ludwigs XIV. ist das Quellenmaterial hinsichtlich des intendierten Publikums relativ umfangreich, und es erlaubt interessante Blicke auf einzelne Reaktionen.

Das einheimische Publikum

Für wen wurde dieses Image mehr als siebzig Jahre lang verbreitet, wer sollte überzeugt werden? Es ist unwahrscheinlich, daß es für die Masse von Ludwigs Untertanen gedacht war, jene zwanzig Millionen Franzosen, die 1643 oder 1661 oder 1715 lebten (die Bevölkerungszahl war gegen Ende von Ludwigs Regierungszeit mehr oder weniger die gleiche wie zu Beginn). Ludwigs Medien waren keine Massenmedien. Zu besonderen Anlässen wie der Einweihung des Languedoc-Kanals oder der Statue auf der Place des Victoires wurden Medaillen hergestellt, allerdings nicht in großer Zahl. Die Pariser Bevölkerung konnte die Triumphbögen und die Statuen sehen, die in ihrer Stadt errichtet wurden, aber nur wenige dürften imstande gewesen sein, die lateinischen Inschriften zu lesen, geschweige denn die Ikonographie zu entziffern. Versailles stand jedem männlichen Erwachsenen, der ein Schwert trug, offen, und am Schloßeingang konnten Schwerter ausgeliehen werden, doch nur eine Minderheit war dazu in der Lage. Die königlichen Gemächer öffneten sich dreimal wöchentlich für alle »Personen von Rang« *[toutes les personnes d'une qualité distinguée].*[2]

Die Feste mögen in ihrem Glanz, ihrer Prachtentfaltung und ihrem Reiz für Augen und Ohren dem modernen Fernsehen geähnelt haben, doch sie wurden für ein kleines Publikum bei Hofe inszeniert. Das *Ballet de cour* war eine intime Veranstaltung. Die Lobreden in Reim- und Prosaform richteten sich in erster Linie an ein einköpfiges Publikum, nämlich den König, und wurden von ihm – oder für ihn – möglicherweise noch in Manuskriptform gelesen, obwohl die Texte später oft veröffentlicht wurden. Auch die königlichen Memoiren waren ursprünglich für eine einzige Person gedacht – für den Dauphin. Dieses Privatdokument wurde erst 1806 publiziert.

Wer also war das Publikum? Die Frage ist schwerer zu beantworten, als es den Anschein hat. Zum einen kam der Begriff des Publikums, der »Öffentlichkeit«, um diese Zeit gerade erst auf. Die Franzosen verwendeten Formulierungen wie »das öffentliche Wohl«, »öffentlich predigen« usw., nicht aber »die Öffentlichkeit«. Der Begriff »öffentliche Meinung« war noch nicht bekannt – von *l'opinion du peuple* ist erstmals 1715 die Rede, also im letzten Jahr der Regierungszeit.[3] Der Ausdruck *la voix publique*, also »öffentliche Stimme« oder auch »Wahlstimme«, war nur ein partieller Ersatz. »Man sagt, daß jemand die öffentliche Stimme auf seiner Seite hat, d. h. allgemeinen Beifall« *[On dit qu'un homme a la voix publique pour luy, pour dire, l'applaudissement universel]*.[4]

Man könnte nun argumentieren, daß es die Bezeichnung nicht gab, weil es auch das Bezeichnete nicht gab. Öffentlichkeit ließe sich definieren als eine soziale Gruppe, die sich, wie eine soziale Klasse, ihrer selbst bewußt sein muß, um existieren zu können.[5] Dieses Selbst-Bewußtsein wurde befördert durch die wachsende Zahl der Kommunikationsmedien. Die offiziellen Imageproduzenten Ludwigs XIV. leisteten daher einen wichtigen Beitrag zur Herausbildung der öffentlichen Meinung in Frankreich. In diesem Sinne erleichterten sie die Verbreitung von offiziellen und inoffiziellen Bildern.

Andererseits wurden die Medien des siebzehnten Jahrhunderts – wie die Medien der heutigen Zeit – selbst geprägt durch die Bedürfnisse und Wünsche der Öffentlichkeit beziehungsweise durch das, was die Nachrichtenproduzenten dafür hielten. Das Image des allwissenden und allmächtigen Monarchen kann nicht bloß als Produkt eines Kreises von Propangandisten und Schmeichlern abgetan werden. Die Ähnlichkeit zwischen dem französischen Heldenkönig und den Helden anderer Kulturen weist darauf hin, daß das offizielle Bild – in gewissem Maße – Ausdruck eines kollektiven Bedürfnisses war. Es ist zwar reine Spekulation, aber man könnte einen Bezug herstellen zwischen dem Aufstieg des zentralistisch organisierten Staates im siebzehnten Jahrhundert und der Verstärkung des Königskultes, des Kultes um eine Figur, die die Macht der Zentrale repräsentierte, ja verkörperte.

Es wäre natürlich falsch, zu glauben, Zuhörer und Zuschauer im siebzehnten Jahrhundert seien ein homogenes Publikum gewesen. Ich denke vielmehr, daß die damaligen Nachrichtenproduzenten versucht haben, vor allem drei verschiedene Zielgruppen zu erreichen – die Nachwelt, die Oberschicht in Paris und in der Provinz sowie Ausländer, speziell ausländische Fürstenhöfe. Wenden wir uns also diesen verschiedenen Gruppen der Reihe nach zu.

So merkwürdig das heute auch erscheinen mag – die Propagandisten des Königs wollten *uns* erreichen, genauer gesagt, die Nachwelt, wie sie in ihrer Vorstellung existierte. Wie es in den königlichen Memoiren heißt, schulden Könige »allen Zeitaltern« eine Darstellung ihrer Handlungen.[6] Im Entwurf eines Briefes, den Charles Perrault für Colbert schrieb, wurden Malerei und Bildhauerei als Künste bezeichnet, die nach dem Willen des Königs einen besonderen Beitrag leisten sollten, »seinen Namen der Nachwelt zu überliefern«.[7] Obelisken waren bei Denkmalsprojekten auch deswegen so beliebt, weil sie ewigen Ruhm symbolisierten. Für die Monumente selbst wurden Materialien wie Marmor und Bronze verwendet, damit sie Jahrhunderte überdauerten. Gedenkmedaillen auf Ereignisse der Regierungszeit wurden in den Grundsteinen von Bauwerken versenkt – z. B. des Louvre 1665, des Observatoriums 1667 und des Pont Royal 1685.[8]

Aber der beste Beweis für das große Interesse der Regierung an der Nachwelt ist zweifellos ihr Bemühen, geeignete Autoren für eine offizielle Geschichte der Regierungszeit zu finden. Von den neunzig Schriftstellern, die Colbert im Jahre 1662 von Chapelain vorgeschlagen wurden, waren nicht weniger als achtzehn Historiker. Mindestens zwanzig Personen bekleideten das Amt oder beanspruchten den Titel eines *historiographe du roi* oder wurden von der Regierung beauftragt, Geschichtswerke zu schreiben. Der König beteiligte sich persönlich an der Anfertigung offizieller Berichte von bestimmten Feldzügen.[9]

Das Bild des Königs sollte auch die Untertanen des Königs ansprechen, »die Völker, über die wir herrschen« *[les peuples sur qui nous régnons]*. Vor allem richtete es sich an die Höflinge, besonders den Hochadel, für den Anwesenheit bei Hof mehr oder weniger Pflicht war. Saint-Simon berichtet, wie ungehalten der König war, als er den Hof ohne Erlaubnis verließ. Von den Angehörigen des Hochadels wurde nicht nur deswegen Präsenz bei Hof verlangt, um sie von ihrer lokalen Machtbasis zu entfernen, sondern auch, um sie durch den Glanz des Königs zu blenden. Die Höflinge und Hofdamen stellten den Großteil des Publikums für die täglichen Theaterstücke, Ballette, Opern und anderen höfischen Darbietungen, nicht zu vergessen den königlichen *lever*. Zu besonderen Anlässen pflegte sich die Zahl der Zuschauer zu erhöhen. Sechshundert Damen und Herren nahmen an den *Plaisirs de l'Île Enchantée* von 1664 teil und eintausendfünfhundert bei dem noch prächtigeren *Divertissement* von 1668. Zu betonen ist, daß Frauen gleichberechtigt und in mehr oder weniger gleicher Zahl wie Männer teilnahmen.

Boileau bezeichnete in seiner *Art poétique* das gebildete französische Publikum als *la cour et la ville*, »den Hof und die Stadt« (d. h. Paris).[10] Der Hof neigte dazu, die Stadt als »bürgerlich« zu verachten, ein Begriff, der in den 1660er Jahren als Bezeichnung für Advokaten und andere Gemeine aufkam. Was den König angeht, so spricht durchaus etwas für die traditionelle Ansicht, seine Erfahrungen während der Fronde (s. o., S. 62) hätten ihn gegen die Stadt eingenommen. Nach der königlichen Hochzeit und der feierlichen Entrée, bei der gut und gern hunderttausend Menschen anwesend waren, hatten die Pariser kaum mehr Gelegenheit, ihren Herrscher persönlich zu Gesicht zu bekommen.[11] Er hielt sich nur noch selten im Louvre auf und nahm nach dem *lit de justice* von 1673 (s. o., S. 62) an relativ wenigen öffentlichen Ereignissen in Paris teil. Erst 1687 stattete der König dem Hôtel de Ville einen Besuch ab, um zu demonstrieren, daß er die Fronde vergessen hatte und bereit war, seinen Frieden mit der Stadt zu schließen.[12]

Dennoch erreichten die Verherrlichungen Ludwigs dieses städtische Publikum. In der *Gazette*, die im Louvre gedruckt wurde, konnte es aktuelle Meldungen lesen. Aufführungen am Hof wurden oft in Paris wiederholt. So wurde Molières *Prinzessin Élide* erstmals im Mai 1664 als Teil der *Plaisirs* in Versailles aufgeführt, im darauffolgenden November aber im Theater des Palais Royal in Paris wiederholt. 1665 wurde Racines *Alexander* in demselben Theater gespielt und auch im rivalisierenden Hôtel de Bourgogne. Ab 1673 leitete Lully das Theater des Palais Royal, und seine Opern wurden dort aufgeführt.

Die königlichen Akademien für Literatur, Malerei, Architektur und Musik waren sämtlich in Paris ansässig, desgleichen die königliche Gobelinmanufaktur, die ihre Tapisserien bei großen Festen zeigte. John Locke beispielsweise bekam sie während des Fronleichnamsfests 1677 zu sehen und schrieb: »Auf jedem Stück war Ludwig der Große die Hauptperson.«[13] Die größeren Theater und die Oper befanden sich in Paris. Der Umbau des Louvre, der Bau des Hôtel des Invalides, die Errichtung von Triumphbögen und der Statuen auf der Place des Victoires und der Place Louis-Le-Grand prägten das Bild des Königs der Stadt ein. Zum Gedenken an die baulichen Veränderungen wurde eine Medaille mit der Inschrift »Paris wird geschmückt« [ORNATA LUTETIA] herausgegeben.

Aber auch der Provinz galt das offizielle Interesse in zunehmendem Maße. Zwischen 1669 und 1695 wurden, nach dem Modell der Académie Française, sechs Provinzakademien gegründet – in Arles, Soissons, Nîmes, Angers, Villefranche und Toulouse –, und naturwissenschaftliche Akademien wurden nach dem Vorbild der Académie des Sciences in Caen – das bereits eine Akademie der Geisteswissenschaften besaß –, Montpellier und Bordeaux gegründet.[14] 1684 wurde in Marseille nach Pariser Vorbild ein Opernhaus nebst Musikakademie gegründet. Wie ihre Pariser Schwestern hatten auch diese Institutionen den Ruhm des Königs zu mehren. Die Akademien in Arles und Angers schrieben Preise für Panegyriken auf Ludwig aus, die Akademie von Soissons veranstaltete Feiern zum Namenstag des hl. Ludwig, und die geisteswissenschaftliche Akademie zu Caen beteiligte sich an der Errichtung einer Statue für den König.

Ludwig stattete einer Reihe von französischen Städten einen offiziellen Besuch ab, der den Einwohnern die Möglichkeit gab, ihn persönlich zu sehen. Er besuchte Reims 1654 anläßlich seiner Krönung. 1658 hielt er feierlich Einzug in Lyon. In der Zeit seiner Alleinregierung besuchte er mehrere Städte, zumeist jüngst erworbene wie etwa Dünkirchen (1662, 1671), Lille (1671, 1680), Dijon, Besançon und Straßburg (jeweils 1683) sowie Cambrai (1684).

Die Regierung erwartete, daß glückliche Ereignisse wie militärische Siege oder Geburten in der Königsfamilie in Paris ebenso wie in der Provinz gefeiert wurden. Bischöfe wurden angewiesen, in ihren Kathedralen bei entsprechenden Anlässen das *Te Deum* singen zu lassen, und es wurden sogar bestimmte Personen und Gruppen benannt, die beim Gottesdienst zu erscheinen hatten.[15]

Die Feiern nahmen häufig sogar überregionale Dimensionen an. Beispielsweise wurde 1678 der Friede von Nimwegen in Abbéville – wo ein Bildnis des Königs gezeigt wurde –, in Caen, Chartres, Le Havre und Montpellier öffentlich gefeiert.[16] 1682 wurde die Geburt des Herzogs von Burgund in den Provinzen gefeiert, von Rennes bis nach Marseille, aber vor allem in Burgund und der Hauptstadt Dijon.[17] Die Feiern anläßlich der Geburt des Herzogs von Anjou 1684, vor allem diejenige in Angers, folgten demselben Modell.[18] 1687 wurden in Arles und anderen Städten Feiern anläßlich der Genesung des Königs veranstaltet.[19] Organisiert wurden solche Ereignisse, bei denen meist Lobreden auf den König gehalten wurden, vom örtlichen *intendant*, von der Stadtverwaltung oder von Angehörigen der verschiedenen Provinzakademien.

Regelmäßige Nachrichten über den König gelangten über die Presse in die Provinzen, vor allem über die offizielle *Gazette* und den *Mercure Galant*. Der Herausgeber des *Mercure* – der seit 1684 eine königliche Pension bezog – sprach seine Leser an, als wären sie alle Provinzler, begierig auf Neuigkeiten aus Paris, über den König und den Hof (s. o., S. 132). Die Zeitung wurde in Form von Briefen an eine Dame in der Provinz geschrieben – bemerkenswert ist das Interesse an Leserinnen.[20] Ein deutliches Indiz dafür, daß sich die Regierung verstärkt den Provinzen zuwandte, ist die Verbreitung dieser offiziellen Journale. 1685 wurde die Pariser *Gazette* auch in fünf Provinzstädten gedruckt: Bordeaux, Lyon, Rouen, Toulouse und Tours; 1699 waren es einundzwanzig Städte und am Ende der Regierungszeit dreißig.[21] Der *Mercure Galant* wurde ebenfalls in den Provinzen gedruckt, nämlich in Bordeaux, Lyon und Toulouse.

In die »Statuenkampagne« der achtziger Jahre wurden auch größere Provinzstädte einbezogen, darunter Arles, Caen, Dijon, Lyon, Montpellier, Pau, Poitiers und Troyes. Tours, Besançon und Montpellier (jeweils 1693) und Lille (1695) kamen in den Genuß von Triumphbögen, und Pläne für den Bau ähnlicher Ehrenmonumente bestanden in La Rochelle, Marseille und Metz.[22] Die geographische Verteilung der Triumphbögen entsprach derjenigen der Reiterstandbilder (s. o., S. 131 f.) und der Staatsbesuche. Man konzentrierte sich auf die Peripherie, auf die Gegenden, die erst seit kurzem zu Frankreich gehörten, die meisten Privilegien genossen und – am häufigsten rebellierten. Daß einer Festung im neueroberten Saarland der Name »Saarlouis« (s. o., S. 123) gegeben wurde, entsprach diesem allgemeinen Trend.

Die berühmten Botschaften an die Provinzen von 1709, die sie davon überzeugen sollten, daß weiterhin Krieg geführt werden mußte (s. o., S. 155), sind Höhepunkte eines allgemeinen Trends. Offene Briefe, von Ludwig unterzeichnet, aber von Torcy verfaßt, gingen an die Provinzgouverneure und die Bischöfe. Darin war die Rede von den Friedensbemühungen der Regierung, vom Feind, dem nicht zu trauen sei, und von der Sorge des Königs um sein Volk. Die Briefe wurden in ganz Frankreich von örtlichen Druckereien gedruckt.[23]

Diese Beschreibung der Präsentation Ludwigs hat sich, wie die Bestrebungen der Regierung, auf die Eliten konzentriert. Die *Gazette* dürfte höchstens in 2000 Exemplaren erschienen sein, und der Preis schwankte zwischen 1 und 4 Sous. Eine Monatsausgabe des exklusiveren *Mercure Galant* kostete in den 1680er Jahren 25 Sous. Angesichts der Herstellungskosten dürften Medaillen in einer kleinen Auflage zirkuliert haben, ebenso die offizielle Medaillengeschichte, ein prächtig ausgestatteter, teurer Folioband.[24] Jetons wurden in größerer Anzahl produziert – 1682 z. B. waren es mehr als 26 000 –, doch auch sie erreichten lediglich eine Minderheit der Bevölkerung.[25]

Das heißt nicht, daß einfache Leute kein Bild von ihrem König hatten. Staatsbesuche in Städten ermöglichten es jedem, der wollte, wenigstens einen Blick auf Ludwig zu werfen. In dem offiziellen Bericht über den Staatsbesuch in Cambrai 1684 wurde die »außergewöhnlich große Menge« erwähnt, die sich versammelt hatte, um dem König beim Abendessen zuzusehen.[26] Auch das königliche Handauflegen war für einfache Leute eine Gelegenheit, ihren Monarchen von Angesicht zu Angesicht zu sehen. Ludwig dürfte dieses Ritual im Laufe seiner Regierungszeit, vorsichtig geschätzt, an 350000 Personen vollzogen haben. Diese Menschen haben gewissermaßen mit den Füßen ihren Glauben an das geheiligte Königtum bezeugt. Man sollte freilich nicht vergessen, daß jeder, der zu diesem Ritual erschien, 15 Sous erhielt, und daß dies öffentlich bekanntgegeben wurde.[27]

Einfache Leute nahmen auch an den öffentlichen Gebeten für den Sieg der französischen Armeen teil, die 1672, 1683 und 1709 angeordnet wurden. Ludwigs Schreiben an die Provinzgouverneure wurde, nach Angaben eines englischen Spions, von Marschall Villars »vor der ganzen Armee« laut verlesen.[28] Da allein zwischen 1701 und 1713 etwa 650000 Franzosen in die Armee eingetreten waren, verdient diese Institution Beachtung als ein Instrument zur landesweiten Verbreitung des offiziellen Bildes vom König.[29] Bildliche Darstellungen konnten die Kommunikationsschranken überwinden, die durch das Analphabetentum errichtet wurden, und manche Bilder, besonders die Statuen, waren unübersehbar. Selbst die Gobelins zur Geschichte des Königs wurden gelegentlich in der Öffentlichkeit gezeigt, so beispielsweise am Fronleichnamstag in der königlichen Manufaktur.[30]

Gleichwohl wandten sich die Imageproduzenten nur selten an das einfache Volk. Es war eine Ausnahme, daß Charpentier die Verwendung der Landessprache auf öffentlichen Denkmälern empfahl, um dem *menu peuple* »einmal das Vergnügen zu ermöglichen, an der Erhabenheit des Staates und dem Ruhm seines Fürsten teilzuhaben«.[31] Ohnehin kam man seiner Empfehlung nicht nach. In einer Nation von Bauern konzentrierten sich die offiziellen Unternehmungen, dem König zu einem positiven Image zu verhelfen, auf die Städte. Auf dem Land sind Königsstatuen wirklich nur sehr selten zu sehen. Der einzige mir bekannte Fall ist eine Plastik in Guimiliau (Finistère), die

Ludwig XIV. in der Gestalt des hl. Ludwig zeigt.³² Es ist gewiß kein Zufall, daß das Datum des Werks, 1675, zugleich das Jahr des Aufstands der Bretonen gegen den König ist.

Ausländische Adressaten

Was die *histoire du roi* angeht, so nahm man das ausländische Publikum genauso wichtig wie das einheimische. So wurde die Petite Académie im Jahre 1698 von Pontchartrain gebeten, eine Liste von Medaillen aufzustellen, die zur Verleihung an Ausländer in Frage kämen.

Kardinal Mazarin hat den jungen Ludwig einmal als »den größten König der Welt« bezeichnet.³³ Diesen Ausdruck mag man für übertrieben und ethnozentrisch halten, er wurde aber von den Panegyrikern immer wieder bekräftigt. Auf einer Medaille zur Erinnerung an den Frieden von Nimwegen wurde Ludwig als Pacator Orbis (Er schenkt der Welt Frieden) dargestellt, dem Victoria eine Erdkugel reicht. An der *Escalier des Ambassadeurs* und auch anderswo waren – Sinnbild der Vorherrschaft des Sonnenkönigs – die vier Kontinente oder »vier Ecken der Welt« dargestellt (Australien war noch nicht entdeckt).³⁴ Zu den Inschriften an der Statue auf der Place des Victoires zählt auch ein Hinweis auf die Gesandtschaften »entfernter Nationen«, von denen namentlich die Abordnungen aus Moskau, Guinea, Marokko, Siam und Algerien erwähnt wurden. Bei einem Fest in Grenoble 1701 wurde Ludwig auf seinem Thron dargestellt, die Huldigungen der Nationen der Welt, »Siamesen, Tonkinesen, Algerier, Chinesen und Irokesen«, entgegennehmend.³⁵ Alle fünf Beispiele sind, wie im folgenden noch gezeigt wird, Verweise auf konkrete Ereignisse, die sich während seiner Regierungszeit tatsächlich ereigneten.

Die Bilder entsprachen einem konkreten Projekt, das weit über die Grenzen Europas hinauszielte. Deutlich belegt das die große Aufmerksamkeit, mit der im Jahr 1686 speziell die siamesische Gesandtschaft empfangen wurde – zur Erinnerung daran wurde eine Medaille geprägt (s. o., S. 141).³⁶ Um die Repräsentanten »orientalischer Despoten«, wie die Franzosen sie nannten, zu beeindrucken, empfing Lud-

wig den osmanischen und den persischen Botschafter auf einem
»außergewöhnlich hohen Thron« *[Un Trône fort élevé]*[37] (Abb. 65).
Der König hatte gute Gründe, freundschaftliche Beziehungen zum
osmanischen Sultan zu pflegen – beide hatten als Feinde des Heiligen
Römischen Reiches gemeinsame Interessen. Algerien und Marokko
waren abhängige Gebiete des Osmanischen Reichs. Algerien war
1683 von Frankreich zur Unterwerfung gezwungen worden (s. S. 137).
Was Persien betraf, so ging die diplomatische Initiative nicht von Ludwig, sondern vom Schah aus. Schah Hussein, der den Hafen Maskat
am Perischen Golf erobern wollte, entsandte in der Hoffnung auf militärische Unterstützung im Jahre 1715 einen Emissär an den Hof
Ludwigs.

Auf dem amerikanischen Kontinent hatte Ludwig XIV. immerhin
schon Fuß gefaßt. Quebec, 1608 von französischen Siedlern gegründet, wurde 1663 Hauptstadt der Provinz Neu-Frankreich. Auf der
Place Royale wurde 1686, also zur Zeit der »Statuenkampagne« in den
französischen Provinzen, eine Büste des Königs enthüllt. Die Irokesen, die sich den Franzosen widersetzten, wurden 1696 von Gouverneur Frontenac gezwungen, um Frieden zu bitten. Der Entdecker
Robert de la Salle fuhr von Quebec aus nach Louisiana, eine Region –
damals viel größer als der heutige Bundesstaat –, die er 1682 annektierte und nach Ludwig XIV. benannte.

Als der König starb, fanden sogar in Spanisch-Amerika Gedenkfeierlichkeiten statt, da er schließlich der Großvater des regierenden
Monarchen, Philipps V., war. In der Kathedrale von Mexiko-Stadt
wurde ein Katafalk aufgestellt, Erzbischof Lanciego hielt eine Predigt,
und auf den verstorbenen König wurde eine panegyrische Schrift mit
dem Titel »LUIS XIV EL GRANDE« publiziert, in der er als »Muster
eines Fürsten« bezeichnet wurde.[38]

Die offiziellen Beziehungen zu Fernost gehen auf das Jahr 1661
zurück, als Ludwig »den Königen von Kotschin-China, Tonkin und
China« seine Freundschaft anbot.[39] Der Jesuit Joachim Bouvet reiste
nach China, trat in die Dienste des Kaisers Kangxi, der von 1662 bis
1722 regierte, und beschrieb Kangxi die Größe Ludwigs. Es ist jedoch
leider nicht bekannt, welchen Eindruck der König auf den Kaiser gemacht hat. Für chinesische Begriffe dürfte der Herrscher über zwan-

zig Millionen Menschen bestenfalls wie ein Duodezfürst gewirkt haben. Bouvet wurde dann nach Versailles zurückgerufen, um Ludwig eine Beschreibung des chinesischen Hofes zu liefern.[40]

Diese Kontakte dienten religiösen, wirtschaftlichen und politischen Zwecken. Die Jesuiten waren in erster Linie Missionare, die in die Fußstapfen des hl. Franz Xaver traten, des Apostels des Fernen Ostens, und Matteo Riccis, des Gründers der Chinamission. Colbert setzte sich für eine Ausweitung des Asienhandels ein. Die Beziehungen zu diesen entfernten Königreichen wurden aber auch deswegen so eifrig gepflegt, weil Ludwigs *gloire* in alle Welt verbreitet und dadurch noch gesteigert werden sollte.

Am meisten bemühte man sich jedoch, den anderen europäischen Höfen ein eindrucksvolles Bild von der Größe Ludwigs XIV. zu vermitteln. Ein Großteil der königlichen Zeit galt dem diplomatischen Zeremoniell, einschließlich der Pflege der Beziehungen zu sehr kleinen Staaten. Nehmen wir einen relativ normalen Monat als Beispiel: Ludwig hielt sich im November 1682 in Fontainebleau und Versailles auf. In Fontainebleau gewährte er dem Botschafter von Savoyen, mit dem gerade über eine königliche Hochzeit verhandelt wurde, zwei Audienzen und jeweils eine den Abgesandten aus Hannover, während die Botschafter Savoyens und Bayerns gerade ihre Aufwartung machten, um sich zu verabschieden *(le congé)*. In Versailles empfing er die Gesandten aus Wolfenbüttel und Parma, während die Gesandten aus Hannover und Celle sich verabschiedeten.[41] Zu besonderen Anlässen, etwa dem Tod der Königin, erschien das gesamte diplomatische Corps, um der Reihe nach seine Aufwartung zu machen bzw. in diesem Fall dem König zu kondolieren.[42]

Die Botschafter waren ein wesentlicher Teil des Publikums bei höfischen Festen, Theaterstücken, Balletten und Opern. Sie erhielten oft Geschenke, die das Image des Königs im Ausland verbreiten helfen sollten – Medaillen und Gobelins von den Ereignissen der Regierungszeit, Drucke, auf denen Objekte der königlichen Sammlung abgebildet waren, und juwelenbesetzte Bildnisse von Ludwig selbst. Präsentationen dieser Art erfüllten mehrere Aufgaben zugleich. Sie waren Demonstrationen königlicher Großzügigkeit, sie verbreiteten sein Bild, und sie konnten auch noch anderen Zwecken dienen. Man darf durchaus annehmen, daß das Geschenk für den Papst – ein Gobelin mit einer Darstellung des Dogen von Genua, der sich gerade bei Ludwig entschuldigt – als Warnung gedacht war.[43]

Aber auch mit Hilfe von Veranstaltungen im Ausland gedachte man, das Ansehen des Königs in anderen Teilen Europas zu steigern. 1668 wurde der Botschafter am Hof des Kurfürsten von Mainz angewiesen, in Aachen ein musikalisches Drama zum Thema *Pax nuperrime factum* [»Der jüngst geschlossene Friede«] aufführen zu lassen (s. o., S. 107). 1682 wurde die Geburt des Herzogs von Burgund von den französischen Botschaftern in Venedig, Rom, Madrid, Berlin und sogar in der republikanischen Schweiz gefeiert.[44] 1688 inszenierte der französische Botschafter in Rom zur Feier der Einnahme der Festung Philippsburg ein Feuerwerk.[45]

Fremdsprachige Lobpreisungen Ludwigs lassen erkennen, welche Bedeutung ausländischen Lesern beigemessen wurde. Die Inschriften auf Denkmälern und Medaillen waren, trotz der Proteste von »Modernen« wie Charpentier und Desmarets, auf lateinisch abgefaßt, nicht nur, um dem klassischen Vorbild zu folgen, sondern auch, um mit Gebildeten in ganz Europa leichter kommunizieren zu können.[46] Einige der zahllosen Panegyriken waren ebenfalls auf lateinisch abgefaßt, wobei die Wahl der Sprache bisweilen durch einen akademischen Anlaß bestimmt sein konnte – Jacques de La Baune beispielsweise, Autor einer Lobrede auf Ludwig als einen Förderer der Künste (s. o., S. 41), unterrichtete am Jesuitenkolleg Louis-le-Grand. Übersetzungen von Panegyriken ins Lateinische (wie Charles de la Rues Corneille-Text) dürften hingegen für ein Publikum außerhalb Frankreichs gedacht gewesen sein. Berichte von der Königskrönung und vom berühmten *carrousel* in den Tuilerien standen ebenfalls auf Latein zur Verfügung.[47] Einige Drucke mit Szenen aus der *histoire du roi* trugen lateinische Legenden, Pamphlete, die den Devolutionskrieg und den Spanischen Erbfolgekrieg rechtfertigten, wurden ebenso ins Lateinische übersetzt wie die offizielle Medaillengeschichte.[48]

Latein wurde in dieser Zeit von so unterschiedlichen Menschen zu so unterschiedlichen Zwecken verwendet, daß wir bei Texten in dieser Sprache nicht genau sagen können, an welche Zielgruppe sie sich richteten. Eine genauere Vorstellung von der Art des jeweiligen Zielpublikums vermitteln Übersetzungen in andere Landessprachen.

Spanisch bzw. Kastilisch war die Sprache des Hofes in Madrid, zu dem Ludwig in den sechziger Jahren ein besonders ausgeprägtes Rivalitätsverhältnis hatte (s. o., S. 94f.). Es überrascht nicht, daß man die offizielle Begründung des Devolutionskriegs, der angeblich geführt wurde zur Verteidigung der Rechte von Ludwigs spanischer Ehefrau, sogleich ins Kastilische übersetzte. Ein Bericht in spanischer Sprache über das berühmte *divertissement* im Jahr 1674 (s. o., S. 116), verfaßt von einem gewissen Pedro de la Rosa, wurde interessanterweise nicht in Spanien, sondern in Paris veröffentlicht, was vermuten läßt, daß die Übersetzung von offizieller Seite inspiriert worden war. Von diesen Texten einmal abgesehen, waren spanischsprachige Verherrlichungen Ludwigs vor der Zeit Philipps V., seines Enkels, aber eher selten. Flugschriften, die den Erbfolgekrieg rechtfertigten, wurden ins Spanische übersetzt und dann mit Hilfe des französischen Botschafters in Madrid in Umlauf gebracht.[49] Rigauds berühmtes Porträt des alternden Ludwig war ursprünglich für das Schloß Philipps V. in Madrid gedacht.

Deutsch war die Sprache am Hof des Kaisers, eines weiteren Hauptrivalen Ludwigs auf der europäischen Bühne. Selbstverständlich wurde daher auch in diese Sprache übersetzt. Einer der zeitgenössischen Berichte von der königlichen Hochzeit wurde ebenso ins Deutsche übersetzt[50] wie die offizielle Begründung des Devolutionskrieges oder die Medaillengeschichte, und 1687 wurde in Augsburg eine Übersetzung von Félibiens panegyrischer Beschreibung der Gobelindarstellungen der vier Elemente und vier Jahreszeiten veröffentlicht.[51]

Ebenfalls in Augsburg erschien ein Kupferstich von Elias Hainzelmann, auf dem der Sieg des Königs über die Ketzerei gefeiert wurde (Abb. 66), eine Erinnerung daran, daß nicht alle Europäer die Aufhebung des Edikts von Nantes einmütig kritisierten. Einige Flugschriften zur Rechtfertigung des Spanischen Erbfolgekrieges erschienen in deutscher Übersetzung[52], andererseits aber wurde, wie schon erwähnt, in dieser Zeit auch eine Vielzahl von Attacken auf Ludwig auf Deutsch publiziert (Anhang, S. 272f.).

66. *Ludwig als Bezwinger der Ketzerei*
Kupferstich von Elias Hainzelmann, 1686
Bibliothèque Nationale, Paris

Die Übersetzung panegyrischer Texte ins Italienische verweist darauf, daß man den Papst und möglicherweise auch die Höfe in Turin, Modena und anderswo beeindrucken wollte. 1654 erschien auf italienisch ein Bericht von der Krönung Ludwigs und 1660 ein Bericht von der königlichen Hochzeit. Girolamo Graziani, Sekretär des Herzogs von Modena, erhielt von Ludwig eine Pension und hatte ihn dafür zu verherrlichen. Graziani schrieb nicht nur Sonette auf die Siege des Königs, sondern verbreitete auch französische Begründungen für den Devolutionskrieg.[53] Elpidio Benedetti, bekannt vor allem als einer der künstlerischen Berater Colberts (s. o., S. 82), schrieb eine Lobrede, *Der Ruhm der Tapferkeit in der Person Ludwigs des Großen*, die in Lyon gedruckt wurde und vermutlich für den Export gedacht war.[54] Ins Italienische übersetzt wurde auch eine Lobrede von Pellisson sowie eine Reihe von Pamphleten, die die französische Position im Spanischen Erbfolgekrieg begründeten.[55]

Andererseits unternahm man offenbar ziemlich wenig, die Engländer oder Holländer vom Ruhm Ludwigs zu überzeugen. Im Fall Holland erschien das unnötig, da die herrschende Elite französisch sprach. Das galt jedoch nicht für England. Freilich wurde erst zur Zeit des Spanischen Erbfolgekriegs ernsthaft der Versuch unternommen, die englische Öffentlichkeit von der Berechtigung der französischen Ansprüche zu überzeugen. Eine Erklärung Ludwigs, sein »einziges Ziel« sei es, »den Frieden zu erhalten«, wurde ins Englische übersetzt und durch den französische Botschafter in London verbreitet. Der Botschafter versuchte auch, Sir Charles Davenant dazu zu bringen, Pamphlete zur Unterstützung der französischen Sache zu schreiben. Einige pro-französische Berichte von militärischen Operationen, geschrieben von Donneau de Visé, dem Herausgeber des *Mercure*, erschienen in englischer Übersetzung.[56]

Reaktionen

Die entscheidende Frage ist am schwierigsten zu beantworten. Wie haben diese verschiedenen Zielgruppen auf die Präsentation Ludwigs als eines glanzvollen, unbesiegbaren, ruhmreichen Monarchen reagiert? Man kann bestenfalls individuelle Beispiele herausgreifen, einzelne Gesichter in der Menge. Ob diese Reaktionen typisch sind für die Gruppe, der diese einzelnen angehörten, läßt sich unmöglich sagen, aber ihre Vielfalt ist immerhin aufschlußreich.

Beginnen wir bei den Gegensätzen innerhalb des Hochadels. Der Herzog von Saint-Aignan, ein Günstling des Königs, arbeitete eifrig daran, den Ruhm seines Herrn zu mehren. Er schrieb im *Mercure Galant* Belohnungen für die besten panegyrischen Gedichte aus und verfaßte selbst solche Gedichte. Außerdem spielte er eine prominente Rolle bei der Gründung der Akademie von Arles, die regelmäßig das Lob des Königs sang, und bei der Errichtung einer Ludwig-Statue in Le Havre. Ähnliches gilt, in größerem Maßstab, für den Herzog von Feuillade, Marschall von Frankreich, der das berühmte Denkmal auf der Place des Victoires anregte. Er bezahlte die Statue sogar, wenngleich das Projekt von der Regierung unterstützt wurde und der König ihm den Marmor schenkte. Der Herzog von Saint-Simon dagegen war, wie jeder Leser seiner Memoiren weiß, ein entschiedener Kritiker des Königs und auch der Art und Weise seiner Verherrlichung (s. S. 241).

Auf einer unteren sozialen Stufe sind kollektive Reaktionen leichter zu dokumentieren als individuelle, vor allem die Reaktionen der Jesuiten und der Stadtverwaltungen. Wie erwähnt, wirkten zahlreiche Jesuiten an der Ausarbeitung des königlichen Bildes in unterschiedlichen Medien mit, namentlich Jouvancy, La Beaune, Le Jay, Menestrier, Quartier und la Rue. Jesuiten in Paris, Lille, Lyon, Toulouse und anderen Städten veranstalteten Aufführungen zu Ludwigs Ehren. Sie feierten Ludwig nicht nur als frommen Menschen, der die Ketzerei bekämpfte, sondern auch als Eroberer und als Förderer der Künste. Das Interesse des Ordens, Ludwig zu einer Verfolgung des Protestantismus zu drängen, dürfte keine hinreichende Erklärung sein für all die Gelder und Energien, die in die Verherrlichung des Königs investiert wurden.

Auch die Stadtverwaltungen lieferten Beispiele für offizielle Königsbegeisterung. So errichteten die Konsuln von Arles 1676 ein erst kurz zuvor entdecktes römisches Obeliskenfragment als Ehrenmonument für den König, das sie mit einer goldenen Sonne und einer von

Pellisson verfaßten lateinischen Inschrift versahen. Die Kosten für die Stadt beliefen sich auf 6825 *livres*.[57] Andererseits soll der Stadtrat von Pau auf die Anregung, auf einem öffentlichen Platz eine Statue für Ludwig zu errichten, nicht sonderlich enthusiastisch reagiert haben.[58] Dort, wo Stadtverwaltungen auf den Vorschlag, Denkmäler zu errichten, positiv reagierten, sind die Motive der Ratsherren nicht leicht zu interpretieren. Wollten sie ihre Loyalität ausdrücken, sich bei der Zentralregierung beliebt machen oder das Erscheinungsbild ihrer Stadt verbessern oder womöglich sogar sich selbst mit dem Projekt ein Denkmal setzen?[59]

Diese Technik, Anweisungen der Zentrale vor Ort umzudeuten, ist so faszinierend wie kompliziert, da sie nur bei Mehrdeutigkeit funktionierte. Die 1715 angebrachte Inschrift der Ludwig-Statue auf dem Triumphbogen in Montpellier (PAX TERRA MARIQUE PARTA – »Frieden zu Lande und zu Wasser«) erscheint zunächst als ein klassisches Beispiel einer offiziellen Verherrlichung. Beim zweiten Hinsehen jedoch fällt auf, daß das Denkmal eher den Frieden von Utrecht als den Monarchen gefeiert haben könnte.

Unterhalb von Adel und Korporationen finden sich lediglich fragmentarische Quellen. Aus Pariser Inventaren geht hervor, daß einige Privatpersonen Porträts des Königs besaßen.[60] Sein Bild war in Paris auf Ladenschildern zu sehen, etwa dem des Kupferstechers Guillaume Vallet (»Buste de Louis XIV.«) oder der Warenhäuser am Petit Pont (»Au Grand Monarque«),[61] auch auf billigen Steinguttellern. Die Herstellung dieser Gegenstände läßt vermuten, daß das Volk dem König eine gewisse Verehrung entgegenbrachte, aber wie stark und verbreitet dieses Gefühl war, ist schwer zu sagen. Wir können hier nur einige widersprüchliche Reaktionen von Einzelpersonen auf den König und seinen Kult zitieren.

Der Begriff »Einzelperson« ist weniger eindeutig, als es zunächst aussieht. Ein Gemälde, das Ludwig XIV. beim Handauflegen zeigt (Abb. 67), wurde von einem gewissen Charles d'Aligre, Abt von Saint-Riquier, in Auftrag gegeben. Wie sich jedoch herausstellt, war der verstorbene Vater des Abts, Étienne d'Aligre, Kanzler von Frankreich gewesen sowie der Cousin eines anderen Kanzlers, Michel Le Telliers, des Vaters von Louvois. Welche Rolle die Beamten, ihre

67. »Ludwig vollbringt Wunder«
Ludwig XIV. heilt die Skrofulösen von Jean Jouvenet
Öl auf Leinwand, 1690. Klosterkirche von Saint-Riquier

Verwandten und Gefolgsleute bei der Anfertigung von den König verherrlichenden Werken spielten, bedarf genauerer Untersuchung.

Dies vorausgesetzt, wollen wir nun ein paar Gesichter aus der Menge herausgreifen. Auf der Seite der Kritiker könnte man mit einem Mann aus Thouars beginnen, der sich 1707 vor Gericht wiederfand, nachdem er lakonisch bemerkt hatte, »*le roi est un bougre et un vouleur*« (der König ist ein Schuft und Dieb). 1709, als eine Nahrungsmittelknappheit einsetzte, kam es zu einer »Flut« – wie Saint-Simon sagt – von antiroyalistischen Plakaten. Die Statuen des Königs wurden verunstaltet, und ein anonymer Brief rief zu Ludwigs Ermordung auf.[62] Von dem herkömmlichen Kontrast zwischen dem guten König und den bösen Beratern waren nicht alle überzeugt. Ähnlich abfällig, wenn auch höflicher formuliert, äußerte sich Paul-Ignace Chavatte, ein Tucharbeiter aus Lille (einer Stadt, die erst seit kurzem zu Frankreich gehörte). In seinem Tagebuch warf er dem König vor, daß er seine Armee ohne Kriegserklärung Invasionen führen, plündern und brandschatzen ließ.[63]

Andererseits widmete Pierre Gaulthier, Dekan in Toul, einem gleichfalls an der französischen Grenze gelegenen Ort, »dem Ruhm Ludwigs des Großen« eine Galerie von einunddreißig Statuen. Die alles überragende Figur war die des Königs, dargestellt »wie auf der Place des Victoires zu Paris« (vgl. Abb. 36), außer, daß sie eine Herkuleskeule hielt, um zu zeigen, daß er ein »wahrer Held ist, Bezwinger der Nationen«. Ein kurioses, aber aufschlußreiches Detail in der zeitgenössischen Beschreibung der Statue ist der Hinweis auf »un petit Ange«, einen Putto also, der im Begriff sei, dem König einen Lorbeerkranz aufs Haupt zu setzen. Man fragt sich, wie viele Menschen, die vor der Statue auf der Place des Victoires standen, die Victoria-Figur wohl in dieser Weise aufgefaßt haben mögen.[64] Gehen wir noch eine Stufe tiefer auf der sozialen Leiter, so finden wir einen Landpfarrer, der in seinem Tagebuch die Aufhebung des Edikts von Nantes als Zeichen einer Frömmigkeit, die den Eigennutz besiegt, interpretierte, und Ludwig als »groß« bezeichnete.[65]

Ausländische Reaktionen auf das Image des Königs werden überaus systematisch beschrieben in den Berichten der venezianischen Botschafter, deren Darstellungen aufgrund ihrer politischen Neutralität um so glaubwürdiger sind. Die Reaktionen der Engländer – Addison, Evelyn, Prior, Swift u. a. – sind besonders lebendig, aber auch besonders subjektiv. Von Addison und Prior war bereits die Rede (s. S. 154, 194). John Evelyn sprach mit einer gewissen Geringschätzung von »diesen königlichen Schmeichlern Perrault, Carpentiert, La Chapel [sic]« und von der »unerhörten Eitelkeit« der Medaille mit der Statue auf der Place des Victoires.[66] Ähnlich mißbilligend äußerte sich der englische Arzt John Northleigh, der in den achtziger Jahren Frankreich bereiste, über die »abgeschmackten« Inschriften an Denkmälern für Ludwig und »die schmähliche und gotteslästerliche Art«, wie christliche Begriffe und Symbole auf den König angewendet würden; besonders empört war er über »einen Heiligenschein über seinem Haupt«.[67] Die Parallelen zwischen diesen Äußerungen und der Propaganda gegen Ludwig (S. 193 ff.) sind deutlich. Northleigh und Evelyn mögen in ihrer Sicht des Königs beeinflußt worden sein, doch eine solche Meinung ist deshalb nicht unbedingt weniger aufrichtig.

Ein englischer Landedelmann empörte sich 1686 in einem Privatbrief über »die beispiellosen Grausamkeiten an [Ludwigs] protestantischen Untertanen« und zeigte sich sogar hocherfreut über die Krankheit des Königs – die Nachricht breitete sich offenbar rasch aus: »Ich höre, er stinkt bei lebendigem Leibe, & wenn er tot ist, wird sein Skelett noch mehr stinken, desgleichen die Erinnerung an ihn in alle Ewigkeit.«[68]

Aber nicht nur die Engländer empörten sich über die Art und Weise, wie Ludwig verherrlicht wurde. Den Wiener Hof schockierte die »Arroganz« des französischen Botschafters, der im Jahre 1685, als dem Kaiser ein zweiter Sohn geboren wurde, ein Emblem des Sonnenkönigs präsentierte, das den Führungsanspruch Ludwigs XIV. demonstrierte.[69] Karl XI. befahl seinem Botschafter, aus Frankreich abzureisen, falls die Meldung zutreffe, daß der König von Schweden auf einem Relief am Monument auf der Place des Victoires als Bittsteller gezeigt werde (Abb. 68). Auch der Große Kurfürst von Brandenburg-Preußen faßte die demütigenden Darstellungen von Oder und Elbe als Beleidigung auf.[70] Einige Bewohner Roms erregten sich über die Feiern des dortigen französischen Botschafters anläßlich der Einnahme von Philippsburg im Jahre 1688.[71] Laut Saint-Simon haben die

68. *Der schwedische König als Bittsteller* von Jean Arnould
Relief, 1686
Louvre, Paris

Gemälde der *histoire du roi* zu Versailles »in nicht geringem Maße dazu beigetragen, Europa gegen den König aufzubringen«.

Einige ausländische Höfe freilich machten Ludwig das Kompliment, seinen Stil der Selbstdarstellung zu imitieren. Besonders Versailles diente als Vorbild. Bestes Beispiel für diese Imitation ist der spanische Hof unter Ludwigs Enkel Philipp V. Rigauds Staatsporträt von Philipp verweist auf sein Staatsporträt von Ludwig (Abb. 69,1). Der spanische Hof wurde nach französischem Vorbild reformiert, und der König wurde sichtbarer und zugänglicher. Die Statuen im Park des Palasts von La Granja waren Imitationen von Werken in Versailles – Apoll, Herkules, Latona usw. Der Maler Houasse und der Architekt Robert de Cotte arbeiteten für Ludwig und Philipp, und der alte König griff persönlich bei Umbau und Neugestaltung der spanischen Schlösser ein. Auch seine Akademien für Kunst, Sprache und Geschichte gründete Philipp nach französischem Vorbild.[72]

Anderswo wurde eher spontan imitiert. Nicodemus Tessin, Hofbaumeister unter Karl XI. von Schweden, dem »Polarstern« des Nordens, war von Ludwig in Versailles empfangen worden und auch mit

DIE REZEPTION LUDWIGS XIV.

69. »Ludwig als Vorbild«
Philipp V. von Hyacinthe Rigaud
Öl auf Leinwand, um 1700. Louvre, Paris

Lebrun, Rigaud, Mignard und anderen Künstlern zusammengetroffen, deren Anregungen er beim Bau des königlichen Palastes in Stockholm beherzigte.[73] Und als Balthasar Neumann den Auftrag erhielt, für den Fürstbischof von Würzburg eine Residenz zu bauen, reiste er 1723 nach Frankreich, um »Versailie«, wie er es nannte, zu besichtigen und seine Entwürfe dem Hofarchitekten Robert de Cotte vorzulegen. Kein Wunder, daß das Würzburger Treppenhaus an die *Escalier des Ambassadeurs* erinnert.[74]

Tatsächlich ist die Liste der Schlösser, die als Imitation von Versailles bezeichnet worden sind, ziemlich lang – sie reicht von Caserta bis Washington. Nach welchen Kriterien diese Liste aufgestellt wurde, ist nicht immer klar.[75] Jedenfalls ist das Sonnenschloß nur ein Teil des Images von Ludwig XIV. Für die Höfe von London, St. Petersburg und Wien allerdings war Ludwig in mehr als einer Hinsicht exemplarisch.

Karl II. folgte französischen Vorbildern, als er 1665 die *London Gazette* gründete, 1675 das Royal Observatory und 1681 das Chelsea Hospital, das englische Hôtel des Invalides. Erstaunlicherweise wurde Ludwig jedoch von Wilhelm III., seinem Feind, sehr viel gründlicher imitiert als von Karl, seinem Pensionsempfänger. Wilhelm beauftragte den hugenottischen Baumeister Daniel Marot, der nach der Aufhebung des Edikts von Nantes nach Holland ausgewandert war, mit dem Umbau des Schlosses von Het Loo, einschließlich des Baus einer Kopie der *Escalier des Ambassadeurs*. Wilhelms militärische Operationen wurden, wie die seines Gegners, in einer Medaillengeschichte, *L'histoire metallique de Guillaume III* (1692), festgehalten (Abb. 70). Gerade einige der entschiedensten Gegner Ludwigs also waren von dessen Image immerhin so sehr beeindruckt, daß sie seinem Beispiel folgten. Joseph Addison, beileibe kein Freund Ludwigs, empfahl die Gründung einer Akademie für Inschriften nach dem Modell der Petite Académie. Der erste Duke of Montagu, ein Anhänger Wilhelms III., ließ sich sein Londoner Stadtschloß von einem französischen Architekten entwerfen und von dem französischen Maler Lafosse, einem Günstling Ludwigs XIV., ausschmücken. Sein Landsitz Boughton in Northamptonshire, »wohl das französischste Bauwerk im England des siebzehnten Jahrunderts« (Nikolaus Pevsner), wurde

70. »Ein weiterer Rivale«
Frontispiz zu Nicolas Chevaliers *Histoire de Guillaume III.*, 1692
British Library, London

in einer zeitgenössischen Beschreibung präsentiert als »entworfen nach Versailler Vorbild, mit erweiterten Flügeln, prächtigen Alleen, Ausblicken und Prospekten« (Abb. 71). Montagus Jahre als Botschafter in Frankreich hatten seinen Geschmack geprägt.[77]

Peter der Große hielt sich 1717 in Frankreich auf und besuchte u. a. Versailles und die Akademie für Inschriften. Nach seiner Rückkehr schickte er der Akademie die Inschrift für sein Reiterstandbild in St. Petersburg.[78] Der Zar gründete ebenfalls eine offizielle Zeitung nach dem Vorbild der *Gazette*, eine Tapisseriemanufaktur nach dem Modell der Gobelins sowie eine Akademie der Wissenschaften nach dem Vorbild der Académie des Sciences. Sein Schloß Peterhof in St. Petersburg (Abb. 72) könnte man in seiner Funktion, wenn nicht in seinem Erscheinungsbild, als ein neues Versailles betrachten, denn selbst für russische Verhältnisse war der Weg nach Moskau ziemlich weit. Die Entwürfe für den Peterhof stammten u. a. von J. B. A. Le Blond, einem Schüler von Le Nôtre, dem Schöpfer des Parks von Versailles, der für das russische Pendant auch eine Grotte und ein Areal namens »Marly« schuf.[79] Ludwigs *appartements* hatten ebenfalls eine russische Entsprechung in den Versammlungen von St. Petersburg, obgleich sie einem anderen Zweck dienten, nämlich die russische Aristokratie mit westlicher Lebensart bekannt zu machen.

Der Wiener Hof folgte dem französischen Beispiel noch genauer.[80] Kaiser Leopold I. (Abb. 73), der von 1658 bis 1705 regierte, war nicht nur ein Rivale Ludwigs XIV., sondern auch sein Schwager: er hatte die Infantin Margerita Theresa geheiratet, die jüngere Schwester von Ludwigs Ehegattin Maria Theresa. Auch Leopold schätzte die musikalischen Künste, und an seinem Hof blühten Ballett und Oper; die eindrucksvollste Aufführung war 1668 die Oper *Il pomo d'oro*, eine prächtige Inszenierung, in der Jupiter und Juno als der Kaiser und seine Braut auftraten.[81]

Jedoch war Leopolds Regierungsstil im allgemeinen eher nüchtern als prächtig. »Bescheiden«, so nannte man ihn offiziell, und das kaiserliche Schlafgemach war, verglichen mit dem von Versailles, in der Tat bescheiden. Das Attribut »groß« wurde nicht zu seinen Lebzeiten, sondern erst nach seinem Tod im Jahre 1705 verwendet. Daß Leopold offizielle Geschichtsschreiber einstellte – die italienischen

71. »Ein englisches Versailles«
Boughton House, Northamptonshire, Außenansicht
Um 1690–1700

72. »Ein russisches Versailles«
Ansicht von Peterhof mit Kaskaden von Alexis Zubow
Kupferstich, 1717

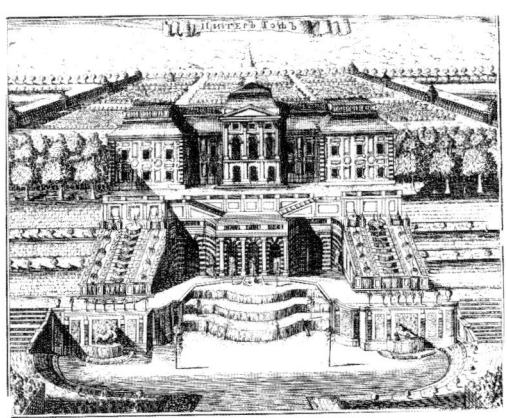

Reaktionen

73. »Ludwigs Rivale«
König Leopold I. als Bezwinger der Türken von Matthias Steinl
Elfenbeinstatuette, 1693. Kunsthistorisches Museum, Wien

74. *Kaiser Leopold als Apoll*
von Christian Dittmann und Georg von Gross, Kupferstich, 1674
Bildarchiv, Nationalbibliothek Wien

Adligen Galeazzo Gualdo Priorato und Giovanni Baptista Comazzi – und sein Schloß, die Wiener Hofburg, umbauen ließ, war der übliche Ausdruck der Förderung von Kunst und Wissenschaft, der von Fürsten erwartet wurde. Selbst die Vergleiche, die zwischen Leopold und Kaiser Konstantin oder auch Apoll gezogen wurden (Abb. 74), waren so geläufig, daß man sie nicht mit einer Reaktion auf das Image Ludwigs XIV. verwechseln darf.

Das *carrousel* allerdings, das 1667 in der Hofburg aufgeführt wurde, darf als Reaktion auf das in den Tuilerien fünf Jahre zuvor veranstaltete *carrousel* gelten, und die Gründung eines Militärhospitals in Wien ging gewiß auf das Hôtel des Invalides zurück. Daß schließ-

Reaktionen

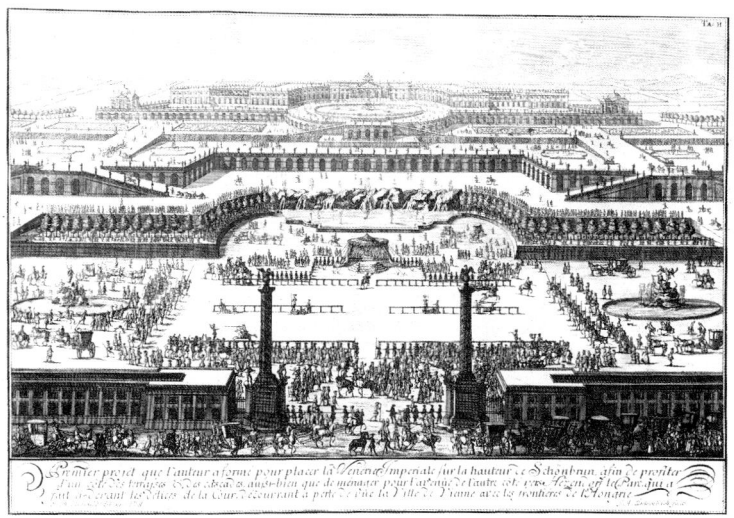

75. »Ein österreichisches Versailles«
Erster Entwurf für das Schloß in Schönbrunn
von Joseph Bernhard Fischer von Erlach
Kupferstich von Johann A. Delsenbach nach einer Zeichnung
des Baumeisters, um 1700. Bildarchiv, Nationalbibliothek Wien

lich J. B. Fischer von Erlach beauftragt wurde, bei Schönbrunn, außerhalb Wiens (Abb. 75), ein neues Schloß zu bauen, war ganz sicher eine Antwort auf Versailles, um so mehr, als der erste Entwurf mit dem Ausbruch des Krieges der Augsburgischen Liga zusammenfällt. Tatsächlich wurde Schönbrunn auf einer 1700 von einem gewissen I. V. Wolfgang geschaffenen Medaille als Sonnenschloß (Abb. 76) dargestellt. Man könnte demnach von einem »Krieg der Bilder« sprechen oder von Kunst als der Fortsetzung des Krieges mit anderen Mitteln.[82] Das jeweils gewählte Medium war eine Hommage an das Vorbild Ludwig, wie unbeabsichtigt diese Reverenz auch gewesen sein mag.

Die offizielle Präsentation von Leopolds ältestem Sohn und Nachfolger Joseph I., der von 1705 bis 1711 regierte, ähnelte noch mehr derjenigen Ludwigs XIV. Josephs Königswahl im Jahre 1690 wurde

76. »Ein österreichisches Versailles«
Schönbrunn als Sonnenschloß von I. V. Wolfgang
Medaille, 1700. Kunsthistorisches Museum, Wien

mit einem triumphalen Einzug in Wien gefeiert. Er wurde als »neue Sonne« begrüßt und an der Decke des Speisesaals zu Schönbrunn als Apoll dargestellt. Seinen Sarkophag schmückten Reliefdarstellungen von vier Siegen über Frankreich, u. a. der Schlacht von Ramillies – noch im Grab konkurrierte er mit Ludwig.[83]

XII. KAPITEL

Ludwig in der Perspektive

»Qu'eût dit Louis XIV si on lui avait prouvé qu'en touchant les écruelles il prenait modèle sur un chef polynésien?«

[Was hätte Ludwig XIV. gesagt, hätte man ihm nachgewiesen, daß er, indem er die Skrofulösen berührte, dem Vorbild eines polynesischen Häuptlings nacheiferte?]

REINACH[1]

77. »Ein Modell für Ludwig als Eroberer«
Philipp IV. zu Pferde von Diego de Velázquez
Öl auf Leinwand, 1636. Prado, Madrid

Ludwig in seiner Zeit

In diesem Buch habe ich beschrieben, wie sich das Bild von Ludwig XIV. im Laufe seiner Regierungszeit allmählich herausbildete, und gefragt, für welches Publikum dieses Bild gedacht war und wie es aufgenommen wurde. Zum Schluß möchte ich dieses Bild in eine vergleichende Perspektive stellen. Ich werde drei Vergleiche ziehen. Erstens zwischen Ludwig und anderen zeitgenössischen Herrschern. Zweitens zwischen Ludwig und früheren Herrschern, und zwar vor allem solchen, die dem König, seinen Beratern, den Künstlern und Schriftstellern am bekanntesten waren. Und drittens, um auf eines der Themen des einführenden Kapitels wieder zurückzukommen, werde ich das Bild Ludwigs XIV. mit dem Image einiger moderner Staatsoberhäupter vergleichen.

Ludwig in seiner Zeit

Wie wir gesehen haben, war Ludwig XIV. nicht der einzige Herrscher seiner Epoche, der der Selbstdarstellung große Beachtung schenkte. So wie andere mit ihm rivalisierten, rivalisierte er seinerseits mit ihnen, lernte von ihnen und definierte sich durch den Gegensatz zu ihnen. Wenn Ludwig XIV. auch Kaiser Leopold nicht in demselben Maße imitierte wie umgekehrt Leopold ihn, so beneidete er ihn doch um den Kaisertitel, und bei der Kaiserwahl 1658 hatte er ja auch versucht, sich in den Besitz dieses Titels zu bringen.

Wie andere Könige der Frühen Neuzeit, besonders nach 1648, wollte Ludwig sich als dem Kaiser ebenbürtig und sein Königreich als Imperium präsentieren.[2] In dem offiziellen Bericht über das Entrée von 1660 wurde das berühmte Wort aus Vergils *Aeneis* »Ich habe ein Reich ohne Grenzen gegeben« *[imperium sine fine dedi]* auf die Könige von Frankreich bezogen, die als Nachfolger der römischen Kaiser präsentiert wurden. Noch expliziter wurde dieser Anspruch 1667 in Aubérys Pamphlet über Ludwigs Rechte im Reich erhoben (s. o., S. 105).[3]

Viele scheinbar zufällige Anspielungen bekräftigten diesen Anspruch. So verfaßte einer der Hofgeschichtsschreiber, Vertron, eine Inschrift, in der er Ludwig zum »Kaiser der Franken« [IMPERATOR

FRANCORUM] erhob.⁴ Daß Ludwig häufig als »erhaben« oder als der größte Monarch der Welt bezeichnet wurde, sollte als Unterstützung bestimmter politischer Forderungen interpretiert werden, nicht nur als allgemeiner Ausdruck der Verherrlichung. Das gleiche gilt für Ludwigs Verwendung des traditionellen Herrschersymbols, der Sonne, welches impliziert, daß es nur einen allerhöchsten Herrscher auf der Welt gibt, so wie es nur eine Sonne am Himmel gibt.

Um die Inszenierung von Ludwig XIV. in historischer Perspektive zu sehen, muß man in die Zeit vor 1660, ja vor 1643 zurückgehen. In der vorangegangenen Generation waren für Ludwig besonders zwei Könige wichtig, die er nachzuahmen und zu übertreffen suchte: der eine war sein Vater, Ludwig XIII., und der andere sein Schwiegervater, Philipp IV.

Philipp IV. legte großen Wert auf sein öffentliches Bild. Der Ausdruck »Bild« ist um so angemessener im Falle eines Königs, der Ausländer wie etwa den französischen Botschafter durch seine Fähigkeit beeindruckte, bei öffentlichen Auftritten praktisch bewegungslos, »wie eine Marmorstatue«, zu stehen und nur seine Lippen zu bewegen.⁵ Tatsächlich fanden solche Auftritte aber nur selten statt. Der König nahm an kirchlichen und diplomatischen Zeremonien teil und fuhr gelegentlich in einer Karosse spazieren, lebte ansonsten aber zurückgezogen. Nur einmal wöchentlich speiste er in der Öffentlichkeit.

Diese Art, die Rolle des Königs zu spielen, war keine Besonderheit Philipps IV., sondern Bestandteil der spanischen Tradition, in der schweigsame Würde, oder *sosiego*, wie es hieß, eine geschätzte Eigenschaft war. Ernst und Nüchternheit ist nicht mit mangelndem Interesse an Selbstdarstellung zu verwechseln – die Anzahl der erhaltenen Porträts des Königs sind deutliche Beweise für dieses Interesse. Auch die Sorgfalt, mit der Philipp das offizielle Protokoll *[etiquetas]* revidierte, ist deutlicher Ausdruck dieses Interesses. Die Steifheit und große Distanz des Königs sollte man daher als Bestandteil des höfischen Theaters betrachten. Wenn Philipp die meiste Zeit unsichtbar blieb, so war das eine Methode, seine öffentlichen Auftritte um so glanzvoller erscheinen zu lassen.⁶

78. »Ein Modell für die Grande Galerie«
Karl II. von Spanien im Spiegelsaal des Escorial von Juan Carreño de Miranda
Öl auf Leinwand, um 1676. Prado, Madrid

»Glanzvoll« mag eine unpassende Bezeichnung für einen so nüchternen Monarchen sein, der sich, besonders in mittlerem Alter, wie sein Großvater Philipp II. meist schwarz kleidete und einen einfachen Kragen [die *golilla*] statt der prächtigen Halskrausen trug, die am Hof Mode gewesen waren. Seine Porträts von Velázquez sind ähnlich nüchtern und beeindrucken durch ihr understatement[7] (Abb. 77).

Dennoch wurde Philipp mit der Sonne verglichen und als »Planetenkönig« *[el rey planeta]* bezeichnet. Zu Lebzeiten nannte man ihn auch »Philipp den Großen« *[Felipe el Grande]*. Ein prächtiges Reiterstandbild, geschaffen von dem italienischen Bildhauer Pietro Tacca, wurde 1640 in Madrid auf der Plaza del Oriente errichtet. Philipp ließ sich seine öffentlichen, stets grandios inszenierten Auftritte viel Geld kosten. In den dreißiger Jahren, also unter seiner Regierung, wurde am Stadtrand von Madrid mit einem Kostenaufwand von etwa zwei Millionen Dukaten ein neues Schloß gebaut, der Buen Retiro, der mit einem prunkvollen Thronsaal ausgestattet wurde.[8] Und in den vierziger Jahren erhielt der Palast im Stadtzentrum, der Alcázar, seinen prunkvollen Spiegelsaal [*Sala de Espejos*] (Abb. 78), der als Kulisse für die königlichen Audienzen dienen sollte. Hier wurden die französischen Abgesandten empfangen, die Ludwigs Vermählung mit der Tochter Philipps aushandeln sollten.[9]

Philipp ernannte Velázquez zu seinem Hofmaler und beauftragte ihn mit der Ausschmückung der königlichen Schlösser. »Ausschmückung« ist aber ein viel zu schwacher Begriff, da von den Gemälden in den Staatsgemächern politische Botschaften ausgingen. Im Madrider Spiegelsaal hing ein Gemälde von Rubens, das Philipp IV. als Atlas zeigte, wobei die Erdkugel auf seinen Schultern den habsburgischen Anspruch auf Weltherrschaft symbolisierte. Unterstrichen wurde dieses Thema durch Tizians berühmtes Reiterbildnis von Karl V., das im selben Raum neben den Porträts römischer Kaiser hing.[10] Im Thronsaal des Buen Retiro hingen fünf Reiterbildnisse von Velázquez und zehn Szenen aus dem Leben des Herkules – des mythischen Vorfahren des Königs – von Zurbarán, zwölf Gemälde von bedeutenden Siegen Philipps, vor allem die *Übergabe von Breda* von Velázquez sowie die *Wiedereroberung von Bahía*

Ludwig in seiner Zeit

79. *Wiedereroberung von Bahía*
von Juan Bautista Maino, um 1633 (Ausschnitt)
Prado, Madrid

von Juan Bautista Maino (Abb. 79).[11] So schlicht der König sich auch kleiden mochte, seine Residenz mußte prachtvoll sein.

Verantwortlich für die Konstruktion des Bildes vom König war neben dem kunstliebenden Monarchen und seinem Hofmaler auch Philipps Erster Minister, der Herzog von Olivares. Wie sein Zeitgenosse Richelieu war Olivares sich der politischen Bedeutung von Gemälden, Flugschriften, Historien, Gedichten und Theaterstücken bewußt. Er beauftragte u. a. den Dichter Quevedo, Pamphlete und Stücke zu aktuellen Themen zu verfassen, während der italienische Adlige Virgilio Malvezzi zum Hofhistoriographen ernannt wurde, dem es oblag, den König zu verherrlichen.[12] Olivares gedachte an diesem Ruhm teilzuhaben. In der *Wiedereroberung von Bahía* verherrlicht Maino nicht nur den siegreichen Befehlshaber und seinen Monarchen, sondern auch den Minister. Nicht einmal Mazarin, der bei der Entrée von 1660 gewürdigt wurde (s. S. 67), ist so weit gegangen. Olivares erscheint auch im Hintergrund eines Porträts des Thronprätendenten, Prinz Baltasar Carlos, von Velázquez. Die politische Bedeutung dieser Tatsache mag daran ermessen werden, daß der Minister, nachdem er in Ungnade gefallen war, auf einer Kopie dieses Gemäldes nicht mehr erscheint.[13]

Ludwig XIV., der eine spanische Mutter und eine spanische Gemahlin hatte, war über den Regierungsstil Philipps IV. bestens informiert. Im Laufe der Verhandlungen, die zu Ludwigs Heirat mit Maria Theresa führten, wurde der französische Botschafter in die königlichen Gemächer des Alcázar geführt, und 1660 hatte Ludwig die Gelegenheit, seinem Onkel zu begegnen (Abb. 21).

Wie der Konflikt über den Vorrang ihrer Botschafter im Jahre 1661 deutlich zeigt, war es Ludwigs Ziel, Philipp zu überbieten. Seine Methode hieß Imitation – im Sinne der Renaissance: ein Vorbild nachzuahmen und darüber hinauszugehen. Wenn er auch nicht zuließ, daß aus Colbert ein zweiter Olivares wurde, so hatte er doch seinen eigenen Velázquez in der Person Charles Lebruns, dem die königliche Sammlung unterstand und der aus allen Teilen Europas Kunstwerke für Ludwig kaufte.[14] Versailles erinnerte in seiner Anlage – ein Schloß außerhalb der Hauptstadt – und in seiner Ausschmückung mit Darstellungen königlicher Siege an den Buen Retiro. Die *Galerie des Glaces* dagegen folgte dem Vorbild der Sala de Espejos im Alcázar und übertraf es. Das tägliche Zeremoniell von Versailles, weitaus formeller als am Hof Ludwigs XIII., ist spanisch geprägt. Die französischen Höflinge haben den spanischen Stil offenbar interessant gefunden: immerhin erschien Baltasar Graciáns Handbuch über die Kunst, bei Hof zu überleben, zwischen 1684 und 1702 in mindestens acht französischen Ausgaben. Ludwig war vermutlich weniger zugänglich und weniger sichtbar als seine unmittelbaren Vorgänger. Saint-Simon jedenfalls kritisierte an ihm, »daß er glaubte, sich verehrungswürdiger zu machen, wenn er sich den Blicken der Menge entzog« *[l'idée de se rendre plus vénérable en se dérobant aux yeux de la multitude].*[15]

Andererseits war die Zugänglichkeit des Königs ein wesentliches Element seines offiziellen Bildes. In den königlichen Memoiren wird explizit der französische Herrschaftsstil demjenigen von Nationen ge-

genübergestellt – also offenkundig Spanien –, »in denen die Majestät von Königen überwiegend darin besteht, sich nicht blicken zu lassen« *[où la majesté des rois consiste, pour une grande partie, à ne se point laisser voir]*.¹⁶ Der Jesuit La Rue gratulierte der Bevölkerung eroberter, vormals spanischer Provinzen, daß sie nun ihren Monarchen würden sehen können.¹⁷ Ähnliches wurde in einer der Trauerreden bei Ludwigs Tod angesprochen, in der es hieß, der Verstorbene sei »völlig anders« gewesen »als jene mysteriösen Könige, die sich verstecken, um zu Ansehen zu kommen« *[bien différent de ces rois mystérieux, qui se cachent pour se faire respecter]*.¹⁸ Zweifellos zeigt sich Ludwig sehr viel öfter in der Öffentlichkeit als Philipp. Sein Stil der Selbstdarstellung war majestätisch, aber zugleich extrovertiert. Nachdem er in Versailles die Sitte der *appartements* eingeführt hatte, besuchten er und die Königin die Spieltische, nahmen sogar selbst an den Spielen teil und erwiesen so durch ihre Nähe den Untertanen ihre Reverenz, worauf hinzuweisen der *Mercure Galant* sich beeilte.¹⁹ Ludwigs Stil liegt zwischen der steifen spanischen Art und der volkstümlichen Art anderer Könige des siebzehnten Jahrhunderts, namentlich Christians IV. von Dänemark und Gustav Adolfs von Schweden, der gern auf den Marktplatz ging, um mit seinen Untertanen zu sprechen. Es wurde bereits darauf hingewiesen (s. o., S. 52 f.), daß Rigauds berühmtes Porträt ein solches Gleichgewicht zwischen Förmlichkeit und Ungezwungenheit herzustellen versuchte, während auf spanischen Herrscherbildnissen bewußt vermieden wurde, die königlichen Insignien zu präsentieren und den König in entspannter Haltung vorzuführen.

Der Gegensatz zwischen Ludwig und Philipp mag eine Angelegenheit unterschiedlichen Naturells gewesen sein, sollte aber auch unter dem Aspekt von Politik und Kulturtradition betrachtet werden. Die Nüchternheit Philipps, wie die des Kaisers Leopold (s. o., S. 227), entsprach habsburgischem Stil. Man könnte sagen, daß eine Familie, die seit dem dreizehnten Jahrhundert herrschte, durch ihre Abstammung so weit legitimiert war, daß sie im Grunde keine Verherrlichung durch andere Mittel benötigte. Ludwig dagegen war König von Frankreich in der dritten Generation (obzwar ein früherer Bourbone König von Navarra gewesen war). Deswegen mußten die Bildnisse Ludwigs pompöser und heroischer sein als diejenigen Philipps. Ludwig benötigte mehr Reiterstatuen und mehr Medaillen als Philipp oder Leopold. Die französische Regierung bediente sich auch der Druckerpresse in sehr viel stärkerem Maße als die Habsburger. In dieser wie auch in anderer Hinsicht folgte sie dem Vorbild der Regierung Ludwigs XIII. und Kardinal Richelieus.

Richelieu und seine Ratgeber, der Kapuzinermönch Père Joseph – für Literatur – und der *intendant* Sublet des Noyers – für Architektur und Malerei – legten großen Wert darauf, Künstler und Schriftsteller in den Staatsdienst zu holen, um ein positives Bild vom König und dessen Regierung präsentieren zu können. Zu diesem Zweck gründete Richelieu 1634 die Académie Française, bestehend aus vierzig Personen, die nach teils literarischen, teils politischen Kriterien ernannt wurden.[20] Auf Richelieus Ersuchen schrieb der Adlige Jean-Louis Guez de Balzac, Mitglied der Académie, eine Abhandlung unter dem Titel *Der Prinz*, in der er Ludwig XIII. als idealen Herrscher porträtierte. Eine Reihe von Flugschriften wurde verfaßt, um die Politik der Regierung gegenüber in- und ausländischen Kritikern zu verteidigen. Eine dieser Schriften, aus der Feder des Sieur de Fancan, trug den passenden Titel *La voix publique*.[21] 1631 wurde eine offizielle Zeitung gegründet, die wöchentlich erscheinende *Gazette*, die im Louvre gedruckt und von Théophraste Renaudot, einem Gefolgsmann Richelieus, herausgegeben wurde.[22]

Die Geschichte der Regierungszeit wurde aufgezeichnet von einer Reihe offizieller Historiker wie etwa Charles Sorel – der vor allem als Romanautor bekannt ist –, Pierre Matthieu, dem Verfasser von *Les merveilles de Louis le Juste* (1627), und Scipion Dupleix, dessen *Histoire de Louis le Juste* (1635) ebenfalls die Regierungszeit als eine Folge von »Wundern« darstellte und den König mit Caesar, Chlodwig, Karl dem Großen und dem hl. Ludwig verglich.[23] Bemerkenswert ist die Verwendung des Beinamens »der Gerechte« zu Lebzeiten des Königs. In ähnlicher Weise war Heinrich IV. in einer Ode des Dichters Malherbe als »Henri le Grand« angeredet worden.

Die Regierung richtete ihr Augenmerk auch auf Festlichkeiten und die bildenden Künste. Ludwig XIII. liebte Musik und Tanz, und unter seiner Herrschaft blühte das *ballet de cour* ebenso wie das Theater. Die politische Funktion einiger Aufführungen jener Zeit liegt auf der

Ludwig in seiner Zeit

80. »Ein Modell für den triumphierenden Ludwig«
Heinrich IV. zieht im Triumph in Paris ein
von Peter Paul Rubens (Detail), um 1625. Florenz, Uffizien

Hand, wie etwa im Fall des Balletts *La prospérité des armes de France* (1640) von Jean Desmarets, einem Gründungsmitglied der Académie Française.

Der König interessierte sich wenig für Malerei, im Gegensatz zu seiner Mutter und Richelieu. Es war Königin Maria de Medici, die 1622 Rubens nach Paris holte und ihn beauftragte, einen vierundzwanzigteiligen Gemäldezyklus über die Regierungszeit Heinrichs IV. und der Régence anzufertigen, allegorisierende Darstellungen von Episoden der zeitgenössischen Geschichte, die wohl am ehesten eine Art Vorbild für Lebruns Bildnisse von Ludwig XIV. in der *Grande Galerie* zu Versailles sind (Abb. 80). Die Königin bestellte bei Giambologna, dem damals prominentesten Bildhauer von Florenz, ja von ganz Europa, auch ein Reiterstandbild ihres Mannes Heinrich IV., während Richelieu das berühmte Reiterdenkmal von Ludwig XIII. für die Place Royale in Auftrag gab.

Noch ausgeprägter war das Interesse des Kardinals an der Malerei. Er rief Simon Vouet und Nicholas Poussin nach Frankreich zurück und bemühte sich, auch italienische Künstler ins Land zu holen. Die Kupferstichsammlung *La France métallique* (1634) des Flamen Jacques de Bie, eine Medaillengeschichte der französischen Könige, die zweifellos die Medaillengeschichte Ludwigs XIV. inspirierte, war Ludwig XIII. gewidmet.

Wenn der junge Ludwig XIV. im *ballet de cour* tanzte, so folgte er darin dem Vorbild seines Vaters, der, wenn überhaupt möglich, ein noch größerer Liebhaber von Musik und Tanz gewesen war. Dem berühmten *carrousel* von 1662 diente das *carrousel* von 1612 als Modell. Die Ähnlichkeiten zwischen Richlieus Programm für die dreißiger und Colberts Programm für die sechziger Jahre sind nicht zu übersehen. Tatsächlich bestanden zwischen beiden enge Verbindungen und Kontinuitäten. Die aufwendig gestaltete offizielle Veröffentlichung *Die Triumphe Ludwigs des Gerechten*, an der Historiker, Künstler und Dichter (u. a. Corneille) mitwirkten, wurde zu Lebzeiten des Königs geplant, aber erst 1649 publiziert.[24]

Mazarin, der von Richelieu gefördert wurde und seinerseits Colbert förderte, schlug eine Brücke zwischen den dreißiger und den sechziger Jahren, und das traf auch für eine ganze Reihe von Schriftstellern zu. Jean Chapelain etwa war ein Protégé Richelieus, bevor er Colberts Ratgeber wurde. Bourzeis war Richelieus literarischer Ratgeber, bevor er in die Petite Académie eintrat. Desmarets lebte noch so lange, daß er Panegyriken auf Ludwigs XIV. Feldzüge der sechziger und siebziger Jahre schreiben konnte (s. o., S. 109). Als Colbert den Seigneur de Chantelou beauftragte, Bernini auf dessen Reise nach Frankreich zu begleiten, folgte er dem Beispiel von Sublet des Noyers und Richelieu, der Chantelou nach Rom entsandt hatte, um Poussin heimzuholen.

Vorgänger

Wer das Bild von Ludwig XIV. in historischer Perspektive betrachten will, kann sich nicht auf Frankreich und Spanien beschränken oder im frühen siebzehnten Jahrhundert stehenbleiben. Immerhin war Ludwigs berüchtigte Strategie, den Hochadel nach Versailles zu verpflichten, um ihn zu schwächen, bereits König Heinrich IV. von einem englischen Botschafter, Sir George Carew, zugeschrieben worden – »... sie zu veranlassen, bei Hofe zu leben; so können sie nicht andernorts Ränke schmieden, und durch Spiel und andere Verschwendung werden sie dort arm«.²⁵

In gewisser Hinsicht ähnelt der Hof Ludwigs XIV. eher dem Hof der Valois-Könige als dem seines Vaters und Großvaters. Franz I. war ein bedeutender Förderer von Kunst und Literatur und wurde zu seiner Zeit als solcher präsentiert. Er wurde mit Konstantin und Karl dem Großen verglichen und in römischer Rüstung dargestellt. Er wurde mit einem Reiterstandbild und einem Triumphbogen nach römischer Art geehrt, auch wenn diese ephemeren Bauten die Festlichkeiten, für die sie errichtet worden waren, nicht überdauerten.²⁶ Heinrich III. wurde als Sonnenkönig beschrieben, er tanzte in *ballets de cour* und förderte eine Akademie. Er ernannte einen Oberzeremonienmeister und gestaltete das Hofzeremoniell (z. B. das *lever* und *coucher*) noch aufwendiger und förmlicher.²⁷ Es ist kaum anzunehmen, daß Ludwig und seine Zeremonienmeister davon nichts wußten.²⁸ Das Verhältnis zwischen den anderen öffentlichen Ritualen der französischen Könige des sechzehnten Jahrhunderts und denen Ludwigs XIV. ist indes schwer zu bestimmen.²⁹

Fast alle Medien, in denen der König präsentiert wurde, waren stark geprägt durch italienische Renaissance- und Barocktraditionen. Die »italienische *connection*« ist offensichtlicher Aspekt der von Kardinal Mazarin betriebenen Künstlerpatronage (s. o., S. 70). In die Welt der Künstler und ihrer Auftraggeber war er in Rom, im Umkreis von Papst Urban VIII., eingeführt worden. Er bevorzugte Italiener. Francesco Buti holte er als seinen künstlerischen Ratgeber nach Paris, während er über Elpidio Benedetti und Luigi Strozzi die Verbindung nach Rom und Florenz pflegte. Auch italienische Sänger, Komponisten, Maler und die Bühnenarchitekten Giacomo Torelli und Gaspare und Carlo Vigarani holte er nach Frankreich.

Eine besonders erwähnenswerte italienische *connection* ist die Achse Paris–Modena. Francesco d'Este, Herzog von Modena, war ein großer Kunstliebhaber. Er ließ sich von Bernini Entwürfe für den Umbau seines Palastes vorlegen, bestellte eine Porträtbüste bei ihm und ernannte Gaspare Vigarani zum Hofarchitekten und Oberintendanten für seine Feste. Der Herzog unterhielt auch Beziehungen zum französischen Hof. Er besuchte 1657 Paris, schlug eine Vermählung seiner

Tochter mit Ludwig XIV. vor und heiratete selbst eine Nichte Mazarins.[30]

Der König von Frankreich ließ sich vom Beispiel des Herzogs in mancherlei Hinsicht inspirieren. Gaspare Vigarani wurde 1659 nach Paris gerufen, wo er im Jahr darauf die Triumphbögen für die feierliche Entrée in Paris entwarf, während sein Sohn zwei Jahrzehnte lang Konstruktionen für höfische Festlichkeiten entwarf. Der Sekretär des Herzogs, Girolamo Graziani, wurde in den sechziger Jahren von Ludwig XIV. mit einem Ehrengehalt bedacht und schrieb Panegyriken auf den »französischen Herkules« (s. o., S. 79). Es dürfte kein Zufall sein, daß sich sowohl Francesco I. als auch Ludwig XIV. beim Umbau ihrer Schlösser von Bernini beraten ließen und Porträtbüsten bei ihm bestellten.

Wie diese Beispiele zeigen, überdauerte die italienische Verbindung Mazarin. Sie wurde befördert durch die Gründung der Französischen Akademie in Rom (1666), einer Ausbildungsstätte für junge Künstler. Tatsächlich war es üblich gewesen, in Italien, vor allem in Rom, zu studieren, noch bevor dieser Brauch institutionalisiert wurde. Lebrun hatte vier Jahre (1642–1646) in Rom verbracht, Girardon war in den vierziger Jahren ebenfalls in Rom gewesen, während Mignard über zwanzig Jahre (1635–57) dort gelebt hatte.

Italien hatte den Künstlern im Dienste Ludwigs XIV. einiges zu bieten. In Rom konnten sie beobachten, wie städtische Räume durch die Verwendung von Obelisken zu Denkmälern für Päpste umfunktioniert wurden; in Venedig konnten sie im Dogenpalast sehen, wie Historiengemälde als Mittel zur Verherrlichung des Regimes eingesetzt wurden; und die nach Planeten benannten Säle im Palazzo Pitti, der Residenz der Großherzöge der Toskana, könnten durchaus ein Modell für Versailles abgegeben haben.[31] Diese Säle waren zwischen 1637 und 1647 von Pietro da Cortona ausgestattet worden mit einer Kombination aus Gold, Stuck und Freskendekorationen, die die Medici-Familie verherrlichten. Das Vorbild lag um so näher, als die Großmutter Ludwigs XIV. eine Medici war.

Ein Großherzog der Toskana, Cosimo de' Medici, war höchstwahrscheinlich ein Modell für Ludwig XIV. oder dessen Berater. Cosimo, der von 1537–1574 herrschte, machte aus seinem Großherzogtum eine absolute Monarchie im Miniaturformat. Er regierte einen Staat mit weniger als einem Zwanzigstel der Bevölkerung Frankreichs unter Ludwig XIV. Er war der Sohn eines Söldnerhauptmanns, der nach der Ermordung des kinderlosen Alessandro de' Medici zum Herrscher von Florenz ernannt wurde, und es war diese mangelnde Legitimation, die um so mehr sein Bewußtsein für die Möglichkeiten, sich mit Hilfe der Künste ein positives politisches Image zuzulegen, schärfte. So ließ Cosimo auf der Piazza Santa Trinità in Florenz eine Säule zum Gedenken an seinen Sieg über die Truppen der Exilrepublikaner errichten. Zur Erinnerung an Ereignisse seiner Regierungszeit ließ er zwölf Medaillen schlagen. Von Bronzino, Cellini und Vasari ließ er sich auf Gemälden, Statuen und Fresken in heroischer Manier, streng und kühn, porträtieren.[32] Er ließ sich mit den von ihm geförderten Künstlern darstellen (Abb. 81), und er ernannte Geschichtsschreiber, die Pensionen und Zugang zu offiziellen Dokumenten erhielten und eine Geschichte zu verfertigen hatten, die die Medici in günstigem Licht erscheinen ließ. Im Jahre 1565 gab er zur Begrüßung der Braut seines Bruders – einer Schwester des Kaisers – ein prächtiges Fest mit Triumphbögen, Aufführungen, Feuerwerksdarbietungen usw., das 50000 Scudi kostete. Er gründete zwei Akademien, die Florentiner Akademie, die ein italienisches Wörterbuch ausarbeitete, sowie die Zeichenakademie – Modelle für die Académie Française und die Académie Royale de Peinture.

Die Künstler und Schriftsteller, die für Ludwig XIV. arbeiteten, hegten große Bewunderung für das Italien der Renaissance. Jean Chapelain beispielsweise war ein Kenner der italienischen Literatur und schrieb sogar Gedichte auf Italienisch.[33] Die großen Debatten zwischen Klassikern und Modernen und in der Malerei über den Primat von Zeichnung oder Farbe spiegelten frühere Debatten in Italien wider. In seiner »poetischen Geschichte« des Krieges zwischen den Klassikern und den Modernen stellte François de Callières die Armee der Modernen unter das Kommando von Torquato Tasso, dessen Epen, zusammen mit denen von Ariost, sich allgemeiner Bewunderung erfreuten. Es überrascht kaum, daß der Oper *Armide* (von Quinault/Lully, 1686) Episoden aus Tassos *Gerusalemme Liberata* zugrunde liegen oder daß Szenen aus Ariosts *Orlando Furioso* in *Plaisirs de l'Île*

LUDWIG IN DER PERSPEKTIVE

81. »Ein Modell für Ludwig als Schirmherr«
Cosimo und seine Baumeister von Giorgio Vasari
Deckengemälde, um 1650. Palazzo Vecchio, Florenz

Enchantée zum Schauplatz eines Turniers umgearbeitet werden. Das berühmte *carrousel* von 1662 ist stark italienisch beeinflußt, wie überhaupt die Idee, Turnier und Theater zu kombinieren, auf die Renaissance-Höfe von Ferrara und Florenz zurückgeht.[34]

Die Devisen bzw. *imprese*, die bei den Festlichkeiten oder auf Medaillen verwendet wurden, gehörten zu einer italienischen Renaissancetradition. Dasselbe galt für die Medaillen und für einen Großteil ihrer Ikonographie, vor allem für Personifikationen wie etwa der Fama in Frauengestalt, der Discordia in Gestalt eines Ungeheuers usw., die vielfach aus Cesare Ripas *Iconologia* (1593) stammten, jenem unschätzbaren Handbuch für Künstler, das 1644 ins Französische übersetzt worden war. Die Schriften Menestriers über die »Philosophie der Bilder« bezeugen seine Kenntnis der italienischen Renaissanceliteratur über Embleme.[35] Tatsächlich könnte man Menestrier als spätes Exemplar eines Renaissancephänomens betrachten, des sogenannten humanistischen Ratgebers von Künstlern.

Auch in stilistischer Hinsicht lieferte das Italien der Renaissance ein Modell, genauer gesagt, mehrere Modelle, da sowohl der florentinische als auch der venezianische Stil seine Anhänger hatte. Die »große Manier« Lebruns war der Stil der Hochrenaissance, vor allem Raffaels. Mit seinem Kupferstich *Der Triumph Konstantins* huldigte Lebrun gleichzeitig Raffael, Colbert und dem König. Diese Darstellung von Konstantin, der in einem Streitwagen fährt und von einer Victoria gekrönt wird, ging auf eine Skizze von Raffael zurück. Gewidmet war der Stich Colbert, und dargestellt war einer der Herrscher, mit denen Ludwig am häufigsten verglichen wurde. François Blondel schließlich, der Direktor der Akademie für Architektur, läßt in seinen Vorträgen immer wieder seine Vertrautheit mit Renaissance-Vorbildern erkennen. Er zitiert häufig die bedeutendsten italienischen Architekten jener Zeit, wie etwa Alberti, Palladio, Vignola und Scamozzi.

Diese Formen der Imitation waren keine sklavische Nachahmung. Sie sind keine Beispiele für die »schwere Last« der Tradition. Französische Künstler und Schriftsteller suchten sich aus dem italienischen Repertoire genau die Vorbilder aus, die ihnen geeignet erschienen. Trotz ihres Respekts für die Leistungen der Italiener glaubten freilich einige von ihnen, Besseres hervorbringen zu können.[36]

Zu den mittelalterlichen Traditionen steht das Bild Ludwigs jedoch in einem ganz anderen Verhältnis. Hier haben wir es weniger mit Imitation und Rivalitäten als mit einer mehr oder weniger unbewußten Kontinuität zu tun. Das Ritual des *sacre* folgte einem Vorbild aus dem französischen Mittelalter (s. S. 63). Das gleiche gilt für die *lits de justice* in der frühen Regierungszeit (S. 62). Die zeremonielle *Entrée* in eine Stadt war ein mittelalterlicher Brauch, der in der Renaissance nach römischer Manier mit Streitwagen, Trophäen, Triumphbögen usw. angereichert wurde. Für den spätmittelalterlichen Hof von Burgund war ein aufwendiges Zeremoniell charakteristisch – und gewisse Elemente des spanischen Hofzeremoniells waren tatsächlich um die Mitte des sechzehnten Jahrhunderts aus Burgund übernommen worden.

Die Franzosen des siebzehnten Jahrhunderts hatten für das Mittelalter in der Regel nichts übrig. Sie neigten dazu, dieses dunkle Zeitalter zu verachten und es mit Barbarei und den »Goten« gleichzusetzen.[37] Dennoch wurde der Bezug zwischen Ludwig und Chlodwig, Karl dem Großen und dem hl. Ludwig ernst genommen (Abb. 82). In gewisser Hinsicht lieferten mittelalterliche Herrscher Modelle für die öffentlichen Präsentationen Ludwigs XIV. So folgten Krönung und Weihe von 1654 mittelalterlichem Vorbild. Ludwig wurde mit dem heiligen Öl gesalbt, das Chlodwig von einer Taube gebracht worden sein soll. Er trug den traditionellen, mit Lilien bestickten Hermelinmantel und die traditionellen Herrscherinsignien – Krone, Zepter, Reichsapfel, Schwert, Ring usw.[38] Der König hielt auch andere mittelalterliche Rituale ab. Er legte Kranken die Hand auf und wusch die Füße der Armen. Man könnte sagen, daß Ludwig immerhin so weltlich war, daß er die Vorteile eines geheiligten Königtums zu schätzen wußte, ein Gedanke, den Bossuet immer wieder stellvertretend für ihn formulierte.[39] Wenn er den Glauben seiner merowingischen Vorfahren an die magischen Eigenschaften langer Haare vielleicht nicht teilte, so trug er doch seine berühmte hohe Perücke.

Im Laufe seiner Regierungszeit entfernte sich der König von diesen mittelalterlichen Vorbildern, ohne sie vollständig aufzugeben. Im Gegensatz zu mittelalterlichen Herrschern zeigte er sich nur selten mit Krone oder Zepter oder *main de justice*, einem Stab mit aufgesteckter

Vorgänger

82. »Ludwig wird mit dem kl. Ludwig identifiziert«
Ludwig als der hl. Ludwig, anonymes Gemälde, um 1660
Poitiers, Kapelle des Jesuitenkollegs

Hand, die den höchsten Richter symbolisierte. Nachdem er aufgehört hatte, *lits de justice* abzuhalten, saß Ludwig nur noch selten auf einem Thron. Zu den Anlässen, wo das doch noch geschah, zählten die Audienzen für den algerischen Gesandten 1684, für die siamesischen Gesandten 1686 (Abb. 43) und für die persischen Gesandten 1715. So entsteht der Eindruck, daß der Thron als archaisches Relikt betrachtet wurde, so exotisch, daß es nur noch benutzt wurde, wenn Orientalen beeindruckt werden sollten.

Selbst die Darstellungen des Königs entfernten sich von den traditionellen Insignien und führten ihn oft in gewöhnlicher Kleidung vor, auf einem Stuhl sitzend, eher einen Stock als ein Zepter haltend. Das berühmte Staatsporträt von Rigaud (Abb. 1) weist einige der traditionellen Symbole auf, freilich in abgewandelter Form. Den Königsmantel trägt Ludwig geöffnet, so daß darunter seine moderne Kleidung zum Vorschein kommt. Er hält das Zepter, aber auf unkonventionelle Weise. Er trägt das Staatsschwert, aber nur der Griff ist zu sehen. Der Reichsapfel fehlt, und die *main de justice* ist unauffällig weggesteckt.

Ein anderes der Umgebung des Königs geläufiges Herrschermodell war Byzanz. Ein prächtiger Folioband mit Texten byzantinischer Historiker erschien in den 1660er Jahren mit einer Widmung für Colbert. Es ist vielleicht bedauerlich, daß die berühmte Schrift Kaiser Konstantins VII. Porphyrogennetus über das höfische Zeremoniell in Versailles nicht bekannt war, denn in mehr als nur einer Hinsicht ähnelte Ludwig einem byzantinischen Herrscher.[40]

Vor den Kaiserbildnissen brannten Kerzen, und es war vorgeschrieben, wie man sie morgens zu begrüßen hatte, wie man in ihrer Gegenwart stehen und sitzen mußte, ja sich vor ihnen niederwerfen, die sogenannte *proskynesis* vollziehen mußte. Der Kaiser wurde als »Friedensstifter« *(eirenpoios)* bezeichnet, als »fromm« *(eusebios)*, als Wohltäter *(euergetes)*, als Priester, als *autokrator* – nicht sehr weit entfernt von einem absolutistischen Monarchen –, als Stellvertreter Gottes, als Sonne. Einige konstantinische Münzen trugen die Inschrift SOL INVICTUS [»die unbesiegte Sonne«].

Der Anspruch des französischen Königs, *monarque de l'univers* zu sein, mag für moderne Ohren weniger anmaßend klingen, wenn man sich erinnert, daß auch byzantinische Herrscher über die ganze Welt *(oikumene)* zu herrschen beanspruchten.[41] Wie spätere Kaiser wurde auch Ludwig als »neuer Konstantin« bezeichnet, eine Gleichsetzung, die um so angemessener ist, als bereits Konstantin – wie jüngere Historiker argumentierten – von der Bedeutung der Propaganda wußte. Bossuet, der Ludwig in dieser Weise beschrieb, sah sich wahrscheinlich als einen neuen Eusebius, Bischof von Caesarea, der mit seinen Panegyriken auf Konstantin, mit seiner Ketzerverfolgung und seiner Kirchengeschichte bekannt wurde.[42] Der berühmte Konstantinsbogen in Rom war Anregung und Vorbild für die königlichen Triumphbögen, wenngleich die Bögen für Ludwig größer waren, worauf Charles Perrault hinzuweisen sich beeilte.[43]

Byzantinische Herrscher griffen auf römische Traditionen zurück, und hier stehen wir wieder auf festerem Boden. Unter Ludwig XIII. hatte Guez de Balzac angeregt, die römische Kaiserverehrung zu imitieren. Fachleute wie Godefroy und Saintot studierten die Rituale römischer Kaiser.[44] Die Kritiker der Statue auf der Place des Victoires (s. o., S. 195) trafen mit ihren bissigen Anspielungen auf die römische Apotheose den Kern der Sache sehr viel präziser, als ihnen selbst vielleicht bewußt war.[45]

Das Verhältnis zwischen dem Image Ludwigs XIV. und der klassischen Tradition ist ein Thema, das eine eigene Monographie nach Art Aby Warburgs lohnte; zu untersuchen wäre, wie die Antike vom siebzehnten Jahrhundert aus wahrgenommen und wie das Repertoire klassischer Formen und Bilder in Anpassung an neue Funktionen und Zusammenhänge verändert wurde. Architekten und Künstler waren durchaus vertraut mit antiken römischen Vorbildern, auch wenn sie es vorzogen, ihnen nicht zu folgen. Claude Perrault veröffentlichte die Übersetzung einer Abhandlung des römischen Architekten Vitruv und schuf gleichzeitig für den Louvre die »französische Ordnung«, um zu demonstrieren, daß das moderne Frankreich mit dem antiken Rom zu konkurrieren vermochte. Zu den Trophäen François Blondels gehörten auch moderne Waffen wie Musketen, Kanonen, ja sogar Bomben, worin er ein Experte war, aber in seinen Entwürfen zitierte er auch gern römische Vorbilder, so etwa die Trajanssäule, den Titusbogen mit seinen geflügelten Siegesgöttinnen und den Konstantinsbogen mit seiner Sonne.[46]

Durch die antiken Denkmäler in französischen Städten, z. B. die Porte de Mars in Reims, waren Colbert und auch seine Architekten mit klassischen Vorbildern vertraut.[47] Bildhauer reisten nach Rom, um dort antike Plastiken zu studieren, und kehrten zurück, um ihre Schüler mit dem Laokoon, dem Farnesischen Herakles und dem Apoll von Belvedere bekannt zu machen.[48] Colbert ließ aus politischen und ästhetischen Motiven klassische Statuen und Gipsabgüsse von Statuen – u. a. der Trajanssäule – nach Paris schaffen, um das Ausland zu beeindrucken und die französische Hauptstadt als neues Rom zu präsentieren.[49]

Reitermonumente von Ludwig folgten oft dem Typus der Marc Aurel-Statue auf dem Kapitol. Ein Gipsabguß dieser Statue wurde in der Académie Royale de Peinture et Sculpture aufgestellt und dort 1686 von den siamesischen Gesandten besichtigt.[50] Girardon war einer der Bildhauer, die diesem Modell folgten, auch wenn er dafür sorgte, daß seine Statue die größere war.⁵¹ Auch die Debatte darüber, ob die Ludwig-Statue auf der Place des Victoires vergoldet werden sollte oder nicht, erinnerte an das Vorbild Marc Aurel.⁵² Medailleure ließen sich bei Darstellungen und Inschriften von römischen Quellen inspirieren, obwohl sie sich gelegentlich von diesen Vorbildern entfernten, und es ist kaum anzunehmen, daß Künstler wie Lebrun und Desjardins, die Ludwig als Herkules darstellten, nicht wußten, daß römische Kaiser ebenfalls in dieser Art dargestellt worden waren.

Das Verhältnis zwischen der Literatur des antiken Rom – in geringerem Maße Griechenlands – und der französischen Literatur des siebzehnten Jahrhunderts war zugleich enger und komplexer als das der bildenden Künste, da die Schriftsteller (im Gegensatz zu den Künstlern, zumindest aber in stärkerem Maße) bei ihren Lesern eine Vertrautheit mit den Klassikern voraussetzen konnten. Schriftsteller bedienten sich dieser Kenntnisse und arbeiteten mit Zitaten und Anspielungen.

War Bossuet ein neuer Eusebius, so präsentierte sich Boileau als ein neuer Horaz, mit Colbert als Maecenas und Ludwig als Augustus. Wie Horaz schrieb er Oden, Episteln, Satiren und eine *Dichtkunst*. Félibiens Prosaporträts des Königs und anderer Personen folgten der Tradition der klassischen *ekphrasis*, der Beschreibung eines Kunstwerks,⁵³ wie auch die förmlichen Panegyriken auf den König, ja sogar die Gewohnheit, sie an seinem Geburtstag zu halten, an klassische Vorbilder angelehnt waren. Der Jesuit La Beaune gab klassische Panegyriken heraus und schrieb moderne. Besonders bekannt war Plinius' Lobrede auf den Kaiser Trajan. Für diejenigen, die Latein oder Griechisch nicht lesen konnten, standen in wachsender Zahl Übersetzungen zur Verfügung. Beispielsweise übertrug Benserade Ovids *Metamorphosen*, und der König ordnete die Publikation einer illustrierten Edition an, vermutlich, weil sie dem Betrachter helfen sollte, die Vielzahl allegorischer Darstellungen zu deuten, die zu seiner Verherrlichung gemalt worden waren. Gleichzeitig betrachteten Schriftsteller das antike Rom als Rivalen, den es zu übertreffen galt, und zwar ausschließlich zum höheren Ruhm Ludwig XIV. Natürlich wäre es absurd, den Bücherstreit zwischen Klassikern und Modernen auf ein

Instrument der Propaganda für Ludwig XIV. zu reduzieren. Trotzdem lag in der literarischen Platitüde, die Ludwig als neuen Augustus oder gar, laut Inschrift auf der Büste des Königs in einem Kloster, »erhabener als Augustus« *[Augusto augustior]*[54] pries, durchaus ein politisches Element.

Interessant ist der Vergleich mit Augustus, der, wie von der Altertumswissenschaft nachgewiesen, der Imagepflege große Bedeutung beimaß;[55] die Parallelen zwischen den beiden Herrschern sind wirklich auffallend. Augustus war von kleiner Statur, und um größer zu wirken, trug er Absatzschuhe.[56] In seinen Memoiren, den *Res Gestae*, präsentierte er seine eigene Interpretation der Regierungszeit. Ihm wurde eine besondere Beziehung zu Apoll nachgesagt.[57] Er wurde als Jupiter dargestellt. Auf öffentlichen Plätzen, nicht nur in Rom, sondern auch in den Provinzen, wurden viele Statuen von ihm errichtet, auf denen er »distanziert, majestätisch und heroisch« erschien.[58] Privatpersonen brachten in ihren Häusern zum Zeichen ihrer Loyalität Augustus-Porträts an, während Provinzstädte ihm als Gott, als Retter der Welt, als Herrscher über Land und Wasser huldigten – wie Ludwig XIV. bekräftigten römische Imperatoren ihre Macht über die Welt mit Titeln wie *Conservator Orbis*, *Pacator Orbis*, *Restitutor Orbis* usw.[59] Auf Münzen und Statuen wurde Augustus wie andere Herrscher zusammen mit der Siegesgöttin dargestellt (Abb. 83). Er widmete zwei Obelisken der Sonne. Festlichkeiten wurden veranstaltet, um die Loyalität der Bevölkerung zu stärken, und mit Unterstützung des Maecenas wurden Schriftsteller für den Staatsdienst geworben, so etwa der Historiker Livius sowie die Dichter Vergil und Horaz.

Die Unterschiede in der Präsentation der beiden Herrscher sind ebenfalls bemerkenswert. Augustus schaffte eine Republik ab, und es wurde notwendig, die literarische und visuelle Sprache der politischen Kommunikation zu modifizieren, um seine Führerrolle präsentieren zu können.[60] Er wurde als ewiger Jugendlicher dargestellt, während Ludwig immerhin diskret altern durfte und zahnlos porträtiert wurde. Augustus machte aus der Schlichtheit eine Tugend und hätte Versailles mit all seiner Prachtentfaltung wahrscheinlich mißbilligt. Er war »populistischer« als Ludwig in dem Sinne, daß er auf die Bestätigung durch seine Untertanen Wert zu legen vorgab. Um von

83. *Der Kaiser Claudius*, Kamee
1. Jh. n. Ch., Cabinet des Médailles, Bibliothèque Nationale, Paris

den Römern gesehen zu werden und sich sogar mit ihnen zu unterhalten, erschien er im Theater.⁶¹

Die Fülle der Parallelen ist erstaunlich, aber man soll deshalb nicht meinen, daß die ähnlichen, ja bisweilen identischen Bilder im jeweils anderen Kontext dieselbe Bedeutung hatten. Apoll zum Beispiel gehörte zum römischen Pantheon, während er zur Zeit Ludwigs eine christliche Allegorie war. Die politischen und kulturellen Unterschiede zwischen beiden Epochen sind unüberbrückbar, auch wenn sie verdeckt werden durch die Reverenz des 17. Jahrhunderts vor der klassischen Tradition im allgemeinen und dem Augusteischen Zeitalter im besonderen *[le beau siècle d'Auguste]*.⁶²

Der römische Kult um Julius Caesar, Augustus und spätere Kaiser war seinerseits von griechischen und orientalischen Traditionen beeinflußt. Für Augustus wurde, wie für einen Pharao, ein pyramidenförmiges Mausoleum gebaut.[63] Bedeutendes Vorbild für Caesar, wie für Ludwig XIV., war Alexander der Große, der in Griechenland einen neuen Typus der Monarchie nach persischem bzw. ägyptischem Vorbild inklusive kompliziertem Hofzeremoniell geschaffen hatte. Auf diesem Weg gelangte die orientalische *proskynesis* in die abendländische Tradition. Der Herrscherkult schlug sich auch in der Gründung von mindestens dreizehn Städten nieder, die den Namen Alexanders trugen, und in dem Projekt, einen ganzen Berg – den Berg Athos – in ein Kolossalbild von Alexander zu verwandeln.[64]

Wieweit die Gelehrten in der Epoche Ludwigs XIV. Kenntnis von der orientalischen Tradition der Herrscherverehrung besaßen, ist schwer zu sagen. Blondel und Charles Perrault betrachteten ägyptische Obelisken als Vorbilder für ihre eigene Zeit, und sie kannten den ägyptischen Sonnenkult.[65] Es wäre interessant herauszufinden, ob sie den Kosmos-Saal im Palast des Khosrau – des Sassaniden-Herrschers im Persien des sechsten Jahrhunderts –, der in mindestens einer gelehrten Veröffentlichung ihrer Zeit erörtert wurde, als Vorbild für Versailles betrachteten.[66] Khosrau, beziehungsweise Cosroès, war auch der Held eines zeitgenössischen Schauspiels von Jean Rotrou, das im Palast von Persepolis spielte.[67] Unwahrscheinlich ist jedoch, daß Beinamen wie »das Gottesgeschenk«, die für Ludwig verwendet wurden, bewußte Anspielungen auf die Bezeichnungen akkadischer und sumerischer Herrscher waren.[68] Noch unwahrscheinlicher ist, daß die Imageproduzenten Ludwigs XIV. von der traditionellen Gleichsetzung von Herrscher und Sonne in so fernen Zivilisationen wie Japan und Peru wußten.

Auch in Hawaii bestand eine Verbindung zwischen Königtum, Gottheit und Sonne.[69] Daß in so vielen unterschiedlichen Kulturen auf das gleiche Bild von Macht zurückgegriffen wird, sollte uns nicht überraschen. Die darin implizierte Gleichsetzung von politischer und kosmischer Ordnung ist ein klassisches Beispiel für die Legitimation einer bestimmten institutionalisierten Struktur, die als naturgegeben, ja als das überhaupt einzig mögliche System präsentiert wird.

Das zwanzigste Jahrhundert

Bis jetzt haben wir unseren Blick nach rückwärts gewandt. Da der König und die für ihn arbeitenden Künstler und Schriftsteller ebenfalls zurückblickten, lag es nahe, ihre Haltung zu verschiedenen Epochen und Herrschern der Vergangenheit zu untersuchen.

Wir dürfen aber nicht vergessen, daß wir zwangsläufig eine andere Sichtweise haben als sie. Wir sehen Ludwig und seine Vorgänger vom Ende des zwanzigsten Jahrhunderts her. In den drei Jahrhunderten, die uns von ihm trennen, hat sich die Darstellung von Herrschern in vielerlei Hinsicht verändert. Ob wir uns dessen bewußt sind oder nicht, unsere Interpretation des siebzehnten Jahrhunderts wird geprägt von den Erfahrungen, die wir im zwanzigsten Jahrhundert gemacht haben. Um anachronistische Urteile zu vermeiden, ist es vielleicht am besten, explizite Vergleiche anzustellen. Ja, wir erhalten möglicherweise ein besseres Verständnis sowohl unserer eigenen Zeit als auch der Epoche Ludwigs XIV., wenn wir die Ähnlichkeiten und die Unterschiede zwischen beiden Perioden betrachten. Ich möchte dieses Buch daher beschließen, indem ich die Medien des siebzehnten Jahrhunderts mit denen des zwanzigsten vergleiche, das Image Ludwigs mit dem moderner Staatsoberhäupter.

In Untersuchungen über die Medien des zwanzigsten Jahrhunderts wird mit bisweilen recht fragwürdigen Thesen über frühere Epochen operiert, einschließlich des sogenannten Anciens régimes, die der Französischen Revolution vorausgingen. Man nehme beispielsweise eine bekannte Propaganda-Studie aus den 1920er Jahren, in der es heißt, daß sich seit Ludwig XIV. »die Zeiten verändert« hätten und daß der Aufstieg der Propaganda und »das neue Gewerbe der *public relations*« eine Erscheinung des zwanzigsten Jahrhunderts seien, begünstigt durch den Ersten Weltkrieg und notwendig geworden durch die ungehinderte Konkurrenz von Ideen in einer demokratischen Gesellschaft.[70]

Eine andere Studie über die moderne Gesellschaft, in der ebenfalls von falschen Annahmen über das alte Regime ausgegangen wird, ist der scharfsinnige und provokante Essay über das »Image«, den der amerikanische Kulturhistoriker Daniel Boorstin in den frühen sechziger Jahren veröffentlichte. Boorstin argumentiert, die »graphische Revolution« des späten neunzehnten und frühen zwanzigsten Jahrhunderts – dank Druckmaschine, Fotografie usw. – habe zu dem geführt, was er »Pseudo-Ereignis« nennt – ein weitgefaßter Begriff: von einem für die Medien inszenierten Ereignis bis hin zu einem solchen Ereignis, über das schon vor dessen Eintritt berichtet wird.[71]

Ich hoffe, in den vorangegangenen Kapiteln gezeigt zu haben, wie nützlich dieser von Boorstin geprägte Begriff für eine Analyse der Medien des siebzehnten Jahrhunderts ist, seine Zeitungen, Medaillen, Stiche. In der Epoche Ludwigs XIV. wurden spontan erscheinende Aktionen bisweilen außerordentlich sorgfältig geplant und inszeniert, von der öffentlichen Bejubelung französischer Siege bis hin zur Errichtung von Statuen des Königs.

In einer aus den siebziger Jahren stammenden Untersuchung werden Begriffe wie »Theater-Staat« und »das Star-System in der Politik« zur Charakterisierung der Welt Kennedys, Pompidous und de Gaulles verwendet. Der Verfasser stellt diese »Personalisierung von Politik« und die Bedeutung der »Verpackung« von Politikern jenem System gegenüber, das »früher« herrschte – wann immer das war –, als es auf Ideen ankam und Politiker ihre Reden noch selbst schrieben. Er erklärt den Unterschied mit dem Einfluß des Kinos – eines seiner Beispiele ist Rossellinis *Louis XIV.* – und der Werbung.[72]

Wie übertrieben diese These ist, sollte den Lesern dieses Buches klar geworden sein. Die Macht war schon im siebzehnten Jahrhundert personalisiert. Kardinal Richelieu und Ludwig XIV. ließen sich ihre Reden, Memoiren und sogar ihre Briefe von Ghostwritern schreiben (S. 20). Zeitgenössische Politiker werden vielleicht wie Produkte präsentiert, aber genausogut könnte man sagen, daß zeitgenössische Produkte in einer Art und Weise angepriesen werden, die einst Fürsten vorbehalten war.

Schon lange vor dem Kino beeinflußte das Theater die Wahrnehmung von Politik. Als der Doge von Genua 1685 in Versailles eintraf, bemerkte ein zeitgenössischer Beobachter, der Dramatiker Donneau de Visé, daß »er keine einfache Rolle zu spielen hat« *[le Personnage qu'il avoit à soutenir n'estoit pas aisé].*[73] Der Gleichsetzung von Politik und

Bühne bediente man sich auch damals. Für die Zeitgenossen wie für die Nachwelt war der Sonnenkönig ein Star.

Die Methoden der Überzeugung, deren sich moderne Herrscher wie Hitler, Mussolini und Stalin bedient haben und in geringerem Maße auch die französischen und amerikanischen Präsidenten, ähneln in gewisser Hinsicht den Methoden, deren sich Ludwig XIV. bediente [74] – die Grandiosität der offiziellen Bauten und Skulpturen beispielsweise, bei deren Anblick der Betrachter sich klein und von der Macht des Herrschers überwältigt fühlen sollte; der Mythos des allwissenden, unschlagbaren Helden, der über die Mächte des Bösen und des Chaos siegen wird; das Bild vom Herrscher, der nachts arbeitet, während sein Volk schläft. Schon lange, bevor dieses Bild von Mussolini – übrigens auch von Napoleon – Verbreitung fand, hatte La Bruyère geschrieben, daß »wir ruhen, während dieser König... allein über uns und den ganzen Staat wacht« *[nous reposons... tandis que ce roi... veille seul sur nous et sur tout l'État]*.[75] Die Veröffentlichung von offiziellen Zeitungen, der Zusammenschluß von Schriftstellern in offiziellen Akademien, denen die Veröffentlichung prestigeträchtiger Wörterbücher und Enzyklopädien oblag; selbst die Tatsache, daß Mussolini seinen Titel DUCE in Großbuchstaben drucken ließ, findet ihre Parallele in der typographischen Hervorhebung des Namens LOUIS. Beide Herrscher wurden in der Öffentlichkeit als zweiter Augustus präsentiert.[76] Und wenn während Präsident Johnsons Gallenblasenoperation sein körperlicher Zustand im Mittelpunkt des öffentlichen Interesses stand, so passierte ähnliches während Ludwigs Fisteloperation.

In der historischen Rückschau findet sich auch zwischen der Rücknahme der Medaille auf die Brandschatzung Heidelbergs oder der Entfernung Olivares' aus dem Porträt von Baltasar Carlos einerseits und der Entfernung Trotzkis aus der *Sowjetischen Enzyklopädie* sowie aus zahlreichen Gruppenfotos andererseits eine gewisse Ähnlichkeit. Die Anweisungen an die französischen Behörden, auf dem größten Platz der jeweiligen Stadt eine Statue zu errichten, sind gute Beispiele dessen, was ein Historiker des revolutionären Rußland als den »Mythos der Spontaneität« bezeichnet hat.[77] Die Namensgebung von Saarlouis und Louisiana dürfte, wie im Fall Leningrad, ein Ausdruck von Personenkult gewesen sein. Chapelain erscheint als perfekter Apparatschik und die Haltung gegenüber Ludwig XIV. während der Régence als ein Fall von »Entlouisierung« nach Art der Entstalinisierung. Anders betrachtet, könnte man die sowjetische Akademie der Wissenschaften als eine eigentümliche Hommage an das Frankreich Ludwigs XIV. auffassen – oder, genauer, als die Nachfolgerin einer Institution, die Peter der Große zu Ehren der französischen Akademien gegründet hatte.

Diese Ähnlichkeiten sind nicht zu übersehen. Sie erinnern uns nicht nur an die Bedeutung, die Rituale, Mythen und Symbole zu allen Zeiten in der Politik gehabt haben, sondern auch an die Kontinuität von bestimmten Mythen und Symbolen der abendländischen Gesellschaften.[78] Das soll keine simple Feststellung nach dem Motto *plus ça change, plus c'est la même chose* sein. Das Image moderner Herrscher, und vor allem moderner Regimes, unterscheidet sich tatsächlich in gewissen, wichtigen Aspekten von dem Image Ludwigs XIV. und seiner Zeitgenossen.

Am deutlichsten ist dieser Unterschied im Bereich der Technik. Ludwig wurde in der Öffentlichkeit mit Hilfe von Druckerzeugnissen, Statuen und Medaillen präsentiert, während die Herrscher im zwanzigsten Jahrhundert sich immer stärker auf Foto, Film, Radio und Fernsehen stützen. Die neuen elektrischen Medien produzieren neue Bedingungen. Der Übergang von der politischen Rede zu Diskussion und Interview ist eines der Ergebnisse.[79] Dennoch ist, wie ich auf den letzten Seiten zu zeigen versucht habe, der Unterschied zwischen den »elektronischen Herrschern« und ihren Vorläufern übertrieben betont worden.

Wichtiger ist das Heraufkommen der Volksentscheidung bzw. Wahl als Legitimationsinstrument. Ludwig XIV. repräsentierte Gott, aber spätere Herrscher repräsentierten die Nation, worauf ein Völkerrechtler 1758 hinwies.[80] Die Französische Revolution markiert einen Wendepunkt zwischen alten Regimes, in denen das Volk nicht überzeugt werden mußte, und modernen Staaten, in denen das Volk Hauptadressat der Propaganda ist. Massenblätter tauchten auf. Vom

Père Duchesne sollen mehr als eine Million Exemplare verkauft worden sein. Die Leseunkundigen konnten zuhören, wie andere die Texte vorlasen, oder politische Bilder »entziffern« oder an politischen Ritualen wie dem Fest der Föderation teilnehmen, das die Revolution selbst verherrlichte. Daß die Ideen der politischen Bekehrung und politischen Propaganda um diese Zeit aufkamen, ist kein Zufall.[81]

Seitdem ist die Organisation der Überredung noch differenzierter und raffinierter geworden, vor allem in den Vereinigten Staaten, dank der Kombination aus Präsidentialverfassung, demokratischen Wahlen und einem Interesse an neuen Kommunikationstechniken. Es ist argumentiert worden, daß die Imagepflege schon in den zwanziger Jahren des neunzehnten Jahrhunderts, mit dem Heraufkommen der Kandidatenbiographie bei den amerikanischen Präsidentenwahlen, eine wichtige Rolle zu spielen begann.[82] Professionelle Politikberater gehen auf das Kalifornien der dreißiger Jahre und die »Campaigns Inc.« zurück;[83] der Aufstieg dieser Agenturen ist eng verknüpft mit dem Gedanken der »Verpackung«. Wie der Parteivorsitzende der Republikaner im Jahre 1952 erklärte: »Man verkauft seine Kandidaten und seine Programme so, wie ein Betrieb seine Produkte verkauft.«[84] Heute sind wir im Zeitalter von Saatchi & Saatchi angelangt.

Trotzdem ist einigermaßen überzeugend dargelegt worden, daß der russische Staat nach 1917 »stärker propagandageträmkt war als irgendein anderer«, in dem Sinne, daß gezielt Anstrengungen unternommen wurden, »einen neuen Menschen zu schaffen, der geeignet ist, in einer neuen Gesellschaft zu leben«. »Noch nie zuvor hatte ein Staat ähnliche Zwecke verfolgt, und noch nie hatten Führer dem Aspekt der Überredung ähnlich starke Beachtung geschenkt.«[85] Angewendet wurden freilich mitunter ziemlich traditionelle Methoden. Das Smolensker Parteikomitee betonte beispielsweise, daß nur mit »Glanz, Pracht und Pomp« die Jugend zu beeinflussen sei, und sprach sich für die Einrichtung revolutionärer Feiertage aus. Andere Mittel der Überredung hingegen waren neu, so etwa die Verwendung von Plakaten, Wandzeitungen, kurzen und einfachen Filmen (den sogenannten *agitki*) und besonderen Propagandazügen und -schiffen, die mit Kinosälen, Bibliotheken und Druckereien ausgestattet waren.[86]

Sowohl 1789 als auch 1917 sollte ursprünglich die Revolution selbst verherrlicht werden. Man beseitigte nicht nur die Herrscher selbst, sondern auch deren Denkmäler. Die meisten Statuen Ludwigs XIV. wurden 1792 zerstört. Die Zarendenkmäler wurden nach 1917 von den öffentlichen Plätzen in Moskau und Leningrad entfernt und durch solche von beliebten und revolutionären Heldenfiguren ersetzt.[87]

Auf längere Sicht kehrten die Herrscher, die in die Präsidentenpaläste eingezogen waren, wieder auf die Straße zurück. Sie wurden einfach in einer volkstümlicheren Weise präsentiert. Beispiele dafür finden sich gelegentlich schon früher, im Zeitalter Gustav Adolfs von Schweden und sogar unter Augustus (S. 255 ff.). Die Verbreitung von Porträts der Königsfamilie, die »Domestizierung der Majestät«, wie es genannt wurde, ist ein deutlicher Hinweis auf diesen Stilwandel.[88]

Ein französisches Beispiel dafür ist König Louis-Philippe. Nach der Revolution von 1830 an die Macht gekommen, wurde er als zugänglicher Herrscher präsentiert, der seinen Untertanen nahe war, ja sich im Grunde nicht besonders von ihnen unterschied. Die ersten offiziellen Porträts zeigten ihn daher – im Gegensatz zu seinem Vorgänger Karl X. – ohne auffällige Insignien wie Krone und Krönungsornat und auf gleicher Höhe mit dem Betrachter.[89] Eine solche Gleichmacherei, ob echt oder artifiziell, wäre im Zeitalter Ludwigs XIV. undenkbar gewesen. Es war ein Kompromiß zwischen den Idealen der traditionellen Monarchie und denen der Französischen Revolution.

Ebenso könnte man sagen, daß das Bild von Lenin in den letzten Jahren seines Lebens ein Kompromiß zwischen den Idealen der russischen Revolution und der zaristischen Tradition war. Lenin lebte bescheiden und ging Künstlern und Fotografen aus dem Weg.[90] Doch schon vor seinem Tod wurde mit verherrlichenden Gedichten und Biographien, Plakaten und der Umbenennung von Schulen, Fabriken, Bergwerken und Kolchosen ein Kult um seine Person betrieben.[91]

Heutzutage wird in der Politik überwiegend die Sprache von Freiheit, Gleichheit, Brüderlichkeit gesprochen. Die Macht geht, wie es heißt, vom »Volk« aus, und öffentliche Denkmäler feiern den »Unbekannten Soldaten« oder einen allgemeinen Helden der Arbeit. Gewählte Führer müssen an ihre Wähler denken, und selbst undemokratische Herrscher erklären oft, daß ihre Macht vom Volk kommt. Soziale Distanz ist oder scheint abgeschafft, nicht nur dank der Invasion von Fernsehkameras, sondern auch infolge bewußt getroffener, eigener Entscheidung. Die Illusion von Volksnähe, die Plauderei am Kamin, stundenlanges Händeschütteln, all das ist notwendig. Würde ist gefährlich, da sie Distanz impliziert. Der Akzent liegt nun auf Dynamik, Jugend, Vitalität. Mussolini ist keineswegs der einzige ältere Herrscher, der sich in der Öffentlichkeit als Sportler, ja als Athlet gezeigt hat.[92] Ausgewählte Fotos sollen dynamische Eigenschaften betonen. Auf Anraten von PR-Agenturen und Wahlkampfmanagern muß ein Kandidat gelegentlich seine Körpersprache ändern, um die Rolle des volkstümlichen Anführers überzeugender spielen zu können.

Ludwig XIV. indes erklärte, seine Macht von Gott und nicht vom Volk erhalten zu haben. Er brauchte nicht um Wähler zu buhlen. Seine Medien waren keine Massenmedien. Er wurde als jemand Besonderes präsentiert, als der Gesalbte des Herrn, als *le Dieudonné*, ja er mußte in dieser Weise präsentiert werden. Der Kontrast zwischen Führern im siebzehnten Jahrhundert und solchen im zwanzigsten Jahrhundert ist jedoch kein Kontrast zwischen Rhetorik und Aufrichtigkeit, sondern ein Kontrast zwischen zwei unterschiedlichen rhetorischen Stilen.

Anhang

Glossar

ABSOLU [absolut] In Furetières Wörterbuch definiert als »sans condition, sans réserve«. Beispielsweise sprach Spanheim von den Jahren vor 1661 als einer Zeit, in der »le pouvoir absolu du gouvernement était entre les mains d'un premier ministre«, d. h. in der Mazarin die Regierung ausübte. Einer der offiziellen Geschichtsschreiber Ludwigs XIII., Dupleix, erklärte, daß »jamais roi ne fut si absolu en France que nostre Louis«.

ACADÉMIE FRANÇAISE Die angesehenste Akademie, aus vierzig Gelehrten bestehend, wurde 1635 gegründet.

ACADÉMIE DES INSCRIPTIONS, vgl. PETITE ACADÉMIE.

ACADÉMIE ROYALE DE PEINTURE ET DE SCULPTURE [Königliche Akademie für Bildende Künste] Gegründet 1648.

ACADÉMIE DES SCIENCES [Akademie der Wissenschaften] Gegründet 1666.

APPARTEMENTS Ein Ausdruck, mit dem damals nicht nur die königlichen Gemächer in Versailles bezeichnet wurden, sondern auch der Brauch, diese dreimal wöchentlich für die Allgemeinheit zu öffnen.

BALLET Das *Ballet de cour* der damaligen Zeit war eine Form des Musiktheaters, in dessen Mittelpunkt der Tanz stand, bei dem aber auch gesungen wurde.

CONSEIL D'EN HAUT Der »Rat im Obergeschoß«, so genannt nach dem Sitzungsort, war der Staatsrat, bei dem die wichtigsten Minister wöchentlich mit dem König zusammentrafen und die wichtigsten Beschlüsse gefaßt wurden.

CONSEIL SECRET Die französische Entsprechung des englischen »Privy Council« [Kronrat].

ESTATES [Stände] Regelmäßige Versammlungen der drei Stände (Klerus, Adel und »dritter Stand«) in bestimmten französischen Provinzen (bekannt unter dem Namen *pays d'états*): Artois, Bretagne, Languedoc, Normandie und Provence. Die Etates-Général, die das gesamte Königreich repräsentierten, traten zwischen 1614 und 1789 nicht zusammen.

GRANDE GALERIE. Die zeitgenössische Bezeichnung für den sogenannten Spiegelsaal im Schloß Versailles.

GRATIFICATION Eine königliche Zuwendung, oft eine Pension.

HISTOIRE MÉTALLIQUE Die Geschichte der Regierungszeit, erzählt durch chronologisch geordnete Medaillen, auf denen die Ereignisse der Regierungszeit dargestellt sind. Es gab zwei Medaillengeschichten der Regierungszeit Ludwigs XIV., eine inoffizielle, die von dem Jesuiten Menestrier angefertigt und 1689 veröffentlicht wurde, während die andere 1702 von der Petite Académie publiziert wurde. Zu weiteren Einzelheiten vgl. Anhang, S. 268f.

Glossar

HISTOIRE DU ROI [Geschichte des Königs] Die zeitgenössische Bezeichnung nicht nur für Berichte über die Taten des Königs, sondern auch für die verschiedenen Darstellungen dieser Taten auf Gemälden, Gobelins, Kupferstichen und Medaillen.

INTENDANT Ein Repräsentant der Zentralregierung in den Provinzen. Aufgrund der zunehmend strafferen Zentralisierung im siebzehnten Jahrhundert gewannen die *intendants* an Bedeutung.

JETON Eine Art Medaille, die alljährlich am 1. Januar von der Regierung verteilt wurde.

LIT DE JUSTICE Wörtlich »Bett der Gerechtigkeit«, ein formeller Besuch des Königs im *parlement*, der oft dem Zweck diente, einen königlichen Erlaß protokollieren zu lassen.

LIVRE Die *livre tournois* war eine Rechnungseinheit. Eine *livre* hatte *20 sous* zu je 12 *deniers*.

PARLEMENT Kein Parlament im modernen Sinne, sondern ein Gerichtshof. Es existierten Provinzparlements in Aix, Besançon (ab 1676), Bordeaux, Dijon, Douai (ab 1686), Grenoble, Pau, Rennes, Rouen und Toulouse. Das Parlement von Paris war der höchste Gerichtshof des Königreichs.

PETITE ACADÉMIE [kleine Akademie] Ursprünglich ein Komitee der *Académie Française*, das von Colbert 1663 eingerichtet wurde und die Aufgabe hatte, die Verherrlichung des Königs zu prüfen. Wurde 1696 unabhängig unter dem Namen *Académie Royale des Médailles et Inscriptions*, der 1701 in *Académie des Inscriptions et Médailles* und 1717 in *Académie des Inscriptions et Belles Lettres* geändert wurde.

SURINTENDANT DES BÂTIMENTS Titel des obersten Beamten, der für die königlichen Bauten verantwortlich war. Colbert bekleidete diesen Posten von 1664 bis 1683.

Die Medaillen Ludwigs XIV.

Die Medaillen Ludwigs XIV. zu zählen – geschweige denn zu datieren – ist schwieriger, als es scheinen mag.

Zunächst einmal ist der Begriff »Medaillen Ludwigs XIV.« nicht eindeutig. Man muß zwischen Medaillen und *jetons* unterscheiden. *Jetons* waren kleiner und wurden in größerer Zahl produziert.[1] Ein weiteres Problem besteht darin, daß nicht alle Medaillen, die den König darstellen, auch vom König in Auftrag gegeben wurden. Die Stadt Paris beispielsweise ließ im Jahre 1671 eine berühmte Medaille von Ludwig »dem Großen« schlagen (Abb. 23).

Will man die Zahl der vom König in Auftrag gegebenen Medaillen berechnen, sollte man sich eigentlich auf die im Jahre 1721 veröffentlichte offizielle Medaillengeschichte verlassen können, die 318 Medaillen verzeichnet. In dieser Gesamtzahl sind aber zwei Medaillen auf den Tod Ludwigs XIV. enthalten, Medaillen also, die der Regierungszeit seines Nachfolgers zugeordnet werden sollten. Andererseits wurden mindestens zwei Medaillen bewußt nicht in die offizielle Medaillengeschichte aufgenommen, nämlich die Medaille mit einer Darstellung der Statue auf der Place des Victoires und die von Roussel geschaffene Medaille zur Brandschatzung Heidelbergs.[2] Insgesamt haben wir also 318 offizielle Medaillen. Ein Vergleich zwischen den Ausgaben von 1702 und 1723 läßt aber noch weitere Diskrepanzen erkennen. Jede Sammlung enthält Medaillen, die in der jeweils anderen nicht verzeichnet sind. Zählt man sie hinzu, so kommt man auf 332 Medaillen, und zählt man auch die beiden nicht aufgenommenen noch hinzu, so ergibt sich eine Gesamtzahl von 334.[3]

Eine Datierung dieser Medaillen ist noch schwieriger. Sie werden oft diskutiert, als ob die auf der Medaille angegebene Jahreszahl das tatsächliche Datum der Prägung war und nicht das Datum des jeweils gefeierten Ereignisses. Im Falle der späten Medaillen ist diese These nicht abwegig, aber für die Zeit vor ca. 1685 ist sie außerordentlich irreführend. Man muß daher die Jahreszahl der Ereignisse von der Jahreszahl der sie darstellenden Medaillen unterscheiden und auch von der Datierung in der *histoire métallique*.

1. *Zeitpunkt der Ereignisse.* Wenn wir den Korpus der Medaillen hinsichtlich der Jahreszahl des dargestellten Ereignisses analysieren, so ergibt sich die folgende Verteilung:

1630er Jahre: 2
1640er Jahre: 29
1650er Jahre: 26
1660er Jahre: 70
1670er Jahre: 67
1680er Jahre: 49
1690er Jahre: 53

1700er Jahre: 25
1710er Jahre: 11
  Insgesamt: 332

2. *Datierung der Medaillen.* Sechzehn Medaillen sind Jean Warin zugeschrieben worden, der 1672 starb.[4] Im Jahre 1675, nach Warins Tod, wurde sein Schüler François Chéron nach Paris gerufen und zum *graveur ordinaire des médailles* ernannt. Chéron hatte in Rom für die Päpste Clemens X. und Innozenz X. gearbeitet. Es ist behauptet worden, daß unter Colbert, d. h. von 1661–83, nur siebenunddreißig Medaillen geprägt wurden, doch diese außerordentlich geringe Zahl erscheint nicht plausibel. Einer zeitgenössischen Quelle zufolge waren bis Anfang 1685 neunundneunzig Medaillen erschienen.[5] Die 1689 veröffentlichte inoffizielle Medaillengeschichte von Menestrier enthält 102 Medaillen, auf denen die Ereignisse zwischen 1638 und 1688 dargestellt sind. Zieht man diese Zahl von 322 ab, so bleiben 220 Medaillen übrig, die zwischen 1689–1715 geprägt wurden. Zweiundneunzig davon sind Ereignissen der Zeit 1689–1715 gewidmet. Wenn wir diese Medaillen abziehen, dann bleiben 128, die zwischen 1689 und 1715, aber zu früheren Ereignissen geprägt worden sind.

3. *Auch die Datierung der Medaillengeschichte der Regierungszeit ist problematisch.* Das offizielle Projekt einer Medaillengeschichte wird üblicherweise auf etwa 1685 datiert und mit Louvois assoziiert.[6] Wenn wir nach einem genau umrissenen Projekt einer Veröffentlichung in Buchform suchen, dann mag diese Datierung durchaus korrekt sein, aber entsprechende Ideen finden sich schon früher, vor allem in Briefen von Jean Chapelain (vom 1. August 1665 und 28. September 1672). Im Jahre 1673 schrieb der *Mercure Galant*, daß Jean Warin an einer »Histoire du Roy en médailles« arbeite.

Mit der Aufgabe, das offizielle Projekt zu verwirklichen, wurde die Petite Académie betraut. Die Arbeit ging nur langsam voran – die Akademie hatte noch andere Aufgaben. 1689 veröffentlichte Claude-François Menestrier seine berühmte, freilich inoffizielle *Histoire du roi par les médailles.* Diese Sammlung der Medaillen und Embleme zu Ereignissen zwischen 1638 und 1688 scheint ein Geschenk zum fünfzigsten Geburtstag des Königs gewesen zu sein. Vermutlich als Reaktion auf diese inoffizielle Publikation wurde die *Petite Académie* im Jahre 1691 in *Académie des Inscriptions* umbenannt und angewiesen, sich auf die Medaillengeschichte zu konzentrieren. 1693 erschien die zweite Auflage von Menestriers Buch unter dem Titel *L'Histoire du règne de Louis XIV*, vermutlich, um der Akademie die klassische Formulierung *l'histoire du roi* zu überlassen. Als deren Werk im Jahre 1702 schließlich fertiggestellt war, erhielt es jedoch den Titel *Médailles sur les principaux événements du règne de Louis le Grand.* Zu weiteren Angaben vgl. Jacquiot (1968), Jones (1979a und b), Ferrier (1982) und Oresko (1989).

1 Jacquiot (1968); siehe *M. G.*, Januar 1682, S. 53 ff.
2 Jacquiot (1968), S. 433 ff., 671 ff.

3 N. R. Johnson (1978), S. 52, erwähnt dagegen 312.
4 Das Inventar ist abgedruckt bei Jacquiot (1968), Dokument 72.
5 Ibid., S. xxvi; *M. G.*, Januar 1685, S. 99.
6 Jacquiot (1968), S. x–xi, xxv ff.

Die Ikonographie Ludwigs XIV.

Wie viele Bildnisse von Ludwig XIV. während seiner Regierungszeit in verschiedenen Medien insgesamt angefertigt wurden, läßt sich kaum schätzen. Die vollständigste Übersicht, die mir bekannt ist, beschränkt sich auf erhaltene Werke, d. h. die berühmten Statuen der 1680er Jahre sind darin nicht enthalten.[1] Sie beschränkt sich auch auf die Werke »von Künstlern, die den König gesehen haben oder gesehen haben könnten«. Die Autoren verzeichnen nur neunundneunzig Kupferstiche, obwohl sie darauf hinweisen (S. 4, Fußn.), daß im Cabinet des Estampes der Bibliothèque Nationale 671 Kupferstiche von Ludwig aufbewahrt werden. Ihre Übersicht enthält außerdem keine Medaillen und Gobelins. Trotz dieser Einschränkungen kommen sie auf eine Gesamtzahl von 433, einschließlich einiger Skizzen und Szenen, auf denen der König nicht im Vordergrund steht. Davon habe ich 287 datierbare, fertiggestellte Bildnisse zur weiteren Analyse ausgewählt.

Noch eine Anmerkung zur Einteilung der Porträts nach Dekaden. Anders als bei den Medaillen besteht normalerweise keine Diskrepanz zwischen dem Zeitpunkt des dargestellten Ereignisses und der Jahreszahl des Porträts, Stichs usw. (ausgenommen drei Darstellungen, die in der folgenden Aufstellung also nicht erscheinen):

1630er Jahre:	5
1640er Jahre:	30
1650er Jahre:	14
1660er Jahre:	48
1670er Jahre:	40
1680er Jahre:	62
1690er Jahre:	44
1700er Jahre:	36
1710er Jahre:	5
Insgesamt:	284

Auffällig das Maximum in den 1680er Jahren, das noch ausgeprägter wäre, wenn alle in dieser Dekade errichteten Statuen noch erhalten wären.

1 Maumené/d'Harcourt (1932).

ANHANG

Chronologie der gegen Ludwig XIV. gerichteten Flugschriften

Die folgende Liste verzeichnet nur Veröffentlichungen, die sich einigermaßen detailliert mit dem König (also nicht nur mit Frankreich) beschäftigen. Fast alle sind anonym oder pseudonym erschienen, und der Angabe des Erscheinungsortes ist meist zu mißtrauen.

1665 *Histoire amoureuse de Gaules*
1667 *Bouclier d'état*
ca. 1667 *Chimaera gallicana*
1673 *Die französische Türckey*
1673 *Das französische Cabinet*
1674 *Machiavellus gallicus*
1674 *Risées de Pasquin*
1678 *Christianissimus christiandus*
1678 *The French King Conquered*
1680 *The French Politician*
1681 *French Intrigues*
1684 *Mars christianissimus*
1684 *Breviarium Mazarini*
1684 *Conduct of France*
1684 *Triomphe de la Vérité*
1685 *Les Conquêtes amoureuses du Grand Alcandre*
1686 *Le Dragon missionnaire*
1687 *Mars Orientalis et Occidentalis*
1688 *La France galante*
1688 *L'esprit de la France*
1688 *Remarques sur le gouvernement du royaume*
1689 *Intrigues*
1689 *Bombardiren*
1689 *Soupirs de la France esclave*
1689 *Laus Ludovici delusa*
1689 *Montespan im Schlaf*
1690 *Eigenlob stinckt gern*
1690 *Der Französische Attila*
1690 *The Most Christian Turk*
1690 *Concursus*
1690 *Nero Gallicanus*
1690 *The Present French King*
1690 *Beschreibung der Ruhm-süch- und Hochmüthigen Ehren-Seule*
1690 *Solistitium gallicum*
1691 *Ludwig der französische Grevel*
1692 *The French King's Lamentations*
1692 *Monarchie Universelle*
1692 *L'Ombre de Louvois*
1693 *French Conquest*
1693 *Royal Cuckold*
1694 *On the Taking of Hury*
1694 *Giant Galieno*
1694 *La Politique Nouvelle de la Cour de France*
1694 *Scarron apparu*
1695 *Alcoran de Louis XIV*
1695 *Amours de Mme de Maintenon*
1695 *Tombeau des amours de Louis le Grand*
1695 *On the Taking of Namur*
1696 *Grand Alcandre frustré*
1696 *Nouvelles amours*
1697 *Parallèle*
1697 *Chrestien non français*
1699 *Télémaque*
1700 *Le Partage du lion*
1702 *The French Tyrant*
1702 *Französische Ratio Status*
1705 *Catechismus van de Konig van Frankrijk*
1706 *Allerchristliche Fragstücke*
1708 *The French King's Wedding*
1708 *Ludwigs des Großen Testament*
1708 *Proben einer königlichen Baukunst*

Chronologie der gegen Ludwig XIV. gerichteten Flugschriften

ca. 1709 *Pillers geordeneerd voor L 14*
1709 *Curses*
1709 *The French King's Dream*

1711 *Clear View*
1712 *Friendship*
1714 *Arcana gallica*

Anmerkungen

Abkürzungen: D. N. B. Dictionary of National Biography, HARI Histoire de l'Académie Royale des Inscriptions, *M. G. Mercure Galant*

Vorstellung Ludwigs XIV.

1 Lavisse (1906); Goubert (1966); Wolf (1968); Labatut (1984); Bluche (1986).
2 Sonnino (1964); Thireau (1973).
3 Vries (1947); N. R. Johnson (1978).
4 Burke (1987, 1990).
5 Maumené/d'Harcourt (1932); Jacquiot (1968); Mai (1975); Jones (1979a); M. Martin (1986); Oresko (1989).
6 Jüngere Untersuchungen sind u. a. Beaussant (1981); Verlet (1985); Himelfarb (1986); Néraudau (1986); Pommier (1986); Walton (1986).
7 Ssymank (1898); Ferrier Caverivière (1981); Marin (1981).
8 Ranum (1980); Fossier (1985); Tyvaert (1974); Klaits (1976).
9 Kantorowicz (1963); Elias (1969); Haueter (1975); Giesey (1985, 1987); Christout (1967); Isherwood (1973); Apostolidès (1981); Moine (1984).
10 L'Orange (1953); Hautecœur (1953); Kantorowicz (1963).
11 Dilke (1888); Lavisse (1906).
12 Giesey (1985), S. 59.
13 Zwiedineck-Südenhorst (1888); Gillot (1914b); Gaiffe (1924); Malssen (1936); Jones (1982–83).
14 Hartle (1957); Posner (1959); Grell/Michel (1988).
15 Godelier (1982).
16 Zit. in Adhémar (1983), S. 26.
17 Chapelain (1883, 1964); Clément (1868); Jacquiot (1968).
18 Zu Einzelheiten s. Anhang, S. 268 f.
19 Grell/Michel (1988).
20 Apostolidès (1981), S. 126; Picard (1956).
21 Walton (1986).
22 Moine (1984), S. 12; M. Martin (1986).
23 Collas (1912), S. 357.
24 McGinnis (1968); Atkinson (1984).
25 Klaits (1976); vgl. Speck (1972); Schwoerer (1977); Vocelka (1981), bes. Kap. 1; Kenez (1985), Einführung; J. Thompson (1987).
26 Schieder/Dipper (1984).
27 France (1972).
28 Kenez (1985), S. 4.
29 Veyne (1988).

30 Furetière (1690); Stichwort »Gloire«.
31 Rosenfield (1974).
32 Longnon (1972), S. 33, 37 u. a.
33 Scudéry (1671).
34 Clément (1868), V, S. 246.
35 Longnon (1927), S. 134.
36 Bossuet (1967), Buch 10.
37 Montesquieu (1973), S. 58.
38 Charpentier (1676), S. 131; *M. G.*, April 1686, S. 223.
39 Naudé (1639), S. 158.
40 La Bruyère (1960), S. 239.
41 Vgl. N. R. Johnson (1978).
42 Zu politischen Mythen Tamse (1975); vgl. auch Burke (1939–40) und Kershaw (1987).
43 Racine (1951–52), S. 209.
44 Geertz (1980); vgl. Schwartzenberg (1977).
45 Saint-Simon (1983–88), I, S. 714, 781, 857 usw.
46 Quiqueran (1715), S. 48; Mongin (1716), S. 3.
47 Lünig (1719–20); Longnon (1927).
48 Kertzer (1988).
49 Goffman (1959).
50 La Porte (1755).
51 Pitkin (1967); H. Hofmann (1974); Podlach (1984).
52 Gaxotte (1930), S. 104.
53 Furetière (1690).
54 Saint-Simon (1983–88), I, S. 803ff.; Gaxotte (1930), Einführung.
55 Longnon (1927), S. 53. Zur Frage der Autorenschaft der Memoiren vgl. Dreyss (1859); Sonnino (1964).
56 Courtin (1671), S. 41.
57 Félibien (1688).
58 Courtin (1671), S. 40.
59 *M. G.*, September 1687, S. 178 (Poitiers).
60 1687 in Agde; *M. G.*, April 1687, S. 141.
61 Visconti (1988), S. 28.
62 Lacour-Gayet (1898), S. 306, 357.
63 Longnon (1927), S. 280; vgl. Hartung (1949).
64 Bossuet (1967), S. 177; *Soupirs* (1689), S. 18.
65 Bossuet (1967), S. 141; Louis XIV (1806), III, S. 491.
66 Vgl. den Titel von Biondi (1973).
67 Godelier (1982); Bloch (1987), S. 274.
68 Bloch (1924).
69 Boorstin (1962); zur Kommunikationsforschung in den USA vgl. Schramm (1963).

70 Shils (1975); Eisenstadt (1979).
71 Geertz (1980); S. 13; vgl. Tambiah (1985).
72 Burke (1987), Kap. 12.
73 Trilling (1972), Kap. 1.
74 Lasswell (1936); Hymes (1974).

Überredung

1 Lee (1940).
2 Félibien (1688), S. 83–112; vgl. Bosquillon (1688); Benserade (1698); I, S. 171 f.; Guillet (1854), I, S. 229–38.
3 Maumené/d'Harcourt (1932).
4 Grivet (1986).
5 Dotoli (1983).
6 Christout (1967); Silin (1940).
7 Quinault (1739), IV, S. 145 f., 269, 341, V, S. 200, 257, 411; vgl. Gros (1926).
8 Félibien (1674); Apostolidès (1981).
9 Möseneder (1983).
10 Pincemaille (1985); Sabatier (1985, 1988).
11 Perrault (1909), S. 60.
12 Combes (1681); Rainssant (1687).
13 Curtius (1947).
14 Tronçon (1662); vgl. Roy (1983); Bryant (1986).
15 Maumené/d'Harcourt (1932), Nr. 79 und 178.
16 Jenkins (1947); Mai (1975); Burke (1987).
17 Chapelain (1936), S. 335 f.; Krüger (1986), S. 227–46.
18 Fléchier (1670).
19 Jump (1974).
20 Racine (1951/52), II, S. 986.
21 Benserade (1698), I, S. 193 f.
22 La Baune (1684).
23 Bossuet (1961); Bourdaloue (1707); Fléchier (1696); La Rue (1829). Zu der Predigt vgl. Hurel (1872); Truchet (1960), S. 19 ff.; Bayley (1980).
24 Perrault (1688–97), S. 262 ff.
25 Bossuet (1961), S. 310, 340 usw.
26 Truchet (1960), II, S. 216–58.
27 Rapin (1677).
28 Poussin (1964), S. 170; Piles (1699), I, S. 6; Coypel, in Jouin (1883), S. 280.
29 Chantelou (1889), S. 212.
30 Boileau (1969), S. 45.

31 France (1972); Pocock (1980), S. 74ff.
32 Rapin (1677), S. 43ff.; Racine (1951/52), II, S. 209.
33 Spanheim (1900), S. 70; zu Spanheim vgl. Loewe (1924).
34 Sedlmayr (1954).
35 Eine Zusammenfassung herkömmlicher Ansichten in *M. G.*, Dezember 1684, S. 3–9; vgl. auch Ferrier (1978).
36 Montagu (1968); Rosasco (1989).
37 Bardon (1974); Polleross (1988).
38 Montaiglon (1875–88), I, S. 224.
39 Whitman (1969).
40 Posner (1959); Grell/Michel (1988).
41 Polleross (1988), Nr. 555.
42 *M. G.*, 1679, 1681, 1682 usw.; vgl. Zobermann (1985); Neveu (1988).
43 Scudéry (1654–61); vgl. Scudéry (1669).
44 Du Bos (1709); vgl. Klaits (1976). In der Liga von Cambrau hatten sich 1509 fünf europäische Mächte gegen Venedig zusammengeschlossen (A. d. Ü.).
45 Zu bildnerischen Porträts von Ludwig s. Mai (1975); zu literarischen Porträts s. Marin (1981).
46 Guillet (1854), S. 229ff.; Sabatier (1984).
47 Wittkower (1961).
48 Mai (1975).
49 Hatton (1972), S. 101; Blunt (1953), S. 401.
50 Zu dem Van Dyck: Held (1958).
51 Goffman (1959).
52 J. Espitalier (1967), zitiert in Römer (1967), S. 119, Anm.
53 Blondel (1698), S. 608.
54 Molière (1971), II, S. 1193f.
55 Racine (1951–52), I, S. 990.
56 Menestrier (1689).
57 Perrault (1688–97).
58 Robinet (1665), in Rothschild (1881), S. 37.
59 Vertron (1686).
60 Finnegan (1970), S. 111–46; Curtius (1947); McGowan (1985), S. 1ff., 11ff.
61 Zu Boileau s. France (1972); zu Pellisson s. Marin (1981), S. 50. Vgl. auch Pellisson (1735, 1749).
62 La Fontaine (1948), S. 626ff., 636ff., 730ff.

Sonnenaufgang

1 Campanella (1915), S. 195–207.
2 *Gazette* (1638).
3 Maumené/d'Harcourt (1932), Nr. 151.
4 Vgl. hierzu Wolf (1968), Kap. 2.
5 Keohane (1980), S. 220 ff.
6 Furetière (1690).
7 Die Statue wurde von Gilles Guérin geschaffen, das Ballett von Isaac Benserade.
8 Menot (1987).
9 Hanley (1983), bes. S. 307–21.
10 Haueter (1975); Jackson (1984); Le Goff (1986); Coquault (1875), S. 279–96, 613–32.
11 Godefroy, zit. in Haueter (1975), S. 197.
12 Viguerie (1985).
13 Dreyss (1860), I, S. 450; vgl. den königl. Brief von 1654, zit. bei Le Goff (1986), S. 144.
14 Bloch (1924).
15 Möseneder (1983).
16 Besonders wichtig ist Tronçon (1662).
17 Ibid.; S. 9.
18 Möseneder (1983), S. 42. Das Zitat stammt von Guy Patin.
19 Tronçon (1662), S. 21 f.
20 Barozzi/Berchet (1857), II, S. 401.
21 Zitiert bei Labatut (1984), S. 43.
22 Laurain-Portemer (1968); Lotz (1969); Marder (1980).

Das System wird aufgebaut

1 Meyer (1981).
2 Châtelain (1905).
3 Chapelain (1883), II, S. 272 f.; vgl. Collas (1912), Kap. 8; Couton (1976).
4 Mesnard (1857).
5 Thuillier (1967); Hahn (1971); Isherwood (1973).
6 Dussieux et al. (1854), II, S. 16.
7 Grove (1980), Stichwort »Bousset«.
8 Gersprach (1893); Florisoone (1962).
9 Morgan (1929).
10 H. J. Martin (1969), S. 695 ff.
11 Chapelain (1883), S. 313.
12 Ibid., S. 422.

13 Ibid., S. 451.
14 Ibid., S. 608.
15 Chapelain (1964), S. 28.
16 Chapelain (1883), S. 384.
17 Ibid., S. 667.
18 Ibid., S. 509 Anm.
19 Ranum (1980).
20 Die anderen fünf waren: Denys Godefroy, ein gelehrter Archivar; Jean Puget de la Serre, bekannter als Verfasser eines Handbuchs für den Briefeschreiber; Charles Sorel, bekannt als Schriftsteller, der das Amt bereits 1635 käuflich erworben hatte; Samuel Sorbière sowie Henri de Valois, die beide im Jahre 1660 ernannt wurden.
21 Thuillier (1983).
22 Zu der ursprünglichen Initiative vgl. Hahn (1971), S. 8.
23 Hahn (1971).
24 Chapelain (1883), S. 502.
25 Depping (1855), Nr. 1, S. 41; Clément (1868), S. 237, 281, 293, 346.
26 Jouin (1889); Thuillier (1963).
27 Zitiert in Gould (1981), S. 91.
28 Lefebvre de Venise, zitiert in Chantelou (1889), S. 105.
29 Dilke (1888), S. 141.
30 Weber (1985), S. 165.
31 Perrault (1909), S. 30; Soriano (1968), S. 266–93.
32 Couton (1976); Maber (1985).
33 Viala (1985), S. 69ff.; Kettering (1986).
34 Perrault (1909), S. 31.
35 Chapelain (1883), S. 469, 583.
36 Perrault (1909), S. 38ff. Die historischen Skizzen, die sich unter Chapelains Manuskripten finden (Collas, 1912, S. 380), sind möglicherweise Teil des Projekts.
37 Jacquiot (1968), S. xx.

Selbstbehauptung

1 Wolf (1968), S. 180.
2 *Gazette* (1661), S. 271.
3 Ibid., S. 332, 403.
4 Longnon (1927), 44, 49f.
5 Félibien (1703), S. 161.
6 *M. G.*, Dezember 1684, S. 18–25.
7 Jacquiot (1968), S. 144ff.
8 *Médailles* (1702).

9 Longnon (1927), S. 34.
10 Chapelain (1883), S. 509, Anm.
11 Pepys (1970–83), II, S. 187 (30. September 1661); vgl. Roosen (1980).
12 Gersprach (1893), S. 62 f.; Félibien (1703), S. 103, 166; M. G., September 1680, S. 297.
13 *Médailles* (1723), Nr. 69, 78, 79; Menestrier (1689), II, S. 8, 15, 16, 21; Jacquiot (1968), S. 158 ff.
14 Soriano (1968), S. 101.
15 Magalotti (1968), S. 157 f.
16 Montaiglon (1875–78), I, S. 220–24.
17 A. Coypel, in Jouin (1883), S. 257.
18 Menestrier (1689) enthält keine Medaillen zu diesen Themen; *Médailles* (1702), (1723); Jacquiot (1968), S. 183 ff., 188 ff.
19 Perrault (1670a); Longnon (1927), S. 132 ff.
20 Gould (1981), S. 7; dagegen behauptet Perrault (1909), S. 71, Benedetti habe Berninis Namen vorgeschlagen.
21 Lavin (1987).
22 Clément (1868), Nr. 19; vgl. Nr. 20, 21; und Perrault (1909), S. 77 f.
23 Menestrier (1689), Nr. 23, 24, 26 (Medaillen, die in den Sammlungen 1702 und 1723 nicht mehr auftauchen).
24 Jacquiot (1968), S. 244 f.
25 Louis XIV (1806), S. 496, Mai 1672.
26 Clément (1868), S. 24; vgl. auch Nr. 23.
27 Walton (1986), Kap. 5.
28 Nach Perrault (1909), S. 120, stammte der angenommene Entwurf von seinem Bruder.
29 Gould (1981), S. 19, 39; vgl. Chantelou (1889).
30 Chantelou (1889), 104.
31 M. G., Januar 1684, S. 326.
32 Jammes (1965); Schnapper (1988).
33 Hartle (1957); vgl. Grell/Michel (1988).

Die Jahre des Triumphs

1 Chapelain (1883), S. 279; vgl. Collas (1912), S. 433 ff.
2 Collas (1912), S. 435.
3 Aubéry (1668).
4 Félibien (1688), S. 197–270.
5 Maumené/d'Harcourt (1932), Nr. 237–40; Collas (1912), S. 373.
6 Gersprach (1893), S. 62 ff.
7 *Médailles* (1723), Nr. 97–107.
8 Chapelain (1883), S. 635.

9 Blondel (1698), 4, 12, 3, S. 608; Brice (1698) 1, S. 345 f.
10 Perrault (1909), S. 101.
11 Clément (1868) 5, S. 288.
12 Félibien (1680), S. 4; Walton (1986), Kap. 6.
13 Collas (1912), S. 397 f.
14 Dalicourt (1668), S. 43.
15 Corneille (1987), S. 705 ff.
16 Corneille (1987), S. 716.
17 Chapelain (1883), S. 783, 786 f.
18 Racine (1951–52), II, S. 207–38. Eine distanzierte Darstellung in Wolf (1968), Kap. 16–18.
19 Racine (1951–52), II, S. 207.
20 *Gazette* (1672), S. 560, 562, 564, 572, 615.
21 Ibid., S. 684, 849–60.
22 Corneille (1987), S. 1155–65.
23 Boileau (1969), S. 45–49; Genest (1672).
24 Jouin (1883), S. 108–112.
25 Guillou (1963); Néraudau (1986); Walton (1986).
26 *M. G.*, September 1680, S. 294 f.
27 Dussieux et al. (1854), S. 40; Nivelon (o. J.), f. 327 a.
28 Félibien (1703), S. 102.
29 Dussieux (1854), I, S. 448.
30 Ibid., II, S. 43.
31 *Médailles* (1723), Nr. 119–127; Jacquiot (1968), S. 264 f.
32 Desmarets (1673, 1674); Furetière (1674).
33 Félibien (1674), S. 71 f.
34 Petzet (1982).
35 Desmarets (1673), S. 7.
36 Corneille (1987), S. 1309 f., 1317 f.; *Médailles* (1723), Nr. 156, S. 159–62.
37 Wolf (1968), S. 287 f., 304 f.
38 Desmarets (1674), S. 2.
39 Corneille (1987), S. 1306.
40 *M. G.*, März 1679, passim; September 1679, S. 2, 5, 9; November 1682, S. 106.
41 Corneille (1987), S. 1325.

Das System wird umgebaut

1 Trout (1967–68).
2 *M. G.*, Sonderausgabe Juli 1683, S. 188.
3 K. O. Johnson (1981).
4 Autin (1981), S. 52 f.

5 Rainssant (1687); Félibien (1703).
6 Walton (1986), S. 95.
7 *M. G.*, Dezember 1684, S. 7.
8 Ibid, S. 10.
9 Rainssant (1687), S. 9–84.
10 Racine (1951–52), I, S. 68. Nach Furetière stammten die ursprünglichen Inschriften jedoch von Tallemant.
11 Jansen (1981).
12 Félibien (1680); *M. G.*, September 1680, S. 295–310.
13 Saint-Simon (1983–88), V, S. 607.
14 Ibid., S. 604.
15 Elias (1969).
16 Saint-Simon (1983–88), V, S. 530.
17 Ibid., II, S. 553, 877, 951 usw.
18 Courtin (1671).
19 Vgl. Hobsbawm/Ranger (1983), vor allem die Einleitung.
20 Saint-Simon (1983–88), V, S. 596ff. Zu ihm vgl. Coirault (1965).
21 Visconti (1988), S. 61. Vgl. die berühmte Darstellung des Herzogs von Vendôme in ähnlicher Haltung bei Saint-Simon (1983–88), II, S. 695.
22 Courtin (1671).
23 Saint-Maurice (1910), I, S. 157.
24 *M. G.*, Dezember 1682, S. 48.
25 Autin (1981).
26 Corvisier (1983), S. 375–404; vgl. auch Duchene (1985).
27 Perrault (1909), S. 135f.
28 Guillet, in Dussieux (1854), I, S. 67.
29 Mélèse (1936); Mirot (1924); Teyssèdre (1957).
30 Corvisier (1983), S. 390.
31 Josephson (1928); Boislisle (1889); Souchal (1983), der den Begriff »campagne« verwendet, S. 311; Martin (1986).
32 *Récit* (1685); *Gazette* (1685), S. 560; *M. G.*, Okt. 1685, S. 13ff.
33 *M. G.*, Januar 1686, S. 2.
34 Lister (1699), S. 25. Vgl. auch Boislisle (1889), S. 49ff.; Déscription (1686) und *M. G.*, April 1686, S. 216ff., 224ff., 240–309.
35 Brice (1698), S. 169ff.
36 Boislisle (1889), S. 58ff.; *M. G.*, April 1686, S. 250–309.
37 *Relation* (1687).
38 *M. G.*, Februar 1687, S. 50, 55, 57, 73.
39 *M. G.*, Juni 1685, S. 69.
40 M. G., Oktober 1685, S. 13; Februar 1686, Teil 2, S. 49ff.
41 Boislisle (1889), S. 210ff.; Wolf (1968), 465, 787; Souchal (1983), S. 311; Mettam (1988).
42 Rance (1886); N. R. Johnson (1978); Mettam (1988).

43 Mallon (1985); Taton (1985).
44 HARI (1740), II, S. 10–13.
45 Rousset (1865), II, S. 376, 464.
46 Menestrier (1689), S. 53; *Médailles* (1702), S. 195.
47 *Médailles* (1702), S. 202.
48 Zur »Bestrafung« von Genua siehe auch das Gedicht in *M. G.*, April 1684, S. 323, und August 1684, S. 52 ff.
49 *Gazette* (1685), S. 192, 271, 295 f., 320; *M. G.*, Mai 1685, S. 310 ff.
50 Menestrier (1689), S. 51.
51 Zu einem Flachrelief von Coysevox auf dem Sockel einer Statue für den König (in Rennes) vgl. Dussieux (1854), II, S. 36. Zu Medaillen vgl. Menestrier (1689), S. 66; *Médailles* (1702), S. 216; Lanier (1883), S. 58 ff.
52 *M. G.*, Januar 1682, S. 10; Juni 1685, S. 20.
53 *M. G.*, Dezember 1684, S. 89 f.
54 *M. G.*, Oktober 1685, S. 324 ff.
55 *M. G.*, Januar 1686, S. 18. Vgl. auch die Sondernummer vom Februar 1686 (über die Aufhebung des Edikts).
56 Menestrier (1689), S. 36 f.; *Médailles* (1702), S. 209 ff.
57 Perrault (1686), S. 99–106.
58 Stankiewicz (1960), S. 179.
59 Bossuet (1961), S. 340.
60 Quartier (1681); Jouvancy (1686); Le Jay (1687).
61 Quartier (1681); La Rue (1683).

Sonnenuntergang

1 *M. G.*, April 1686, S. 2–4; November 1686, S. 322.
2 Le Roi (1862), S. 261, 277.
3 Klaits (1976).
4 Magne (1976).
5 Schnapper (1967).
6 La Bruyère (1960), S. 452, 454.
7 Mallon (1985); Taton (1985).
8 Herault (1692); Boileau (1969), S. 123–27; Maumené/d'Harcourt (1932), Nr. 254.
9 *Médailles* (1702), S. 228, 230, 238, 240, 241, 243, 249, 250.
10 *Médailles*, S. 235, 236, 240, 251, 267; zu der Heidelberg-Medaille vgl. Jacquiot (1968), S. 617 ff., S. 110.
11 Wolf (1968), S. 546; *Médailles* (1702), S. 234, 268.
12 Addison (1890), S. 351.
13 *Médailles* (1723), S. 303, 309.
14 Ibid., S. 311, 314.

15 Gaxotte (1930), S. 126 (Vigo), 136 (Ramillies).
16 Maintenon (1887), II, S. 30.
17 *M. G.*, August 1704, S. 426, und Oktober, S. 8; Surville wird zitiert bei Isherwood (1973), S. 281.
18 Zur privaten Reaktion des Königs auf die Niederlage bei Oudenarde und den Verlust von Lille siehe Gaxotte (1930), S. 143 f., 147 f.
19 *Gazette* (1708), S. 118, 360.
20 *M. G.*, Juli 1708, Teil 2, Vorwort und S. 141, 167 f.
21 *Médailles* (1723), Nr. 316.
22 Gaxotte (1930); Klaits (1976), S. 208 f. Torcy bekannte sich in seinen Memoiren als der Autor.
23 Félibien (1703), S. 103.
24 *M. G.*, März 1687, Teil I, S. 7 ff., 110 ff., und Teil II, eine Sondernummer zu den Jubelfeiern.
25 Zur Reaktion des Königs auf den Tod des Herzogs und der Herzogin vgl. Gaxotte (1930), S. 158.
26 Ein Gemälde von ca. 1655 im Jesuitenkolleg von Poitiers, vgl. Polleross (1988), Abb. 104; eine Statue zur *Entrée* in Paris von 1660; vgl. Möseneder (1983), S. 103, 107; eine Statue von 1675 in Guimiliau (Finistère), vgl. Polleross (1988), Nr. 555.
27 Gazette (1669), S. 859.
28 Zobermann (1985); vgl. *M. G.*, 1679, 1681, 1682, 1689, 1693, 1697.
29 Jacquiot (1968), Tafel K.
30 Neveu (1988).
31 Menestrier (1699).
32 Jacquiot (1968), S. cxii.
33 Louis XIV (1806), III, S. 492.
34 N. R. Johnson (1978), S. 100.
35 Hurel (1872), S. xxxix, Anm.; N. R. Johnson (1978), S. 78, spricht dagegen von 35.
36 Mongin (1716), S. 3.
37 Quiqueran (1715), S. 18, 27.
38 Gaxotte (1930), S. 186.
39 Rave (1957); Le Roy Ladurie (1984).

Die Krise der Repräsentationen

1 Hatton (1972), S. 42.
2 Jacquiot (1968), S. cviii.
3 Boorstin (1962).
4 Hahn (1971).
5 Gillot (1914a); Jauss (1964); Kortum (1966).

6 Blondel (1698), S. 167 ff., 174; Perrault (1687); Hall (1987).
7 Michel (1987), S. 146.
8 A. Niderst, in Godard (1987), S. 162.
9 Gouhier (1958); Foucault (1966).
10 Borkenau (1934); Hazard (1935); Gusdorf (1969).
11 Simson (1936); Sedlmayr (1954); Bryson (1981).
12 Kantorowicz (1957); Archambault (1967).
13 Schochet (1975).
14 Lévy-Bruhl (1921).
15 Thomas (1971).
16 Vgl. Burke (1987), Kap. 16; und Burke (1990).
17 Vert (1706–13).
18 Bourdieu/Passeron (1970).
19 Locke (1690), 1, 6, S. 65.
20 Montesquieu (1721), 24. Brief.
21 France (1982).
22 Le Roi (1862), S. 234, 247.
23 Sagnac (1945) 1, S. 87; man beachte aber die Einschränkungen von Brockliss (1987), S. 446 Anm.
24 Haueter (1975), S. 250, Anm. (eine Korrektur von Bloch, 1924).
25 Vgl. Apostolidès (1981) über »le passage du système de signes antique au moderne«. Ich stimme ihm aber nicht zu, wenn er diese Veränderung auf 1674 datiert. Diese Angabe ist zu präzise und gleichzeitig (wie meine Beispiele hoffentlich gezeigt haben) zu früh.
26 Vgl. Klaits (1976), S. 293 ff., über den Trend hin zu »rationaleren Darstellungen«.
27 *Médailles* (1702), S. 121, 126, 138, 143, 148, 179, 183, 199, 206, 210, 213, 223, 224, 226, 232, 240, 244, 249, 260, 263, 271, 283.
28 King (1949).
29 Lasswell (1936), S. 31.

Die Kehrseite der Medaille

1 Raunić (1879), I, S. 46–49.
2 Nähere Einzelheiten zu oppositionellen, meist anonymen Flugschriften im Anhang, S. 272 f.
3 Es gibt eine ganze Reihe von Monographien über abweichende Bilder von Ludwig. Zu deutschen Dokumenten besonders Zwiedeneck-Südenhorst (1888), Schmidt (1907), Gillot (1914b) und Kleyser (1935); über holländische Van Malssen (1936); sowie Blum (1913) und Rothkrug (1965) über französisches Material. Von einer Monographie über englisches Material oder einer Untersuchung über die Gesamtsituation ist mir nichts bekannt.

4 Vgl. Burke (1978).
5 *An Historical Romance*.
6 *Nero*.
7 *Present French King*.
8 *French Tyrant*.
9 *French Tyrant; Nero*.
10 *Nero; Politique Nouvelle*.
11 *Bombardiren*, S. 11; *Französische Ratio Status*.
12 *Nero Gallicanus*.
13 *The French Tyrant*.
14 Ibid.
15 *Soupirs*.
16 *The Most Christian Turk*.
17 Swift (1691).
18 *Remarques*.
19 *Grand Alcandre*, in Bussy (1930), S. 178.
20 Ibid., S. 12.
21 *Nouvelles Amours*, S. 36, 122.
22 Chevalier (1711).
23 Wolf (1968), S. 261.
24 Vgl. ibid., S. 505 f.; Köpeczi (1983).
25 Menestrier (1691), S. 39.
26 Zu karikierenden Inschriften vgl. *Der französische Attila* und die Grabschriften in Raunié (1879), S. 58 ff.
27 Gillot (1914b), S. 273; Anm.; *Solstitium Gallicum*.
28 Swift »Ode to the King« (1691), in Swift (1983), S. 43–46.
29 Medaille von 1709, in Chevalier (1711), S. 112. Phaeton war offiziell verwendet worden, aber als Symbol der Alleinregierung.
30 *La Peste*.
31 »Louis le Petit«, Raunié (1879), S. 58; und *Mars*, S. 108. Groß nur in seinem Ehrgeiz, *Bombardiren*, S. 5.
32 *Mars; Turk; Christianissimus; Bombardiren*.
33 *Fragestücke*, S. 11.
34 *Soupirs*, S. 19; *Fragestücke*, S. 14; *Proben*, S. 3.
35 *Turk*, S. 67.
36 Prior (1959), 1, S. 141, 220.
37 *Soupirs*, S. 19.
38 *Turk*, S. 70.
39 *Politique nouvelle*.
40 Gillot (1914b), S. 269 f.
41 Raunié (1879), S. 27; Chevalier (1711), S. 31; die Inschrift AUFERT NON DAT ist eindeutig.
42 Clément (1866), S. 76 f.

43 Janmart (1888).
44 Menestrier (1691), S. 109f.
45 Kunzle (1973), S. 109f.
46 Chevalier (1711).
47 Zu Werner vgl. Glaesemer (1974).
48 Zu Larmessin vgl. Grivet (1986), S. 244.
49 Zu Lisola vgl. Pribram (1894), Kap. 15, besonders S. 353, Anm., sowie Longin (1900).
50 Zu Becher vgl. Hassinger (1951), S. 210.
51 Zu Jurieu vgl. Dodge (1947) und Stankiewicz (1970).
52 Zu Courtilz vgl. Woodbridge (1925).
53 Swift (1983); Prior (1959), 1, S. 130–51; vgl. Legg (1921); Addison (1890), S. 351.

Die Rezeption Ludwigs XIV.

1 Holub (1984); Freedberg (1989).
2 *M. G.*, Februar 1683, S. 23.
3 Hölscher (1978), S. 448.
4 Furetière (1690).
5 Vgl. Habermas (1962).
6 Longnon (1928), S. 32.
7 Zitiert in Gould (1981), S. 123.
8 Brice (1698), II, S. 309; Jacquiot (1968), Dokument 9.
9 Sonnino (1973–74).
10 Auerbach (1933).
11 Loret, zitiert bei Möseneder (1983), S. 13.
12 Boislisle (1889).
13 Locke (1953), S. 150.
14 Storer (1935); Roche (1978), 1, S. 19f.; Lux (1989).
15 Ein Beispiel für 1693 gibt Gaxotte (1930), S. 83.
16 *M. G.* (1678).
17 *M. G.*, August 1682, S. 224–34.
18 *M. G.*, Januar 1684, S. 184ff.
19 *M. G.* (1687).
20 Vincent (1979); Dotoli (1983).
21 Feyel (1982), S. 33.
22 Stopfel (1964), S. 63–73.
23 Text in Gaxotte (1930); Kommentar in Klaits (1976), S. 209, 213f.
24 Vgl. Jones (1982–83), S. 209ff.
25 *M. G.*, Januar 1682, S. 53.
26 *M. G.*, Mai 1684, S. 238.

27 Im Jahre 1654 legte er bei einer Gelegenheit 2000 oder 3000 Menschen die Hand auf (Haueter, 1975, S. 251 Anm.). Von 1654 bis 1715, also gut siebzig Jahre lang, fand diese Zeremonie mehrere Male pro Jahr statt. Insofern dürfte die Zahl 350000 (70 × 5000) nicht zu hoch gegriffen sein. Zu den öffentlichen Bekanntmachungen vgl. Blegny (1692), 1, S. 21.
28 Klaits (1976), S. 219.
29 Corvisier (1964) beschäftigt sich nicht mit diesem Problem.
30 Locke (1953), S. 150.
31 Charpentier (1683), S. 131.
32 Polleross (1988), Nr. 556.
33 Mazarin (1906), S. 257, Brief aus dem Jahr 1659.
34 Jansen (1981), S. 61 ff.
35 Menestrier (1701).
36 Zum türkischen Gesandten, möglicherweise einem Schwindler, vgl. Beaussant (1981). Zur siamesischen Gesandtschaft vgl. Lanier (1883), zur persischen vgl. Herbette (1907) sowie Walton (1986), Kap. 1.
37 *Gazette* (1669), S. 1165; *M. G.*, Dezember 1686, 2. Teil, S. 325.
38 Tovar de Teresa (1988), S. 66 f.
39 Gaxotte (1930), S. 12 f.
40 Bouvet (1697).
41 *Gazette* (1682), S. 724–739.
42 *Gazette* (1683), S. 551–672.
43 Leith (1965), S. 22.
44 *M. G.* (1682).
45 Pastor (1940), 32, S. 396 Anm.
46 Brunot (1917), 2. Kapitel.
47 *Regis Ludovici inauguratio*, zugeschrieben C. de Hennot; Perrault (1670b).
48 La Chapelles *Lettres d'un suisse* zirkulierten als *Helvetii ad Gallum epistolae*, und sein *Testament politique de Léopold I* unter dem Titel *Ultima Consilia*, Klaits (1976), S. 113, Anm, 151, 297.
49 Klaits (1976), S. 150 f.
50 *Relation* (1660).
51 Félibien (1665, 1667).
52 Klaits (1976), S. 113, 275.
53 Chapelain (1883), S. 513.
54 Benedetti (1682).
55 Klaits (1976), S. 151, 174, 199, 275.
56 Ibid., S. 70, Anm., 106 f.
57 Rance (1886), I, S. 298 f., 340 Anm.
58 Johnson (1978), S. 50 f.
59 Vgl. Roy (1983) und Mettam (1988), S. 54 f., eine extreme Formulierung der Auffassung, daß lokale Eliten nur an sich dachten.
60 Pardailhé-Galabrun (1988), S. 386.

61 Grivet (1986); Rave (1957), S. 4.
62 Bercé (1974), S. 609; Saint-Simon (1983–88), S. 476 ff.
63 Lottin (1968), S. 189.
64 Sohier (1706), f. 13 a.
65 Dubois (1965), S. 70, 175.
66 Evelyn (1697), S. 78, 81.
67 Northleigh (1702), II, S. 7, 54.
68 Verney (1904), S. 447.
69 Kovács (1986), S. 75; Polleross (1987), S. 251.
70 Ellenius (1966), 5. Kap.; Geffroy (1885), S. lxxii–lxxiii.
71 Pastor (1940), S. 396 Anm.
72 Bottineau (1962), S. 154 ff., 167 ff., 191 ff., 258 ff.; Moran (1990), S. 15, 46, 50, 62.
73 Josephson (1930), S. 9 ff.
74 Hansmann (1986), S. 33, 44.
75 Moine (1984), S. 168 f., spricht von St. Petersburg, Potsdam, Stockholm, Het Loo, Caserta, Racconigi und Washington.
76 Chevalier (1692); vgl. Speck (1972); und Schwoerer (1977).
77 *Dictionary of National Biography*, »Ralph Montagu«; Pevsner (1961), S. 105; Boyer (1703–13), 8, S. 371.
78 HARI, S. 70, 77.
79 Cracraft (1988), S. 158, 185.
80 Moraw (1962), Ehalt (1980); Mandlmayr/Vocelka (1985); Kovács (1986); Polleross (1986, 1987); Hawlik (1989).
81 Biach-Schiffmann (1931).
82 Polleross (1987), S. 239.
83 Eine Kupferstichreproduktion dieses Sarkophags in Hawlik (1989), S. 39.

Ludwig in der Perspektive

1 Bloch (1924), S. 52.
2 Duchhardt (1981).
3 Möseneder (1983), S. 105; Aubéry (1668).
4 *M. G.*, Juni 1684, S. 118.
5 Hofmann (1985), S. 23, Anm.
6 Brown/Elliott (1980), Kap. 2; Elliott (1977); Elliott (1989), Kap. 7–8.
7 Brown (1988).
8 Brown/Elliott (1980).
9 Orso (1986).
10 Ibid., Kap. 2.
11 Brown/Elliott (1980).
12 Elliott (1989), Kap. 9; Elliott (1986), S. 418 ff.

13 Harris (1976).
14 Guillet, in Dussieux (1854), 1, S. 26.
15 Saint-Simon (1983–88), V, S. 239.
16 Longnon (1928), S. 133.
17 La Rue (1987), S. 716.
18 Mongin (1716), S. 10.
19 *M. G.*, Dezember 1682, S. 48 ff.
20 Mesnard (1857), Kap. 1.
21 Thuau (1966), S. 177 ff., 215 ff.; Church (1972).
22 Solomon (1972), besonders S. 111 ff.
23 Ranum (1980), S. 99, 129 f.; Dupleix (1635).
24 Valdor (1649).
25 Carew (1749), S. 453.
26 Lecoq (1987), S. 217 ff., 264 ff.
27 Lecoq (1986); Boucher (1986), besonders S. 196 ff.
28 Bluche (1986), S. 274, 279.
29 Giesey (1987).
30 Southorn (1988), Kap. 2.
31 Campbell (1977), S. 177 ff.
32 Forster (1971).
33 Chapelain (1964), S. xv ff.
34 Strong (1984), S. 142 ff.
35 Menestrier (1684).
36 Perrault (1688–97), 1, S. 61 ff.
37 Edelman (1946); Voss (1972).
38 Schramm (1939).
39 Bossuet (1967).
40 Kantorowicz (1963), S. 165.
41 Treitinger (1938).
42 Bossuet (1961), S. 340; Drake (1976); Warmington (1974); Barnes (1981); McCormick (1986).
43 Perrault (1688–97), 1, S. 80.
44 Hanley (1983), S. 330 ff.
45 Saint-Simon (1983–88), 1, S. 629 f.; Choisy, zitiert in Gaiffe (1924), S. 10.
46 Blondel (1698), Teil IV, Buch 11–12.
47 Petzet (1982), S. 162.
48 Vorträge von G. Marsy, J. van Obstal und M. Anguier, 1667–69.
49 *M. G.*, Juli 1682, S. 138 f.; Perrault (1688–97), 1, S. 191 f.
50 *M. G.*, September 1686, Teil II, S. 362.
51 Boislisle (1889), S. 118 Anm.
52 *M. G.*, Juni 1687, Teil II, S. 48.
53 Vgl. Kap. 2, Anm. 41.

54 *M. G.*, September 1682, S. 52.
55 Charlesworth (1937); Syme (1939); Price (1984); Zanker (1987).
56 Syme (1939), S. 480.
57 Gagé (1955), S. 499f.
58 Syme (1939), S. 385.
59 Zanker (1987), S. 264ff.; Syme (1939), S. 519.
60 Zanker (1987), 1. Kap.
61 Ibid., S. 151f.
62 Perrault (1688–97).
63 Blondel (1698), S. 164.
64 Taylor (1931), S. 18ff., 74ff.
65 Blondel (1698), S. 164.
66 Herbelot (1697), S. 997.
67 Rotrou (1649).
68 L'Orange (1953); Seux (1967).
69 Sahlins (1985), S. 18, 19 Anm.
70 Bernays (1928).
71 Boorstin (1962), besonders Kap. 1.
72 Schwartzenberg (1977).
73 *M. G.*, Mai 1685, S. 339.
74 Burke (1939–40); Biondi (1967); Melograni (1976); Stern (1975); Kenez (1985); Kershaw (1987).
75 La Bruyère (1693), S. 544.
76 Kostof (1978).
77 Kenez (1985), S. 153, 237.
78 Kertzer (1988); Kantorowicz (1963).
79 Mickelson (1972), S. 46.
80 Vattel (1758), S. 42ff.
81 Leith (1965); Ozouf (1976); Schieder/Dipper (1984); Chartier (1990).
82 Heale (1982), S. 51.
83 Perry (1968).
84 McGinniss (1968), S. 27.
85 Kenez (1985), S. 4.
86 Ibid., S. 62, 91, 109.
87 Bowlt (1978).
88 Schama (1988).
89 Marrinan (1988), S. 3ff.
90 Tumarkin (1983), S. 63.
91 Ibid., S. 80, 88, 95f., 107, 131.
92 Pozzi (1990).

ANHANG

Verzeichnis der Abbildungen

1. *Porträt Ludwigs XIV.* von Hyacinthe Rigaud, Öl auf Leinwand. Um 1700. Louvre, Paris. © Photo RMN, Paris.
2. *Jean Warin überreicht dem jungen Ludwig seine Medaille*, anonymes Gemälde, um 1648. Musée de la Monnaie, Paris.
3. Marmorhof, Versailles. © Photo RMN, Paris.
4. *Der Triumphbogen auf dem Marché Neuf*, Kupferstich aus *Entrée Triomphante...*, 1660. British Library, London.
5. *Ludwig XIV. als Schirmherr der Akademie der Schönen Künste* von Henri Testelin, Öl auf Leinwand, 1666/68. Château de Versailles. Photo Lauros-Giraudon.
6. *Ludwig als Beschützer der Künste*, aus La Beaune, *Panegyricus*, 1684. British Library, London.
7. *Allegorie des Pyrenäenfriedens* von Theodor van Thulden, Öl auf Leinwand, um 1659, Louvre, Paris, Photo Lauros-Giraudon.
8. *Die Familie Ludwig XIV.* von Jean Nocret, Öl auf Leinwand, 1670. Château de Versailles. Photo Giraudon.
9. *Der triumphierende Ludwig XIV.* von Joseph Werner, Gouache, 1664. Château de Versailles. © Photo RMN, Paris.
10. *Die Familie des Darius vor Alexander* von Charles Lebrun, Öl auf Leinwand, um 1660. Château de Versailles. © Photo RMN, Paris.
11. *Ludwig XIV. als Guter Hirte*, wahrscheinlich von Pierre Paul Sevin, auf Pergament, spätes 17. Jahrhundert. Photo Christie's. London.
12. *Modell für ein Reiterstandbild Ludwig XIV.* von Gianlorenzo Bernini, um 1670. Galleria Borghese, Rom. Photo Alinari, Florenz.
13. *Bildnis Karls I.* von Anton van Dyck, Öl auf Leinwand, um 1635. Louvre, Paris. Photo Lauros-Giraudon.
14. *Ludwig XIV. vernichtet die Fronde* von Gilles Guérin, Marmor, 1654. Musée Condé, Chantilly. Photo Giraudon.
15. *Ludwig als Apoll*, anonymer Kostümentwurf, 1654. Cabinet des Estampes, Bibliothèque Nationale, Paris.
16. *Ludwig XIV., umgeben von den Attributen der Künste* von Jean Garnier, Öl auf Leinwand, 1672. Château de Versailles. Photo Lauros-Giraudon.
17. *Der Besuch in der Gobelinmanufaktur*, aus der Gobelinserie »L'histoire du roi« von Charles Lebrun, Wandteppich, um 1670. Sammlung Mobilier National, Paris.
18. *Ludwig XIV. besichtigt die Académie des Sciences* von Sébastien Le Clerc, Frontispiz von Claude Perrault, *Mémoires pour l'histoire naturelle des animaux*, 1671. British Library, London.
19. *Entwurf für einen Obelisken* von Charles Perrault, 1666. Bibliothèque Nationale, Paris.

20. *Der König regiert allein* von Charles Lebrun, Deckengemälde, 1661. Château de Versailles. Photo Giraudon.
21. *Begegnung zwischen Philipp IV. und Ludwig XIV.*, aus der Gobelinserie »L'histoire du roi« von Charles Lebrun, Wandteppich, um 1670. Sammlung Mobilier National, Paris.
22. *Ludwig XIV. als römischer Kaiser* von Charles Perrault, *Festiva ad capita*, 1670. British Library, London.
23. *Ludovicus Magnus*, Medaille von Jean Warin, 1671. Cabinet des Médailles, Bibliothèque Nationale, Paris.
24. *Die Belagerung von Douai im Jahre 1667* von Adam-Frans van de Meulen, Kupferstich, um 1672. Militärische Sammlung Anne S. K. Brown, Brown University Library, Providence, R. I.
25. *Die Einnahme der Franche-Comté*, Kupferstich von Charles Simonneau, um 1680, nach Charles Lebrun, British Library, London.
26. *Der Übergang über den Rhein im Jahre 1672* von Charles Lebrun, Deckengemälde, um 1678–86. Château de Versailles. Photo Lauros-Giraudon.
27. *Der Übergang über den Rhein* von Adam-Frans van de Meulen, Öl auf Leinwand, um 1672. Musée des Beaux-Arts, Caen. Photo Lauros-Giraudon.
28. *Ludwig bei Maastricht* von Pierre Mignard, Öl auf Leinwand, 1673. Pinacoteca, Turin. Photo Alinari, Florenz.
29. *Arc de triomphe, Porte St. Martin*, Kupferstich von Adam Perelle, um 1674. British Library, London.
30. *Ludwig nimmt die Huldigungen entgegen*, Relief am Triumphbogen an der Porte St. Martin, 1674. © Archives Photographiques/S.P.A.D.E.M.
31. *Ludwig ruht nach dem Frieden von Nimwegen* von Noël Coypel, Öl auf Leinwand, 1681. Musée Fabre, Montpellier.
32. *Bildnis Charles Lebruns* von Nicolas de Largillière, 1686. Louvre, Paris. © Photo RMN, Paris.
33. *Ludwig XIV. vernichtet seine Feinde* von Antoine Coysevox, Stuckrelief, 1681. Château de Versailles. Photo Lauros-Giraudon.
34. *Maquette der Statue für die Place Royale in Lyon* von François Girardon, Wachs, um 1687. Yale University Art Gallery, gestiftet von Mr. und Mrs. James W. Fosburgh, B. A., 1933.
35. *Statue von Ludwig XIV. von Desjardins auf der Place des Victoires in Paris*, Kupferstich von Nicolas Arnoult, um 1686. Musée de la Ville de Paris, Musée Carnavalet, Paris.
36. *Ansicht der Place des Victoires*, anonymer Kupferstich, frühes 18. Jahrhundert. Cabinet des Estampes, Bibliothèque Nationale, Paris.
37. *Ansicht der Place des Victoires*, Frontispiz aus Northleigh, *Topographical Descriptions*, 1702. British Library, London.
38. *Algeria fulminata*, Vorder- und Rückseite der Medaille, Kupferstich aus *Médailles*, 1702. British Library, London.
39. *Heidelberga fulminata*, Entwurf für eine Medaille aus »Projets de Devises

de l'Académie avant 1694«, Feder und Tusche. Handschriftensammlung, British Library, London.
40. *Air*, einer von vier bestickten Wandteppichen, wahrscheinlich 1683/84. Alle Rechte vorbehalten. The Metropolitan Museum of Art, Rogers Fund, 1946.
41. *Genua emendata* von François Chéron, Rückseite der Medaille, 1684. Department of Coins and Medals, British Museum, London.
42. *Der Doge von Genua in Versailles* von Claude Hallé, Öl auf Leinwand, 1685. Musée Cantini, Marseille. © Photo RMN, Paris.
43. *Audienz des Königs für die Siamesische Gesandtschaft*, aus dem *Almanach für das Jahr 1687*. Bibliothèque Nationale, Paris.
44. *Allegorie der Aufhebung des Edikts von Nantes* von Guy-Louis Vernansel, um 1685. © Photo RMN, Paris.
45. *Porträtbüste Ludwigs XIV.* von Antoine Benoît, Wachs und andere Materialien, 1706. Château de Versailles. © Photo RMN, Paris.
46. *Nec pluribus impar*, Rückseite der Medaille von Jean Warin, 1674. Cabinet des Médailles, Bibliothèque Nationale, Paris.
47. *Heidelberga Deleta* von Jérôme Roussel, Rückseite der Medaille, um 1690. Department of Coins and Medals, British Museum.
48. *Allegorie der Genesung des Königs* von Nicolas Coustou, Marmorrelief, 1693. Louvre, Paris.
49. *Transport des Reiterstandbilds Ludwigs XIV. im Jahre 1699: Die Statue verläßt das Kapuzinerkloster* von René-Antoine Houasse, Öl auf Leinwand, um 1700. Musée de la Ville de Paris, Musée Carnavalet. Photo Giraudon.
50. *Transport des Reiterstandbilds Ludwigs XIV. im Jahre 1699: Die Statue trifft an der Place Vendôme ein* von René-Antoine Houasse, Öl auf Leinwand, um 1700. Musée de la Ville de Paris, Musée Carnavalet. Photo Giraudon.
51. *Reiterstandbild des Königs*, anonymer Kupferstich der Statue von Girardon, um 1697. British Library, London.
52. *Ludwig XIV. zu Pferde*, Maquette für die Statue auf der Place Louis-le-Grand, 1691. The Metropolitan Museum of Art, New York, Hewitt Fund, 1911.
53. *Der Ruhmestempel*, Kupferstich von Guérard, in C.-F. Menestrier, *La statue equestre de Louis le Grand*, 1699. British Library, London.
54. Frontispiz zu *Médailles...*, 1702, Kupferstich von Louis Simonneau nach einer Zeichnung von Noël Coypel, British Library, London.
55. *Enseigne de Gersaint* (Detail) von Antoine Watteau, Ladenschild, 1721. Schloß Charlottenburg, Berlin. Photo Bildarchiv Foto Marburg.
56. »Eine historische Studie«, Frontispiz zu Titmarsh (W. M. Thackeray), *The Paris Sketchbook*, 1840. British Library, London.
57. *Vicies Centena Millia Calvinianorum ad Ecclesiam Revocata*, Vorderseite der Medaille, 1685. Cabinet des Médailles, Bibliothèque Nationale, Paris.

58. *L'habit usurpé*, anonymer holländischer Kupferstich, frühes 18. Jahrhundert. Privatbesitz. Photo Giraudon.
59. *Contra Christi Animum*, Kupferstich der Rückseite einer Medaille, aus der gefälschten Version von Menestriers *Histoire du roi*, 1691, British Library, London.
60. *Ludwig zieht sich mit seinem Harem zurück*, anonymer Kupferstich, 1693. Department of Prints and Drawings, British Museum, London.
61. *Venit, Vidit sed non Vicit*, Rückseite der Medaille, 1693. Department of Coins and Medals, British Museum, London.
62. Frontispiz zu *Scarron apparu à Madame de Maintenon*, 1694. British Library, London.
63. Frontispiz zu *Nouvelles Amours de Louis le Grand*, 1696. British Library, London.
64. *Ludwig und Madame de Montespan bei einem Festgelage* von Joseph Werner, Öl auf Leinwand, um 1670. Sammlung Von Muralt, Zürich. Photo Schweiz. Institut für Kunstwissenschaft, Zürich.
65. Kupferstich des Königsthrons, aus *Mercure Galant*, Dezember 1686. Bibliothèque Nationale, Paris.
66. *Ludwig als Bezwinger der Ketzerei*, Kupferstich von Elias Hainzelmann, 1686. Bibliothèque Nationale, Paris.
67. *Ludwig XIV. heilt die Skrofulösen* von Jean Jouvent, Öl auf Leinwand, 1690. Klosterkirche von Saint-Riquier. © Photo RMN, Paris.
68. *Der schwedische König als Bittsteller* von Jean Arnould, Relief, 1686, Louvre, Paris. © Photo RMN, Paris.
69. *Philipp V.* von Hyacinthe Rigaud, Öl auf Leinwand, um 1700. Louvre, Paris. © Photo RMN, Paris.
70. Frontispiz zu Nicolas Chevaliers *Histoire de Guillaume III.*, 1692. British Library, London.
71. Boughton House, Northamptonshire, Außenansicht, um 1690–1700. Photo *Country Life*.
72. *Ansicht von Peterhof mit Kaskaden*, Kupferstich von Alexis Zubow, 1717.
73. *König Leopold I. als Bezwinger der Türken* von Matthias Steinl, Elfenbeinstatuette, 1693. Kunsthistorisches Museum Wien.
74. *Kaiser Leopold als Apoll* von Christian Dittmann und Georg von Gross, Kupferstich, 1674. Bildarchiv, Nationalbibliothek Wien.
75. *Erster Entwurf für das Schloß in Schönbrunn* von Joseph Bernhard Fischer von Erlach, Kupferstich von Johann Adam Delsenbach nach einer Zeichnung des Baumeisters, um 1700. Bildarchiv, Nationalbibliothek Wien.
76. *Schönbrunn als Sonnenschloß*, von I. V. Wolfgang, Medaille, 1700. Kunsthistorisches Museum, Wien.
77. *Philipp IV. zu Pferde* von Diego de Velázquez, Öl auf Leinwand, 1636. Prado, Madrid. Photo Mas.

78. *Karl II. von Spanien im Spiegelsaal des Escorial* von Juan Carreño de Miranda, Öl auf Leinwand, um 1676. Prado, Madrid, Photo Mas.
79. *Wiedereroberung von Bahía* von Juan Bautista Maino, um 1633, Prado, Madrid. Photo Mas.
80. *Heinrich IV. zieht im Triumph in Paris ein* von Peter Paul Rubens (Detail), um 1625. Florenz, Uffizien. Photo Alinari.
81. *Cosimo und seine Baumeister* von Giorgio Vasari, Deckengemälde, um 1650. Palazzo Vecchio, Florenz, Photo Alinari.
82. *Ludwig als der hl. Ludwig*, anonymes Gemälde, um 1660. Poitiers, Kapelle des Jesuitenkollegs, Photo Professor F. Polleross.
83. *Der Kaiser Claudius*, Kamee, erstes Jahrhundert n. Chr., Cabinet des Médailles, Bibliothèque Nationale, Paris.

Bibliographie

Die Bibliographie enthält sämtliche im Anmerkungsteil zitierten Veröffentlichungen, ausgenommen die anonymen Flugschriften, die auf S. 272 f. verzeichnet sind. Wenn nicht anders angegeben, ist der Erscheinungsort Paris.

Addison, J. (1890) *Dialogues on Medals*, London.
Adhémar, J. (1983) »Information gravée au 17e siècle: images au cuivre destinées à un public bourgeois et élégant«, *Quaderni del 600 francese*, 5, 11 – 13.
Apostolidès, J. (1981) *Le Roi-machine: spectacle et politique au temps de Louis XIV.*
Archambault, P. (1967) »The analogy of the body in Renaissance political literature«, *Bulletin d'Humanisme & Renaissance* 29, 21 – 53.
Atkinson, J. M. (1984) *Our Master's Voices: the Language and Body Language of Politics*, London.
Aubéry, A. (1668) *Des justes prétentions du roy sur l'empire.*
Auerbach, E. (1933) »La cour et la ville«, abgedruckt in *Vier Untersuchungen zur Geschichte der französischen Bildung*, Bern 1951.
Autin, J. (1981) *Louis XIV architecte.*

Bardon, F. (1974) *Le Portrait mythologique à la cour de France sous Henri IV et Louis XIII.*
Barnes, T. D. (1981) *Constantine and Eusebius*, Cambridge MA.
Barozzi, N. / Berchet G. (Hg.) (1857) *Relazioni degli stati europei dagli ambasciatori veneti*, Venedig.
Bayley, P. (1980) *French Pulpit Oratory 1598 – 1650*, Cambridge.
Beaussant, P. (1981) *Versailles, opéra.*
Benedetti, E. (1682) *Le glorie della virtù nella persona di Luigi il Magno*, Lyon.
Benserade, I. de (1698) *Œuvres*, 2 Bde.
Bercé, Y.-M. (1974) *Histoire des Croquants*, 2 Bde., Genf.
Berger, R. W. (1985) *In the Garden of the Sun King: Studies on the Park of Versailles under Louis XIV*, Washington.
Bernays, E. L. (1928) *Propaganda*, New York.
Bertelli, S. (1990) *Il corpo del Re*, Florenz.
Biach-Schiffmann, F. (1931) *Giovanni und Ludovico Burnacini: Theater und Feste am Wiener Hofe*, Wien / Berlin.
Biondi, D. (1973) *La fabbrica del Duce*, Florenz.
[Blegny, N. de] (1692) *Le Livre commode*, Repr. 1878.
Bloch, M. (1924) *Les rois thaumaturges.*
Bloch, M. (1987) »The ritual of the royal bath in Madagascar«, in Cannadine / Price, S. 271 – 297.

Blondel, F. (1698) *Cours d'architecture*, 2. Aufl.
Bluche, F. (1986) *Louis XIV.*
Blum, A. (1913) *Louis XIV et l'image satirique pendant les dernières années du 17e siècle*, Nogent-le-Rotrou.
Blunt, A. (1953) *Art and Architecture in France*, 4. Aufl., Harmondsworth 1980.
Boileau, N. (1969) *Oeuvres*, hg. von S. Menant, 2 Bde.
Boislisle, A. de (1889) »Notices historiques sur la Place des Victoires et sur la Place Vendôme«, *Mémoires de la société de l'histoire de Paris et de l'Île-de-France*, 15, S. 1–272.
Boorstin, D. (1962) *The Image*, Repr. Harmondsworth 1963.
Borkenau, F. (1934) *Der Übergang vom feudalen zum bürgerlichen Weltbild*.
Bosquillon (1688) *Portrait de Louis le Grand*.
Bossuet, J.-B. (1961) *Oraisons funèbres*, hg. von J. Truchet.
Bossuet, J.-B. (1967) *Politique tirée des propres paroles de l'écriture sainte* (1709), hg. von J. Le Brun, Genf.
Bottineau, Y. (1962) *L'Art de cour dans l'Espagne de Philippe V, 1700–46*, Bordeaux.
Boucher, J. (1986) *La Cour de Henri III*, La Guerche-de-Bretagne.
Bouhours, D. (1687) *La Manière de bien penser dans des ouvrages de l'esprit*.
Bourdaloue, L. (1707) *Sermons pour le caresme*, 3 Bde.
Bourdieu, P./Passeron, J.-C. (1970) *Reproduction in Education, Society and Culture*, Beverly Hills, CA, 1977.
Bouvet, J. (1699) *L'histoire de l'empereur de la Chine*, Den Haag.
Bowlt, J. E. (1978) »Russian sculpture and Lenin's plan of monumental propaganda«, in *Art and Architecture in the Service of Politics*, hg. von H. A. Millon/L. Nochlin, Cambridge, MA, S. 182–93.
Boyer, A. (1703–13) *The History of the Reign of Queen Anne Digested into Annals*, London.
Brice, G. (1698) *Description nouvelle de la ville de Paris*, 2 Bde.
Brockliss, L. W. B. (1987) *French Higher Education in the Seventeenth and Eighteenth Centuries*, Oxford.
Brown, J. (1988) »Enemies of flattery: Velázquez' portraits of Philipp IV«, in *Art and History*, hg. von R. I. Rotberg/T. K. Rabb, Cambridge, S. 137 bis 154.
Brown, J./Elliott, J. H. (1980) *A Palace for a King*, New Haven und London.
Brunot, F. (1917) *Histoire de la langue française* 5 (Neuaufl. 1966).
Bryant, L. M. (1986) *The King and the City in the Parisian Royal Entry Ceremony*, Genf.
Bryson, N. (1981) *Word and Image*, Cambridge.
Burke, K. (1939–40) »The rhetoric of Hitler's battle«, abgedr. in *Language and Politics*, hg. von M. Shapiro, Oxford 1984, Kap. 5.
Burke, P. (1987) *Historical Anthropology of Early Modern Italy*, Cambridge (dt. *Städtische Kultur in Italien zwischen Hochrenaissance und Barock*, Berlin 1988).

Burke, P. (1990) »Historians, anthropologists and symbols«, in *Culture Through Time*, hg. von E. Ohnuki Tierney, Stanford, CA, S. 268–323.

Burke, P. (1992) »The demise of royal mythologies«, in *Iconography and Ideology*, hg. von A. Ellenius, i. Vorb.

Bussy Rabutin, R. (1930) *Histoire amoureuse des Gaules (1665), suivie de La France Galante* etc., hg. von G. Mongrédien, 2 Bde.

Campanella, T. (1915) *Poésie*, hg. v. G. Gentile, Bari.

Campbell, M. (1977) *Pietro da Cortona at the Pitti Palace*, Princeton, NJ.

Cannadine, D./Price, S. (1987) (Hg.) *Rituals and Royalty*, Cambridge.

Carew, G. (1749) »A relation of the state of France«, in *An Historical View*, hg. von T. Birch, London, S. 415–528.

Cérémonial français des années 1679, 1680 et 1681, Ms. B. N., fonds français, 7831.

Chantelou, P. de (1889) *Journal de Voyage du Cavalier Bernin et France*, hg. von L. Lalanne, Neuaufl. 1981.

Chapelain, J. (1883) *Lettres* 2, hg. von P. Tamizey de Larroque.

Chapelain, J. (1936) *Opuscules critiques*, hg. von A. Hunter.

Chapelain, J. (1964) *Lettere inedite*, hg. von P. Ciureanu, Genua.

Charlesworth, M. P. (1937) »The virtues of a Roman emperor«, *Proceedings of the British Academy* 23, S. 105–27.

Charpentier, F. (1676) *Défense de la langue française pour l'inscription de l'Arc de Triomphe*.

Charpentier, F. (1724) *Carpentariana*.

Chartier, R. (1990) *Les origines culturelles de la révolution française*.

Châtelain, U. (1905) *Fouquet*.

Chevalier, N. (1692) *Histoire de Guillaume III*, Amsterdam.

Chevalier, N. (1711) *Relation des campagnes de l'année 1708 et 1709*, Utrecht.

Christout, M. F. (1967) *Le Ballet de cour de Louis XIV*, 1643–72.

Church, W. F. (1972) *Richelieu and Reason of State*, Princeton, NJ.

Clément, P. (1866) *La Police sous Louis XIV*.

Clément, P. (1868) (Hg.) *Lettres, instructions et mémoires de Colbert*, 5, Teil 2.

Coirault, Y. (1965) *L'optique de Saint-Simon*.

Collas, G. (1912) *Jean Chapelain*.

Combes, le sieur de (1681) *Explication historique de ce qu'il y a de plus remarquable dans la maison royale de Versailles*.

Coquault, O. (1875) *Mémoires 1649–68*, hg. von C. Loriquet, Reims.

Corneille, P. (1987) *Œuvres*, 3, hg. von G. Gouton.

Corvisier, A. (1964) *L'armée française de la fin du 17e siècle au ministère de Choiseul: le soldat*, 2 Bde.

Corvisier, A. (1983) *Louvois*.

Courtin, A. de (1671) *Nouveau traité de la civilité*, Basel.

Couton, G. (1976) »Effort publicitaire et organisation de la recherche«, *Actes du sixième colloque de Marseille*, hg. von R. Duchene, Marseille.

Cracraft, J. (1988) *The Petrine Revolution in Russian Architecture*, Chicago.
Curtius, E. R. (1947) *Europäische Literatur und lateinisches Mittelalter*, engl. Übers., New York 1954.

[Dalicourt, P.] (1668) *La Campagne royale*.
Demoris, R. (1978) »Le corps royal et l'imaginaire au 17e siècle: La portrait du roy par Félibien«, *Revue des sciences humaines* 172, S. 9–30.
Depping, G. P. (Hg.) (1855) *Correspondence administrative sous le règne de Louis XIV*, 4, Teil 4.
Déscription (1686) du monument érigé à la gloire du roy par M. le Maréchal Duc de la Feuillade.
Desmarets, J. (1673) *Au Roy, sur la prise de Mastrich*.
Desmarets, J. (1674) *Au Roy, sur sa seconde conquête de Franche-Comté*.
Dilke, E. (1888) *Art in the Modern State*, London.
Dipper, C. / Schieder, W. (1984) »Propaganda«, in *Geschichtliche Grundbegriffe* 5, Stuttgart, S. 69–112.
Dodge, G. H. (1947) *The Political Theory of the Huguenots of the Dispersion*, New York.
Dotoli, G. (1983) »Il *Mercure Galant* di Donneau de Visé«, *Quaderni del '600 francese* 5, S. 219–82.
Drake, H. A. (1976) *In Praise of Constantine*, Berkeley, CA.
Dreyss, C. (1859) *Étude sur la composition des mémoires de Louis XIV*, Neuaufl., Genf, 1871.
Dreyss, C. (Hg.) (1860) *Memoires de Louis XIV.*, 2 Bde
Dubois A. (1965) *Journal d'un curé des campagne*, hg. von H. Platelle.
Du Bos, J. B. (1709) *Histoire de la Ligue de Cambrai*.
Duchene, R. (Hg.) (1985) *De la mort de Colbert à la Revocation de l'Édit de Nantes: un monde nouveau?* Marseille.
Duchhardt, H. (1981) »Imperium und Regna«; *Historische Zeitschrift* 232, S. 555–83.
Dupleix, S. (1635) *Histoire de Louis le Juste*.
Dussieux, L. et al. (Hg.) (1854) *Mémoires inédits de l'Académie Royale de Peinture et de Sculpture*.

Edelman, N. (1946) *Attitudes of Seventeenth-Century French toward the Middle Ages*, New York.
Ehalt, H. C. (1980) *Ausdrucksformen absolutistischer Herrschaft: Der Wiener Hof im 17. und 18. Jahrhundert*, München.
Eisenstadt, S. N. (1979) »Communication patterns in centralized empires«, in *Propaganda and Communication in World History*, hg. von H. Lasswell, D. Lerner und H. Speier, Honolulu, 1, S. 536–51.
Elias, N. (1969) *Die höfische Gesellschaft*, engl. Übers.: Oxford 1983.
Ellenius, A. (1966) *Karolinska bildidéer*, Stockholm.

Elliott, J. H. (1977) »Philip IV of Spain: prisoner of ceremony«, in *the Courts of Europe*, hg. von A. G. Dickens, London, S. 169–90.
Elliott, J. H. (1986) *The Count-Duke of Olivares*, New Haven und London.
Elliott, J. H. (1989) *Spain and its World 1500–1700*, New Haven und London.
Evely, N. (1697) *Numismata*, London.

Félibien, A. (1674) *Les Divertissements de Versailles*.
Félibien, A. (1680) »Le Grand Escalier de Versailles«, Anhang zu Jansen (1981).
Félibien, A. (1688) *Recueil des descriptions de peintures et d'autres ouvrages faits pour le roi*.
Félibien, J.-F. (1703) *Descriptions sommaire de Versailles*.
Ferrier-Caverivière, N. (1978) »Louis XIV et ses symboles dans l'Histoire Metallique«, *17e siècle*, 34, S. 19–30.
Ferrier-Caverivière, N. (1981) *L'image de Louis XIV dans la littérature française*.
Feuchtmüller, R. / Kovács, E. (Hg.) (1968) *Welt des Barock*, Wien.
Feyel, G. (1982) *La Gazette en province à travers ses réimpressions 1631–1752*, Amsterdam und Maarssen.
Finnegan, R. (1970) *Oral Literature in Africa*, Oxford.
Fléchier, E. (1670) *Circus regius*.
Fléchier, E. (1696) *Panegyriques*, 2 Bde.
Florisoone, M. (1962) *Charles Le Brun premier directeur de la manufacture royale des Gobelins*.
Forster, K. (1971) »Metaphors of rule: political ideology and history in the portraits of Cosimo I de' Medici, *Mitteilungen des Kunsthistorischen Institutes in Florenz* 15, S. 65–104.
Fossier, F. (1985) »À propos du titre d'historiographe sous l'ancien régime«, *Revue d'histoire moderne et contemporaine* 32, S. 361–417.
Foucault, M. (1966) *Les mots et les choses* (dt.: *Die Ordnung der Dinge*, Frankfurt 1971).
France, P. (1971) *Rhetoric and Truth in France*, Oxford.
France, P. (1982) »Equilibrium and excess«, in *The Equilibrium of Wit*, hg. von P. Bayley / D. G. Coleman, Lexington MA, S. 249–361.
Freedberg, D. (1989) *The Power of Images*, Chicago.
Furetière, A. (1674) *Ode sur la seconde conquête de Franche-Comté*.
Furetière, A. (1690) *Dictionnaire universel*, 3 Bde., Den Haag und Rotterdam.

Gagé, J. (1955) *Apollon romain*.
Gaiffe, F. (1924) *L'Envers du grand siècle*.
Gaxotte, P. (Hg.) (1930) *Lettres de Louis VIX*.
Gazette [Recueil des Gazettes, Recueil des Nouvelles], 1660–1715.
Geertz, C. (1980) *Negara: the Theater State in Nineteenth-Century Bali*, Princeton.

Geffroy, A. (Hg.) (1885) *Recueil de instructions données aux ambassadeurs et ministres de France.*
Genest, C. C. (1672) *Ode pour le roi sur ses conquestes.*
Gersprach, E. (1893) *Repertoire des tapisseries des Gobelins.*
Giesey, R. (1985) »Models of rulership in French royal ceremonial«, in *Rites of Power*, hg. von S. Wilentz, Philadelphia, S. 41–64.
Giesey, R. (1987) »The King imagined«, in *The Political Culture of the Old Regime*, hg. von K. M. Baker, Oxford, S. 41–59.
Gillot, H. (1914a) *La Querelle des anciens et des modernes*, Nancy.
Gillot, H. (1914b) *Le Règne de Louis XIV et l'opinion publique en Allemagne*, Nancy.
Glaesemer, J. (1974) *J. Werner*, Zürich und München.
Godard, L. (Hg.) (1987) *D'un siècle à l'autre: anciens et modernes*, Marseille.
Godelier, M. (1982) *The Making of Great Men.*
Goffman, E. (1959) *The Presentation of Self in Everyday Life*, New York (dt. *Wir alle spielen Theater. Die Selbstdarstellung im Alltag*, München 1969).
Goubert, P. (1966) *Louis XIV et vingt millions de Français* (dt. *Ludwig XIV. und zwanzig Millionen Franzosen*, Frankfurt/Berlin/Wien 1973).
Gouhier, H. (1958) »Le refus du symbolisme dans l'humanisme cartésien«, in E. Castelli (Hg.), *Umanesimo e simbolismo*, Padua, S. 65–74.
Gould, C. (1981) *Bernini in France*, London.
Grell, C./Michel, C. (1988) *L'École des Princes ou Alexandre disgracié.*
Grivet, M. (1986) *Le Commerce de l'estampe à Paris au 17e siècle.*
Gros, E. (1926) *Quinault*, Paris und Aix-en-Provence.
Grove, G. (1980) *Dictionary of Music and Musicians*, hg. von S. Sadie, 20 Bde., London.
Guillet de Saint-Georges, G. (1854) »Discours sur le portrait du roy«, in Dussieux et al. 1., S. 229–38.
Guillou, E. (1963) *Versailles, le Palais du Soleil.*
Gusdorf, G. (1969) *La Révolution galiléenne*, 2 Bde.

Habermas, J. (1962) *Strukturwandel der Öffentlichkeit*, Neuwied.
Hahn, R. (1971) *The Anatomy of a Scientific Institution: the Paris Academy of Sciences, 1666–1803*, Berkeley CA.
Hall, G. (1987) »Le siècle de Louis le Grand: l'évolution d'une idée«, in Godard, S. 43–52.
Hanley, S. (1983) *The Lit de justice of the Kings of France*, Princeton NJ.
Hansmann, W. (1986) *Balthasar Neumann*, Köln.
Harris, E. (1976) »Velázquez' portrait of Prince Baltasar Carlos in the Riding School«, *Burlington Magazine* 118, S. 266–75.
Hartle, R. (1957) »Lebrun's *Histoire d'Alexandre* and Racine's *Alexandre le Grand*«, *Romanic Review* 48, S. 90–130.
Hartung, F. (1949) *L'état c'est moi*«, *Historische Zeitschrift* 169, S. 1–30.

Hassinger, E. (1951) *J. J. Becher*, Wien.
Hatton, R. (1972) *Louis XIV and his World*, London.
Haueter, A. (1975) *Die Krönungen der französischen Könige im Zeitalter des Absolutismus und in der Restauration*, Diss. Zürich.
Hautecœur, L. (1953) *Louis XIV roi soleil*.
Hawlik-van de Water, M. (1989) *Der Schöne Tod: Zeremonialstrukturen des Wiener Hofes bei Tod und Begrabung zwischen 1640 und 1740*, Wien.
Hazard, P. (1935) *La Crise de la conscience européenne* (engl. Übers.: *The European Mind 1680–1720*, New Haven CT, 1952).
Heale, M. J. (1982) *The Presidential Quest*, London.
Held, J. S. (1958) »Le roi à la chasse«, *Art Bulletin* 40, S. 139–49.
l'Hérault de Lionnière, T. (1692) *Panegyrique historique de Louis le Grand pour l'Année 1689*.
d'Herbelot, B. (1697) *Bibliothèque orientale*.
Herbette, M. (1907) *Une Amabasse persane sous Louis XIV*.
Himelfarb, H. (1986) »Versailles, fonctions et légendes«, in: Nora 1, *Histoire de l'Académie Royale des Inscriptions* (1740), 3 Bde. S. 235–92.
Hobsbawm, E. J./Ranger, T. (Hg.) (1983) *The Invention of Tradition*, Cambridge.
Hölscher, L. (1978) »Öffentlichkeit« in *Geschichtliche Grundbegriffe*, hg. von O. Brunner/W. Conze/R. Koselleck, 4, Stuttgart, S. 413–67.
Hofmann, C. (1985) *Das Spanische Hofzeremoniell von 1500–1700*, Frankfurt/Main.
Hofmann, H. (1974) *Repräsentation: Studien zur Wort- und Begriffsgeschichte von der Antike bis ins 19. Jahrhundert*, Berlin.
Holub, R. C. (1984) *Reception Theory*, London.
Hurel, A. J. (1872) *Les Orateurs sacrés à la cour de Louis XIV*, Repr., Genf 1971.
Hymes, D. (1974) *Foundations in Sociolinguistics*, Philadelphia.

Isherwood, R. (1973) *Music in the Service of the King*, Ithaca NY und London.

Jackson, R. (1984) *Vive le roi!* Chapel Hill NC.
Jacquiot, J. (1968) *Médailles et jetons*, 4 Bde.
Jammes, A. (1965) »Louis XIV, sa bibliothèque et le cabinet du roi«, *The Library* 20, S. 1–12.
Janmart, J. (1888) *Histoire de Pierre du Marteau*.
Jansen, B. (1981) *Der Grand Escalier de Versailles*, Diss. Bochum.
Jauss, H.-R. (1964) »Ästhetische Normen und geschichtliche Reflexion in der *Querelle des anciens et des modernes*«, in Perrault (1688–97), S. 8–64.
Jenkins, M. (1947) *The State Portrait* (o. O.).
Johnson, K. O. (1981) »Il n'y a plus de Pyrénées: the iconography of the first Versailles of Louis XIV«, *Gazette des Beaux-Arts* 98, S. 29–40.
Johnson, N. R. (1978) *Louis XIV and the Enlightenment*.

Jones, M. (1979a) *Medals of the Sun King*, London.
Jones, M. (1979b) *The Art of the Medal*, London.
Jones, M. (1982–83) »The medals as an instrument of propaganda in late seventeenth- and early eighteenth-century Europe«, *Numismatic Chronicle* 142, S. 117–25, und 143, 202–13.
Josephson, R. (1928) »Le monument de Triomphe pour le Louvre«, *Revue de l'art ancien et moderne* 32, S. 21–34.
Josephson, R. (1930) *Nicodème Tessin à la cour de Louis XIV*.
Jouin, H. (Hg.) (1883) *Conférences de l'Académie Royale de Peinture*.
Jouin, H. (1889) *Charles Le Brun*.
Jouvancy, J. de (1686) *Clovis*.
Jump, J. D. (1974) *The Ode*, London.

Kantorowicz, E. H. (1957) *The King's Two Bodies*, Princeton NJ (dt. *Die zwei Körper des Königs*, Stuttgart 1992).
Kantorowicz, E. H. (1963) »Oriens Augusti – Lever du Roi«, *Dumbarton Oaks Papers* 17, S. 117–77.
Kenez, P. (1985) *The Birth of the Propaganda State: »Mass Mobilisation« in Russia, 1917–29*, Cambridge.
Keohane, N. O. (1980) *Philosophy and the State in France*, Princeton NJ.
Kershaw, I. (1987) *The »Hitler Myth«: Image and Reality in the Third Reich*, Oxford.
Kertzer, D. (1988) *Ritual, Politics and Power*, New Haven CT und London.
Kettering, S. (1986) *Patrons, Brokers and Clients in Seventeenth-Century France*, New York.
King, J. E. (1949) *Science and Rationalism in the Government of Louis XIV*, Baltimore MD.
Klaits, J. (1976) *Printed Propaganda under Louis XIV*, Princeton NJ.
Kleyser, F. (1935) *Der Flugschriftenkampf gegen Ludwig XIV. zur Zeit des pfälzischen Krieges*, Berlin.
Köpeczi, B. (1983) *Staatsräson und christliche Solidarität: Die ungarischen Aufstände und Europa in der zweiten Hälfte des 17. Jahrhunderts*, Budapest.
Kortum, H. (1966) *Charles Perrault and Nicolas Boileau*, Berlin.
Kostof, S. (1978) »The Emperor and the Duce«, in *Art and Architecture in the Service of Politics*, hg. von H. A. Millon und L. Nochlin, Cambridge Mass., S. 270–325.
Kovács, E. (1986) »Die Apotheose des Hauses Österreich«, in Feuchtmüller/Kovács, S. 53–85.
Krüger, R. (1986) *Zwischen Wunder und Wahrscheinlichkeit: Die Krise des französischen Versepos im 17. Jahrhundert*, Marburg.
Kunzle, D. (1973) *The Early Comic Strip*, Berkeley, CA.

Labatut, J. P. (1984) *Louis XIV roi de gloire*.

La Baune, J. de (1684) *Ludovico Magno Panegyricus*.
La Bruyère, J. (1960) *Les Caractères* (1688), Repr., hg. von G. Mongrédien.
La Bruyère, J. (1693) »Discours de réception à l'Académie Française«, ebda, S. 429–56.
Lacour-Gayet, G. (1898) *L'Éducation politique de Louis XIV*.
La Fontaine, J. (1948) *Œuvres diverses*, hg. von P. Clarac.
Lanier, L. (1883) *Étude historique sur les relations de la France et du royaume de Siam de 1662 à 1703*, Versailles.
La Porte, P. de (1755) *Mémoires*, 2. Aufl., Genf 1756
La Rue, C. de (1683) *Ludovicus Pius*.
La Rue, C. de (1987) »Regi epincion«, übers. von P. Corneille als »Poème sur les victoires du roi en 1667«, in Corneille 3, S. 709–18.
La Rue, C. de (1829) *Sermons*, 2 Bde.
Lasswell, H. (1936) *Politics: Who gets what, when, how*, 2. Aufl., New York 1958.
Laurain-Portemer, M. (1968) »Mazarin, Benedetti et l'escalier de la Trinité des Monts«, *Gazette des Beaux-Arts* 110, S. 273–79.
Lavin, I. (1987) »Le Bernin et son image du Roi-Soleil«, in *Il se rendit en Italie: études offertes à André Chastel*, Rom, S. 441–65.
Lavisse, E. (1906) *Louis XIV*.
Lecoq, A.-M. (1986) »La symbolique de l'état«, in Nora, S. 145–192.
Lecoq, A.-M. (1987) *François I imaginaire*.
Lee, R. W. (1940) *Ut Pictura Poesis: the Humanistic Theory of Painting*, Repr. New York 1967.
Legg, L. G. Wickham (1921) *Matthew Prior*, Cambridge.
Le Goff, J. (1986) »Reims, ville du Sacre«, in *Les Lieux de mémoire*, hg. von P. Nora, 2, La nation, 1, S. 89–184.
Leith, J. A. (1965) *The Idea of Art as Propaganda in France 1750–99*, Toronto.
Le Jay, G. (1685) *Le Triomphe de la religion sous Louis le Grand*.
Le Roi, J. A. (Hg.) (1862) *Journal de la santé du roi Louis XIV*.
Le Roy Ladurie, E. (1984) »Réflections sur la Régence«, *French Studies* 38, S. 286–305.
Lévy-Bruhl, L. (1921) *La Mentalité primitive*.
Lister, M. (1699) *A Journey to Paris in the Year 1698*, London.
Locke, J. (1690) *Two Treatises of Government*, hg. von P. Laslett, Cambridge, 1960.
Locke, J. (1953) *Journal*, hg. von J. Lough, Cambridge.
Loewe, V. (1924) *Ein Diplomat und Gelehrter, Ezechiel Spanheim*, Berlin.
Longin, E. (1900) *François de Lisola*, Dole.
Longnon, J. (Hg.) (1927) *Louis XIV, Mémoires*, Repr. 1983.
L'Orange, H. P. (1953) *Studies on the Iconography of Cosmic Kingship in the Ancient World*, Oslo.
Lottin, A. (1968) *Vie et mentalité d'un Lillois sous Louis XIV*, Lille, 2. Aufl. Paris.

Lotz, W. (1969) »Die Spanische Treppe. Architektur als Mittel der Diplomatie, in *Römisches Jahrbuch für Kunstgeschichte* 12, S. 41–74, abgedr. in M. Warnke (Hg.) *Politische Architektur*, 1984, S. 175–223.
Louis XIV (1806) *Œuvres*, 6 Bde.
Louis XIV, *Lettres*, siehe Gaxotte (1930).
Louis XIV, *Mémoires*, siehe Dreyss (1860); Longnon (1927).
Lünig, J. C. (1719–20) *Theatrum Ceremoniale Historico-Politicum*, 2 Bde., Leipzig.
Lux, D. S. (1989) *Patronage and Royal Science in Seventeenth-century France*, Ithaca NY.

Maber, R. (1985) »Colbert and the Scholars«, *17th Century-French Studies* 7, S. 106–114.
McCormick, M. (1986) *Eternal Victory: Triumphal Rulership in Late Antiquity, Byzantium and the Early Medieval West*, Cambridge.
McGinniss, J. (1968) *The Selling of the President*, New York.
McGowan, M. (1985) *Ideal Forms in the Age of Ronsard*, Berkeley CA.
Magalotti, L. (1968) *Relazioni di Viaggio*, hg. von W. Moretti, Bari.
Magne, B. (1976) *Crise de la littérature française*.
Magne, E. (1909) *Le plaisant abbé de Boisrobert*.
Mai, W. W. E. (1975) *Le Portrait du roi, Staatsporträt und Kunsttheorie in der Epoche Ludwigs XIV.*, Bonn.
Maintenon, F. de (1887) *Mme de Maintenon d'après sa correspondance authentique*, hg. von A. Geffroy, 2 Bde.
Mallon, A. (1985) »L'Académie des Sciences à Paris (1683–85): une crise de direction?«, in Duchene, S. 17–34.
Malssen, P. J. W. van (1936) *Louis XIV d'après les pamphlets répandus en Hollande*, Amsterdam.
Mandlmayr, M. C./Vocelka, K. (1985) »Christliche Triumphfreude«. *Südostforschungen* 44, S. 99–137.
Marder, T. A. (1980) »Bernini and Benedetti at Trinità dei Monti«, *Art Bulletin* 62, S. 286–89.
Marin, L. (1981) *Portrait of the King*, engl. Übers., London, 1988
Marrinan, M. (1988) *Painting Politics for Louis-Philippe*, New Haven CT und London.
Martin, H. J. (1969) *Livre, pouvoir et société à Paris au 17e siècle*, 2 Bde.
Martin, M. (1986) *Les Monuments équestres de Louis XIV.*
Massillon, J.-B. (1865) *Œuvres*, hg. von E. A. Blampignon, 2 Bde., Bar-le-Duc.
Maumené, C./d'Harcourt, L. (1932) *Iconographie des rois de France*, Bd. 2.
Mazarin, G. (1906) *Lettres*, Bd. 9, hg. von G. D'Avenel.
Médailles (1702) sur les principaux événements du règne de Louis le Grand (2 Ausgaben, Folio und Quart).
Médailles (1723) sur les principaux événements du règne entier de Louis le Grand.

Mélèse, P. (1936) *Donneau de Visé*.
Melograni, P. (1976) »The Cult of the Duce in Mussolini's Italy«, *Journal of Contemporary History* 11, S. 221–37.
Mémoires inédites, siehe Dussieux et al. (1854).
Menestrier, C.-F. (1681) *Des Représentations en musique anciennes et modernes*.
Menestrier, C.-F. (1684) *L'Art des emblèmes*, Repr. Mittenwald 1981.
Menestrier, C.-F. (1689) *Histoire du roy Louis le Grand par les médailles*.
»Menestrier, C.-F.« (1691) *Histoire du roy Louis le Grand par les médailles* (die gefälschte Ausgabe).
Menestrier, C.-F. (1701) *Décorations faites dans la ville de Grenoble*, Grenoble.
Menot, A. (1987) »Décors pour le Louvre de Louis XIV; le mythologie politique à la fin de la Fronde«, in *La Monarchie absolutiste et l'histoire en France*, hg. von F. Laplanche/C. Grell, S. 113–24.
Mercure Galant, 1672–1715.
Mesnard, P. (1857) *Histoire de l'Académie Française*.
Mettam, R. (1988) »Power, status and precedence: Rivalries among the provincial elites of Louis XIV's France«, *Transactions of the Royal Historical Society* 38, S. 43–62.
Meyer, J. (1981) *Colbert*.
Michel, C. (1987) »Les enjeux historiographiques de la querelle des anciens et des modernes«, in *La Monarchie absolutiste et l'histoire en France*, hg. von F. Laplanche/C. Grell, S. 139–154.
Mickelson, S. (1972) The Electric Mirror: *Politics in an Age of Television*, New York.
Mirot, L. (1924) *Roger de Piles*.
Moine, M.-C. (1984) *Les Fêtes à la cour du roi soleil*.
Molière, J.-B. (1971) *Œuvres complètes*, hg. von G. Couton, 2 Bde.
Mongin, E. (1716) *Oraison funèbre de Louis le Grand*.
Montagu, J. (1968) »The painted engima and French seventeenth-century art«, *Journal of the Warburg and Courtauld Institutes* 31, S. 307–335.
Montaiglon, A. de (1875–78) *Procès-verbaux de l'Académie Royale de Peinture et Sculpture*, 2 Bde.
Montesquieu, C.-L. de (1721) *Lettres persanes*.
Montesquieu, C.-L. de (1973) *Œuvres*.
Moran, M. (1990) *La imagen del rey: Felipe V y el arte*, Madrid.
Moraw, P. (1962) »Kaiser und Geschichtsschreiber um 1700«, *Die Welt als Geschichte* 22, S. 162–203.
Morgan, B. (1929) *Histoire du* Journal des Savants *depuis 1665 jusqu'en 1701*.
Möseneder, K. (1983) *Zeremoniell und monumentale Poesie: Die »Entrée Solennelle« Ludwigs XIV. 1660 in Paris*, Berlin.

Naudé, G. (1639) *Considérations politiques sur les coups d'état*.
Néraudau, J. P. (1986) *L'Olympe du roi-soleil*.

Neveu, B. (1988) »Du culte de Saint Louis à la glorification de Louis XIV: la maison royale de Saint-Cyr«, *Journal des Savants*, S. 277–290.
Nivelon, C. (o. J.) *Vie de Charles le Brun*, ms. NB, fonds français 12, 987.
Nora, P. (Hg.) (1984–86) *Les lieux de mémoire*, 4 Bde.
Northleigh, J. (1702) *Topographical Descriptions*, London.

Oresko, R. (1989) »The *Histoire Métallique* of Louis XIV and the Diplomatic Gift«, *Médailles et Antiques* I, S. 49–55.
Orso, S. N. (1986) *Philip IV and the Decoration of the Alcázar of Madrid*, Princeton NJ.
Ozouf, M. (1976) *La fête révolutionnaire*, engl. Übers.: *Festivals and the French Revolution*, Cambridge Mass., 1988.

Pardailhé-Galabrun, A. (1988) *La naissance de l'intime*.
Pastor, L. von (1940) *History of the Popes*, 32, London.
Pellisson, P. (1735) *Œuvres diverses*.
Pellisson, P. (1749) *Histoire de Louis XIV*.
Pepys, S. (1970–83) *Diary*, hg. von R. Latham/W. Matthews, London.
Perrault, C. (1670a) *Courses de testes et bagues*.
Perrault, C. (1670b) *Festiva ad capita annulumque Decursio*.
Perrault, C. (1686) *Saint Paulin evesque de Nole*.
Perrault, C. (1687) *Le Siècle de Louis le Grand*.
Perrault, C. (1688–97) *Parallèle des anciens et des modernes*, Repr. München 1964.
Perrault, C. (1909) *Mémoires*, hg. von P. Bonnefon.
Perrault, C./Bensarade, I. (1679) *Labyrinte de Versailles*.
Perry, J. M. (1968) *The New Politics*, New York.
Petzet, M. (1982) »Das Triumphbogenmonument für Ludwig XIV. auf der Place du trône«, *Zeitschrift für Kunstgeschichte* 45 (1982), S. 145–194.
Pevsner, N. (1961) *The Buildings of England: Northamptonshire*, Harmondsworth.
Picard, R. (1956) *La Carrière de Jean Racine*.
Piles, R. de (1699) *Abrégé de la vie des peintres*.
Pincemaille, C. (1985) »La guerre de Hollande dans la programme iconographique de Versailles«, *Histoire Économie et Société* 4, S. 313–33.
Pitkin, H. F. (1967) *The Concept of Representation*, Berkeley CA.
Pocock, G. (1980) *Boileau and the Nature of Neo-Classicism*, Cambridge.
Podlach, A. (1984) »Repräsentation«, *Geschichtliche Grundbegriffe* 5, S. 509–547.
Polleross, F. B. (1986) »Repräsentation der Habsburger in der bildenden Kunst«, in Feuchtmüller/Kovács, S. 87–103.
Polleross, F. B. (1987) »Sonnenkönig und Österreichische Sonne«, *Wiener Jahrbuch für Kunstgeschichte* 40, S. 239–56.
Polleross, F. B. (1988) *Das sakrale Identifikationsporträt*, 2 Bde., Worms.

Pommier, E. »Versailles«, in Nora, 1, S. 193–234.
Posner, D. (1959) »Lebrun's Triumphs of Alexander«, *Art Bulletin* 41, S. 237–248.
Poussin, N. (1964) *Lettres et propos sur l'art*, hg. von A. Blunt.
Pozzi, E. (1990) »Il corpo del Duce«, in *Gli occhi di Alessandro*, hg. von S. Bertelli, Florenz, S. 170–83.
Pribram, A. F. (1894) *Franz Paul, Freiherr von Lisola*, Leipzig.
Price, S. (1984) *Rituals and Power*, Cambridge.
Prior, M. (1959) *The Literary Works*, hg. von H. B. Wright und M. K. Spears, 2 Bde., Oxford.

Quartier, P. (1681) *Constantin ou le triomphe de la religion*.
Quinault, P. (1739) *Théâtre*, 5 Bde.
Quiqueran de Beaujeu, H. de (1715) *Oraison funèbre de Louis XIV*.

Racine, J. (1951–52) *Œuvres complètes*, hg. von R. Picard, 2 Bde.
Rainssant, P. (1687) *Explication des tableaux de la galerie de Versailles*.
Rance, A.-J. (1886) *L'Académie d'Arles au 17e siècle*, 3 Bde.
Ranum, O. (1980) *Artisans of Glory*, Chapel Hill NC.
Rapin, R. (1677) *Instructions pour l'histoire*.
Raunié, E. (Hg.) (1879) *Chansonnier historique du 18e siècle*, 10 Bde.
Rave, P. O. (1957) *Das Ladenschild des Kunsthändlers Gersaint*, Stuttgart.
Récit (1685) *de ce qu'est fait à Caen*, Caen.
Reinach, S. (1905) *Cultes, mythes et religions*.
Relation (1660) *was für Ceremonien, Magnificentz... bey Vollziehung des königl. Heyraths zwischen Lodovico XIV... und Maria Teresia* (o. O.).
Relation (1687) *de l'érection de la statue à Poitiers*, Poitiers.
Roche, D. (1978), *Le siècle des lumières en province*, Paris/Den Haag.
Römer, P. (1967) *Molières Amphitryon und sein gesellschaftlicher Hintergrund*, Bonn.
Roosen, W. (1980), »Early modern diplomatic ceremonial: a systems approach«, *Journal of Modern History* 52, S. 452–476.
Rosasco, B. (1989) »Masquerade and enigma at the court of Louis XIV«, *Art Journal* 48, S. 144–49.
Rosenfield, L. C. (1974) »Glory and antiglory in France's age of glory«, *Renaissance Studies in Honor of I. Silver*, Lexington MA, S. 283–307.
Rothkrug, L. (1965) *The Opposition to Louis XIV*. Princeton NJ.
Rothschild, J. de (Hg.) (1881) *Lettres en vers*, 2 Bde.
Rotrou, J. (1950) *Cosroès*, hg. von J. Scherer.
Rousset, C. (1865) *Histoire de Louvois*, 2 Bde.
Roy, A. (1983) »Pouvoir municipal et prestige monarchique: les entrées royales«, in *Pouvoir ville et société*, hg. von G. Livet/B. Vogler, S. 317–322.

Sabatier, G. (1984) »Le roi immobile«, *Silex* 27/28, S. 86–101.
Sabatier, G. (1985) »Versailles, un imaginaire politique«, *Culture et idéologie dans la genèse de l'état moderne*, Rom, S. 295–324.
Sabatier, G. (1988) »Le parti figuratif dans les appartements, l'escalier et la galerie de Versailles«, *17e siècle* 161, S. 401–26.
Sagnac, P. (1945) *Formation de la société française moderne*, 2 Bde.
Sahlins, M. (1985) *Islands of History*, Chicago.
Saint-Maurice, T. F. de (1910) *Lettres sur la cour de Louis XIV 1667–73*, hg. von J. Lemoine, 2 Bde.
Saint-Simon, L. de (1983–88) *Mémoires*, hg. von Y. Coirault, 8 Bde.
Schama, S. (1988) »The domestication of majesty: royal family portraiture 1500–1850«, in *Art and History*, hg. von R. I. Rotberg und T. K. Rabb, Cambridge, S. 155–183.
Schieder, W./Dipper, C. (1984) »Propaganda«, *Geschichtliche Grundbegriffe* 5, Stuttgart, S. 69–112.
Schmidt, P. (1907) »Deutsche Publizistik in den Jahren 1667–71«, *Mitteilungen des Instituts für Österreichische Geschichtsforschung* 28, S. 577–630.
Schnapper, A. (1967) *Tableaux pour le Trianon de marbre, 1688–1714*.
Schnapper, A. (1988) »The king of France as collector in the seventeenth century«, in *Art and History*, hg. von R. I. Rotberg und T. K. Rabb, Cambridge, S. 185–202.
Schochet, G. (1975) *Patriarchalism in Political Thought*, Oxford.
Schramm, P. (1939) *Der König von Frankreich*, 2 Bde., Weimar.
Schramm, W. (1963) »Communication research in the United States«, in *The Sciences of Human Communication*, hg. von Schramm, New York, S. 1–15.
Schwartzenberg, A. (1977) *L'État-spectacle*.
Schwoerer, L. G. (1977) »Propaganda in the revolution of 1688–9«, *American Historical Review* 82, S. 843–874.
Scudéry, M. de (1654–61) *Clélie*.
Scudéry, M. de (1669) *La Promenade de Versailles*, Repr. 1920.
Scudéry, M. de (1671) *Discours de la gloire*.
Sedlmayr, H. (1959) »Allegorie und Architektur, in H. Sedlmayr, *Epochen und Werke*, II, Wien, abgedr. in M. Warnke (Hg.), *Politische Architektur in Europa*, Köln 1984, S. 157–174.
Seux, M.-J.(1967) *Épithètes royales akkadiennes et sumériennes*.
Shils, E. (1975) *Center and Periphery*, Chicago.
Silin, C. I. (1940) *Benserade and his Ballet de Cour*, Baltimore MD.
Simson, O. von (1936) *Zur Genealogie der weltlichen Apotheose im Barock*, Leipzig.
Sohier, J. (1706) *Gallerie... dédiée à la gloire de Louis le Grand*, ms., B. N., fonds français 6997.
Solomon, H. (1972) *Public Welfare, Science and Propaganda in Seventeenth-Century France*, Princeton NJ.

Sonnino, P. (1964) »The dating and autorship of Louis XIV's memoirs«, *French Historical Studies* 3, S. 303–337.
Sonnino, P. (1973–74) »Louis XIV's *Mémoire pour l'histoire de la guerre de Hollande*«, *French Historical Studies* 8, S. 29–50.
Soriano, M. (1968) *Les Contes de Perrault*, 2. Aufl. 1977.
Soriano, M. (1972) *Le Dossier Perrault*.
Souchal, F. (1983) »Des statues équestres sous le règne de Louis XIV«, in *Pouvoir ville et société*, hg. von G. Livet/B. Vogler, S. 309–316.
Southorn, J. (1988) *Power and Display*, Cambridge.
Spanheim, E. (1900) *Relation de la cour de France*, hg. von E. Bourgeois.
Speck, W. A. (1972) »Political Propaganda in Augustean England«, *Transactions of the Royal Historical Society* 22, S. 17–32.
Spitzer, L. (1931) »St-Simon's portrait of Louis XIV«, engl. Übers. in *Essays on Seventeenth-Century French Literature*, hg. von D. Bellos, Cambridge, 1983, Kap. 2.
Ssymank, P. (1898) *Ludwig XIV. in seinen eigenen Schriften und im Spiegel der zeitverwandten Dichtung*, Diss. Leipzig.
Stankiewicz, W. J. (1960) *Politics and Religion in Seventeenth-Century France*, Berkeley CA.
Stern, J. P. (1975) *Hitler: the Führer and the People*, London.
Stopfel, W. E. (1964) *Triumphbogen in der Architektur des Barock in Frankreich und Deutschland*, Diss. Freiburg.
Storer, M. E. (1935) »Information furnished by the *Mercure Galant* on the French Provincial Academies in the Seventeenth Century«, *Publications of the Modern Language Society of America* 50, S. 444–468.
Strong, R. (1984) *Art and Power*, Woodbridge.
Swift, J. (1983) *Complete Poems*, hg. von P. Rogers, New Haven und London.
Syme, R. (1939) *The Roman Revolution*, Oxford.

Tambiah, S. J. (1985) »A reformulation of Geertz's conception of the theatre state«, in Tambiah, *Culture Thought and Social Action*, Cambridge MA, S. 316–38.
Tamse, C. A. (1975) »The political myth«, in: J. S. Bromley/E. H. Kossman, *Some Political Mythologies*, Den Haag, S. 1–18.
Taton, R. (1985) »Espoirs et incertitudes de la science française«, in Duchene, S. 9–17.
Taylor, L. R. (1931) *The Divinity of the Roman Emperor*, Middletown CT.
Teyssèdre, B. (1957) *Roger de Piles et les débats sur les coloris au siècle de Louis XIV*.
Teyssèdre, B. (1967) *L'Art au siècle des Louis XIV*.
Thireau, J.-L. (1973) *Les idées politiques de Louis XIV*.
Thomas, K. V. (1971) *Religion and the Decline of Magic*, London.
Thompson, J. (1987) »Language and ideology«, *The Sociological Review* 35, S. 516–36.

Thuau, E. (1966), *Raison d'état et pensée politique à l'époque de Richelieu*.
Thuillier, J. (1963) *Exposition Lebrun*, Katalog und Einleitung.
Thuillier, J. (1967) »The birth of the Beaux-Arts«, in *The Academy*, hg. von T. B. Hess/J. Ashbery, New York, S. 29–37.
Thuillier, J. (1983) »Félibien«, *17e siècle* 138, S. 67–90.
Tovar de Teresa, G. (1988) *Bibliografía novohispana de arte* 2, Mexico City.
Treitinger, O. (1938) *Die oströmische Kaiser- und Reichsidee*, Repr. Darmstadt 1956.
Trilling, L. (1972) *Sincerity and Authenticity*, London (dt.: *Das Ende der Aufrichtigkeit*, München/Wien 1979).
Tronçon, J. (1662) *L'Entrée triomphante de leurs majestés dans la ville de Paris*, abgedr. in Möseneder (1983), S. 259–322.
Trout, A. P. (1967/68) »The proclamation of the peace of Nijmegen«, *French Historical Studies* 5, S. 477–81.
Truchet, J. (1960) *La Prédication de Bossuet*, 2 Bde.
Tumarkin, N. (1983) *Lenin Lives! The Lenin Cult in Soviet Russia*, Cambridge MA.
Tyvaert, M. (1974) »L'image du Roi«, *Revue d'histoire moderne et contemporaine* 21, S. 521–47.

Valdor, J. (1649) *Les Triomphes de Louis le Juste*.
Vattel, E. de (1758) *Le Droit des gens*, Repr. Washington 1916.
Verlet, P. (1985) *Le Château de Versailles*.
Verney, F. P./Verney, M. M. (Hg.) (1904) *Memoirs of the Verney Family*, London.
Vert, C. de (1706–13) *Explication simple, littérale et historique des cérémonies de l'Église*, 4 Bde.
Vertron, C.-G. de (1686) *Le nouveau panthéon*.
Veyne, P. (1988) »Conduct without belief and works of art without viewers«, *Diogenes* 143, S. 1–22.
Viala, A. (1985) *Naissance de l'écrivain: sociologie de la littérature à l'âge classique*.
Viguerie, J. de (1985) »Les serments du sacre des rois de France«, *Le sacre*, S. 205–16.
Vincent, M. (1979) »Le *Mercure Galant* et son public féminin«, *Romanische Zeitschrift für Literaturgeschichte* 3, S. 76–85.
Visconti, P. (1988) *Mémoires sur la cour de Louis XIV, 1673–81*, hg. von J.-F. Solnon.
Vocelka, K. (1981) *Die politische Propaganda Kaiser Rudolfs II.*, Wien.
Voss, J. (1972) *Das Mittelalter im historischen Denken Frankreichs*, München.
Vries, P. de (1947) *Het beeld van Lodewijk XIV in de Franse geschiedschrijving*, Amsterdam.

Walton, G. (1986) *Louis XIV's Versailles*, New York.

Warmington, B. H. (1974) »Aspects of Constantinian Propaganda«, *Transactions of the American Philological Association* 104, S. 371–84.
Weber, G. (1985) *Brunnen und Wasserkünste in Frankreich im Zeitalter von Louis XIV*, Worms.
Whitman, N. (1969) »Myth and Politics, Versailles and the Fountain of Latona«, in: J. Rule (Hg.) *Louis XIV and the Craft of Kingship*, Ohio, S. 286–301.
Wittkower, R. (1961) »Vicissitudes of a Dynastic Monument«, abgedr. in Wittkower, *Studies in the Italien Baroque*, S. 83–102, London, 1975.
Wolf, J. (1968) *Louis XIV* (2. Aufl., London 1970).
Woodbridge, M. B. (1925) *Gatien de Courtilz*, Baltimore.

Zanker, P. (1987) *Augustus und die Macht der Bilder*, München.
Zobermann, P. (1985) »Généalogie d'une image«, *17e siècle* 37, S. 79–91.
Zwiedineck-Südenhorst, H. von (1888) *Die öffentliche Meinung in Deutschland im Zeitalter Ludwigs XIV.*, Stuttgart.

Danksagung

In all den Jahren der Arbeit an Ludwig XIV. haben mir viele Menschen mit Rat und Tat zur Seite gestanden. Besonderen Dank schulde ich Derek Beales, Antonia Benedek, Robin Briggs, Ivan Gaskell, Serge Grozinski, Mark Jones, Margaret McGowan, Mai Nodermann, Betsy Rosasco und Allan Ellenius sowie der Arbeitsgruppe der European Science Foundation zum Thema »Ikonographie, Propaganda und Legitimation«. Das Wissenschaftskolleg zu Berlin bot mir eine ideale Umgebung, in der ich 1989–90, während ein anderes altes Regime gerade beseitigt wurde, die Rohfassung des Buchs schreiben konnte. Dank für kritische Kommentierung schulde ich auch den vielen Zuhörern in Amsterdam, Berlin, Cambridge, Campinas, Ithaca, Jerusalem, London, Lund, München, New York, Oxford, Providence, Tokio, Uppsala und York, denen ich diese Arbeit auszugsweise vorstellen durfte. Für Verbesserungsvorschläge danke ich besonders herzlich meiner Frau Maria Lúcia, meinem Kollegen am Emmanuel College, Henry Phillips, und Peter France, mit dem ich 1972 an der University of Sussex ein Seminar zum Thema »Literatur und Gesellschaft im Zeitalter Ludwigs XIV.« hielt.

Französische Geschichte

Lothar Baier
Französische Zustände
Band 4337

Fernand Braudel, Georges Duby, Maurice Aymard
Die Welt des Mittelmeeres
Zur Geschichte und Geographie kultureller Lebensformen
Band 4443

Peter Burke
Ludwig XIV.
Die Inszenierung des Sonnenkönigs
Band 12337

Roger Chartier
Die unvollendete Vergangenheit
Geschichte und die Macht der Weltauslegung
Band 10968

Alain Corbin
Pesthauch und Blütenduft
Eine Geschichte des Geruchs
Band 4402

Natalie ZemonDavis
Humanismus, Narrenherrschaft und die Riten der Gewalt
Gesellschaft und Kultur im frühneuzeitlichen Frankreich. Band 4369
Die wahrhaftige Geschichte von der Wiederkehr des Martin Guerre
Band 4433

Lucien Febvre
Das Gewissen des Historikers
Ulrich Raulff (Hg.)
Band 10332

François Furet, Denis Richet
Die Französische Revolution
Band 7371

Wilfried Loth
Geschichte Frankreichs im 20. Jahrhundert
Band 10860

Hans-J. Lüsebrink, Rolf Reichardt
Frankreich
Eine Mentalitätsgeschichte vom 16.-20. Jahrhundert
Band 11261

Michel Vovelle
Die Französische Revolution
Soziale Bewegung und Umbruch der Mentalitäten
Band 4340

Fischer Taschenbuch Verlag

Kulturgeschichte

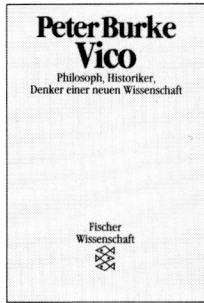

Philippe Ariès,
André Béjin,
Michel Foucault u.a.
**Die Masken des
Begehrens und die
Metamorphosen
der Sinnlichkeit**
Zur Geschichte
der Sexualität
im Abendland
Band 7357

Peter Burke
Ludwig XIV.
Die Inszenierung
des Sonnenkönigs
Mit 80 Abb.
Band 12327
Vico
Philosoph, Historiker, Denker einer
neuen Wissenschaft
Band 10284

Bernd Busch
Belichtete Welt
Eine Wahrnehmungsgeschichte
der Fotografie
Band 10666

Gerrit Confurius
**Sabbioneta oder
Die schöne Kunst
der Stadtgründung**
Band 10532

Carlo Ginzburg
**Erkundungen
über Piero**
Piero della
Francesca, ein
Maler der frühen
Renaissance
Band 10334

Hermann Glaser
DieKulturgeschichte der
**Bundesrepublik
Deutschland**
Drei Bände
in Kassette:
Band 10530
Die Bände sind auch
einzeln erhältlich:
**Band 1: Zwischen
Kapitulation und
Währungsreform
(1945-1948)**
Band 10527
**Band 2: Zwischen
Grundgesetz und
Großer Koalition
(1949-1967)**
Band 10528
**Band 3:
Zwischen Protest
und Anpassung
(1968-1989)**
Band 10529

Fischer Taschenbuch Verlag

Kulturgeschichte

Rebekka Habermas,
W. H. Pehle (Hg.)
**Der Autor,
der nicht schreibt**
Über den Büchermacher und das
Buch (Festschrift
für Günther Busch)
Band 4444

Otto Kallscheuer
**Gottes Wort und
Volkes Stimme**
Band 12235

Maurice Lombard
**Blütezeit
des Islams**
Eine Wirtschafts-
u. Kulturgeschichte
8.-11. Jahrhundert
Band 10773

Herfried Münkler
Machiavelli
Die Begründung des
politischen Denkens
der Neuzeit aus der
Krise der Republik
Florenz
Band 7342

J. Osterhammel
Asien in der Neuzeit (1500-1950)
Sieben historische Studien
Band 11853

Gernot Rotter (Hg.)
**Die Welten
des Islam**
29 Vorschläge,
das Unvertraute
zu verstehen
Band 11480

W. Schivelbusch
**Geschichte der
Eisenbahnreise**
Zur Industrialisierung von Raum
und Zeit im
19. Jahrhundert
Band 4414

**Das Paradies,
der Geschmack
und die Vernunft**
Eine Geschichte
der Genußmittel
Band 4413

Jean Starobinski
**Kleine Geschichte
des Körpergefühls**
Band 10523

Fischer Taschenbuch Verlag

PETER BURKE

Reden und Schweigen
Zur Geschichte sprachlicher Identität
Wann man in Europa reden durfte, wann man am besten schwieg und wo die italienische Sprache erfunden wurde. Drei Studien zur Kulturgeschichte der Sprache aus Burkes geschichtenreicher Geschichtswerkstatt.
Aus dem Englischen von Bruni Röhm
Kleine Kulturwissenschaftliche Bibliothek 46, 96 Seiten

Die Renaissance in Italien
Sozialgeschichte einer Kultur
zwischen Tradition und Erfindung
»Nicht eine wissenschaftlich-trockene Abhandlung, sondern ein unterhaltsames, oft spannendes Buch. Ein Standardwerk für Renaissanceforscher und -liebhaber!«
ART
Aus dem Englischen von Reinhard Kaiser
Leinen, 336 Seiten mit Abbildungen

Falls Sie mehr über den Verlag und seine Bücher wissen möchten: Schreiben Sie uns eine Postkarte – wir schicken Ihnen gern unseren jährlichen Westentaschenalmanach ZWIEBEL:
Verlag Klaus Wagenbach, Ahornstraße 4, 10787 Berlin

Wagenbach